中国旅游院校五星联盟教材编写出版项目
中国骨干旅游高职院校教材编写出版项目

旅游管理专业模块 | 模块主编 黄国良 陈增红

旅游商品概论

Introduction to Tourism Commodity

主 编 山 杉
副主编 芦 冰 刘依依 张耀卫 张 龑

中国旅游出版社

出版说明

把中国旅游业建设成国民经济的战略性支柱产业和人民群众更加满意的现代服务业，实现由世界旅游大国向世界旅游强国的跨越，是中国旅游界的光荣使命和艰巨任务。要达成这一宏伟目标，关键靠人才。人才的培养，关键看教育。教育质量的高低，关键在师资与教材。

经过20多年的发展，我国高等旅游职业教育已逐步形成了比较成熟的基础课程教学体系、专业模块课程体系以及学生行业实习制度，形成了紧密跟踪旅游行业动态发展和培养满足饭店、旅行社、旅游景区、旅游交通、会展、购物、娱乐等行业需求的人才的开放式办学理念，逐渐摸索出了一套有中国特色的应用型旅游人才培养模式。在肯定成绩的同时，旅游教育界也清醒地看到，目前的旅游高等职业教育教材建设和出版还存在着严重的不足，体现在教材反映出的专业教学理念滞后，学科体系不健全，内容更新慢，理论与旅游业实际发展部分脱节等，阻碍了旅游高等职业教育的健康发展。因此，必须对教材体系和教学内容进行改革，以适应飞速发展的中国旅游业对人才的需求。

上海旅游高等专科学校、浙江旅游职业学院、桂林旅游高等专科学校、南京旅游职业学院、山东旅游职业学院、郑州旅游职业学院等中国最早从事旅游职业教育的骨干旅游高职院校，在学科课程设置、专业教材开发、实训实习教学、旅游产学研一体化研究、旅游专业人才标准化体系建设等方面走在全国前列，成为全国旅游教育的排头兵、旅游教学科研改革的试验田、旅游职业教育创新发展的先行者。他们不仅是全国旅游职业教育的旗帜，也是国家旅游局非常关注的旅游教育人才培养示范单位，培养出众多高素质的应用型、复合型、技能型的旅游专业人才，为旅游业发展做出了贡献。中国旅游出版社作为旅游教材与教辅、旅游学术与理论研究、旅游资讯等行业图书的专业出版机构，充分认识到高质量的应用型、复合型、技能型人才对现阶段我国旅游行业发展的重要意义，认识到推广中国骨干旅游高等职业院校的基础课程、专业课程、实习制度对行业人才培养的重要性，由此发起并组织了中国旅游院校五星联盟教材编写出版项目暨中国骨干旅游高职院校教材编写出版项目，将六校的基础课程和专业课程的教材成系统精选出版。该项目得到了“五星联盟”院校的积极响应，得到了国家旅游局人事司、教育部高职高专旅游专业教学指导委员会、中国旅游协会旅游教育分会的大力支持。经过各方两年多的精心准备与辛勤编写，在国家“十二五”开局之年，这套教材终于推出面世了。

中国旅游院校五星联盟教材编写出版项目暨中国骨干旅游高职院校教材编写出版项目所含教材分为六个专业模块：**“旅游管理专业模块”**（《旅游概论》、《旅游经济学基础》、《中国旅游地理》、《中国旅游客源国与目的地国概况》、《旅游市场营销实务》、《旅游服务业应用心理学》、《旅游电子商务》、《旅游职业英语》、《旅游职业道德》、《旅游策划实务》、《休闲学概论》、《旅游商品概论》、《旅游服务礼仪与实训》）；**“酒店服务与管理专业模块”**（《酒店概论》、《酒店前厅部服务与管理》、《酒店客房部服务与管理》、《酒店餐饮部服务与管理》、《酒店财务管理》、《酒店英语》、《酒店市场营销》、《调酒与酒吧管理》）；**“旅行社服务与管理专业模块”**（《旅行社经营管理》、《旅游政策与法规》、《导游业务》、《导游文化基础知识》、《旅行社门市业务》、《旅行社业务操作技能实训》、《出境旅游领队实务》）；**“景区服务与管理专业模块”**（《景区规划原理与实务》、《景区服务与管理》、《旅游资源的调查与评价》）；**“会展服务与管理专业模块”**（《会展概论》、《会展策划与管理》、《会展设计与布置》、《实用会展英语》）；**“烹饪工艺与营养专业模块”**（《厨政管理》、《烹饪营养与食品安全》、《面点工艺学》、《西餐工艺与实训》）。本套教材实行模块主编审稿制，每一个专业模块均聘请了一至三位该学科领域的资深专家作为特邀主编，负责对本模块内每一位主编提交的编写大纲及书稿进行审阅，以确保本套教材的科学性、体系性和专业性。“五星联盟”的资深专家及六校相关课程的骨干教师参与了本套教材的编写工作。他们融合多年的教学经验和行业实践的体会，吸收了最新的教学与科研成果，选择了最适合旅游职业教育教学的方式进行编写，从而使本套教材具有了鲜明的特点。

1. 定位于旅游高等职业教育教材的“精品”风格，着眼于应用型、复合型、技能型人才的培养，强调互动式教学，强调旅游职业氛围以及与行业动态发展的零距离接触。

2. 强调三个维度能力的综合，即专业能力（掌握知识、掌握技能）、方法能力（学会学习、学会工作）、社会能力（学会共处、学会做人）。

3. 注重应用性，强调行动理念。职业院校学生的直观形象思维强于抽象逻辑思维，更擅长感性认识和行动把握。因此，本套教材根据各门课程的特点，突出对行业中的实际问题和热点问题的分析研讨，并以案例、资料表述和图表的形式予以展现，同时将学生应该掌握的知识点（理论）融入具体的案例阐释中，使学生能较好地将理论和职业要求、实际操作融合在一起。

4. 与相关的行业资格考试、职业考核相对应。目前，国家对于饭店、导游从业人员的资格考试制度已日渐完善，而会展、旅游规划等的从业资格考核也在很多旅游发达地区逐渐展开。有鉴于此，本教材在编写过程中尽可能参照最新的各项考试大纲，把考点融入到教材当中，让学生通过实践操作而不是理论的死记硬背来掌握知识，帮助他们顺利通过相关的考试。

中国旅游院校五星联盟教材编写出版项目暨中国骨干旅游高职院校教材编写出版项目是一个持续的出版工程，是以中国骨干旅游高职院校和中国旅游出版社为平台的可持续发展事业。我们对参与这一出版工程的所有特邀专家、学者及每一位主编、参编者和旅游企业界人士为本套教材编写贡献出的教育教学和行业从业的才华、智慧、经验以及辛勤劳动表示崇高的敬意和衷心的感谢。我们期望这套精品教材能在中国旅游高等职业教育教学中发挥它应有的作用，做出它应有的贡献，这也是众多参与此项编写出版工作的同人的共同希望。同时，我们更期盼旅游高等职业教育界和旅游行业的专家、学者、教师、企业界人士和学生在使用本套教材时，能对其中的不足之处提出宝贵意见和建议，我们将认真对待并吸纳合理意见和建议，不断对这套教材进行修改和完善，使之能够始终保持行业领先水平。这将是我们不懈的追求。

中国旅游出版社
2013 年 11 月

目录
CONTENTS

前言

进入 21 世纪以来，我国正在从世界旅游资源大国向世界旅游强国迈进。根据世界旅游组织的预测，我国在 2020 年将成为世界第一大入境旅游目的地接待国，旅游总收入将超过 3000 亿美元。旅游消费市场的日趋成熟，对旅游专业教育提出了新的要求，即必须适应市场需求，开设专业课程，培养专业人才。

旅游商品是旅游六要素中“购”的重要环节。在我国，旅游商品消费只占旅游总消费的 30% 左右，而在欧美发达国家其则占到 60% 左右，因此旅游商品市场的发展是推动我国旅游市场繁荣的关键因素之一。本书力求突出自己的特色，从文化、消费者、设计、销售、管理等多方面对旅游商品体系进行了较为完善的阐述。通过学习本书，不仅能够帮助旅游类专业的学生扩大知识面、拓宽就业渠道，而且使学生能够灵活运用课堂所学谋职或自主创业，对旅游从业人员也能起到一定的参考作用。

本书由郑州旅游职业学院的山杉组织编写，并撰写了第四章，第一章和第八章由芦冰编写，第二章和第三章由张龑编写，第五章由刘依依编写，第六章和第七章由张耀卫编写，全书由李娟完成校对。在编写过程中，郑州旅游职业学院的樊豫陇教授、胡华副教授、肖靖副教授和河南大学的李乐民副教授都提出了宝贵意见，在此一并表示感谢。

由于参编人员教学任务繁重，再加上时间仓促、水平有限，错误和不当之处在所难免，恳请专家学者和广大读者提出批评意见。

编者

2014 年 6 月

第一章 绪论

旅游商品是旅游目的地旅游资源的一部分，是吸引旅游者前来旅游的重要吸引力之一，是旅游活动中的重要内容。旅游商品囊括在旅游购物中成为其客体，并且通过经营旅游商品获取其价值，旅游商品收入是旅游收入的重要组成部分。由此，旅游商品的经营与管理具有自身的特征和要求。

本章介绍了旅游商品的概念、旅游商品与旅游产品的区别与联系、旅游商品的属性特征、旅游商品的作用。学好本章节的内容将为后续章节的学习打好基础。本章的重点内容是掌握旅游商品的概念，熟悉旅游商品的属性特征和作用，熟悉旅游商品与旅游产品的区别与联系。

学习目标

知识目标

1. 掌握旅游商品的概念。
2. 熟悉旅游商品与旅游产品的区别与联系。
3. 了解旅游商品的作用。

能力目标

1. 能够区分旅游商品与旅游产品。
2. 掌握旅游商品的属性特征。
3. 认识到旅游商品在旅游活动中的作用。

案 例

日照黑陶

日照历史悠久，陶文化源远流长。在日照境内目前发现的800多处重要的龙山文化遗址，其出土的文物主要是陶类，以表面透黑的沙质陶和乌黑光亮的细泥质陶为主，有部分磨光黑陶，器表以素面为主，有的饰弦纹、划纹。出土的各类黑陶制品均制作精细、美观，特别是东海峪遗址出土的高柄镂空蛋壳陶杯，无釉而乌黑发亮，胎薄而质地坚硬，其壁最厚不过1毫米，最薄处仅0.2毫米，重仅22克，制作工艺之精，堪称盖世一绝，系珍贵文物。1972年，美国总统尼克松访华，一踏上中国的土地，就要求看一看中国黑陶的高柄镂空蛋壳陶杯。

悠久的制陶历史、令人心动的黑陶制品的纷纷出土，极大地刺激带动了当地制陶业的兴起和发展。一大批制陶艺人研古创新，将古老制陶工艺与现代美术、工艺结为一体，不仅使龙山文化黑陶艺术瑰宝重现异彩，而且在黑陶制作、烧制等方面较前人有了发展和创新，已形成仿制、复制、创新3大系列，仿古、移植、复制、工艺、观赏、实用6个类别300多个品种的黑陶产品。

目前代表日照黑陶最高制作水平的，当数复制的高柄镂空蛋壳陶杯，它再现了失传4000多年的蛋壳陶杯艺术珍品的风采，其工艺造型、比例搭配、色泽亮度均比原品更胜一筹，原杯最薄处0.2毫米，复制品却达0.1毫米。高柄镂空蛋壳陶杯的复制品轰动了国内外，并先后被国内众多博物馆收藏。在1999年香港举办的亚洲国际消费品博览会上经美国国际N.T.P.博览中心、日本今日国际展览中心、国际荣誉联合评选委员会、欧共体国家荣誉联合评选委员会一致同意，将高柄镂空蛋壳陶杯评为金奖。

——资料来源：方百寿，沈丽晶，张芳芳．旅游商品与购物管理［M］．北京：旅游教育出版社，2011.

案例分析

1. 日照黑陶属于旅游商品吗？
2. 日照黑陶在日照旅游活动中起到了怎样的作用？

第一节　旅游商品概述

一、旅游商品的概念

对于旅游商品的概念，可以从动态的、实物的、广狭的、统计的角度进行解释。

（1）*旅游商品的动态解释*。动态解释的观点强调：旅游商品是一个随着旅游者购物喜好的变化而变化的动态概念，同时，在不同国家和地区旅游商品也表现出统计学上的动态性差异。在谈到旅游商品在中国发展缓慢的现状时，曾任国家旅游事业委员会主任的吴学谦说："我们要改变一个观念，旅游商品绝不仅仅是指文房四宝和中国的工艺品，凡是海外旅游者在中国愿意买的东西，都应该把它看作旅游商品。"北京第二外国语学院张凌云教授认为，旅游商品是一个模糊的、边界不确定的、动态的集合，其概念也只具有统计学上的意义，旅游者购买的只是旅游商品的充分条件，而不是必要条件。

（2）*旅游商品的实物解释*。此观点突出旅游商品的物质形态特征，有形性是它异于旅游服务的显著特点。旅游商品是指旅游者在旅游过程中所购置的物品，是能够与货币直接交换的实物性商品，具有完整的物质形态旅游目的地特色。北京联合大学旅游学院顾维周教授认为，旅游者在异地购买并在旅途中使用、消费或携回使用、馈赠亲友、收藏的物品，叫旅游商品。

（3）*旅游商品的广狭解释*。广狭解释的观点包含两个层次：其一是产品加服务与物质商品的广狭理解；其二是在实物商品中存在着层次上的广狭解释。例如，以旅游纪念品为中心的狭义旅游商品观和以旅游经营过程中物质流动为中心的广义旅游商品观。上海社会科学院旅游研究中心主任王大悟教授认为，广义的旅游商品是指旅游产品；狭义的旅游商品专指旅游者在旅游活动中所购买的实物商品，这类实物性的商品也是无所不包的。桂林旅游高等专科学校的刘敦荣教授给旅游商品下的定义是：供给者为满足旅游者的需求，以出卖交换为目的而提供的具有使用价值和价值的有形商品与无形服务（无形商品）的总和。湖南商学院旅游管理学院钟志平教授提出，广义的旅游商品指旅游企业为满足旅游者的需要而提供的以交换为目的的具有使用价值和价值的有形旅游物品与无形服务的总称；狭义的旅游商品仅指旅游区商店对游客出售的有形商品。

课堂思考

谈谈你对旅游商品概念的认识。

（4）*旅游商品的统计解释*。作为一种技术和操作性解释，统计解释对于旅游商品的外延规定得较为详细。世界旅游组织对旅游购物支出的统计规定是：为旅行准备的支出以及为旅行中消费品（不包括食品、饮料和服务）所做的所有支付。其中包括购买衣服、工具、纪念品、珠宝、报纸、书籍、音像资料、其他个人物品及美容等，但是不包括任何一类游客为商业目的所做的购买及为了转卖而做的购买，也不包括游客代表他们的雇主在商务旅游时的购买。在我国旅游统计中，旅游收入涉及游客在整个游程中的食、住、行、游、购、娱，其中的购是指为亲友购买纪念品、礼品等方面的旅游支出，不包括为商业目的购物，购房、地、车、船等资本性和交易性的投资和馈赠亲友的现金及公共机构的捐赠。在我国国内旅游抽样调查中，购物费用包括游客在旅游活动中个人支付购物（包括为亲友代购物品）的费用，不包括为企业事业单位（集体）购物的费用及个体经营者购买商品、原材料等的费用。另外，还有目的解释和文化解释等，这里从略。

结合目前已有的定义和学科发展实际，本书认为旅游商品的定义应以旅游消费者为中心进行界定，凡是有助于旅游者旅游活动的实现且为旅游者所消费的实物商品都称为旅游商品。有助于旅游者旅游活动实现的实物商品，在购买时空方面比较灵活，可以是旅行前的物质准备，也可以是旅途中有目的购买的商品，还可以是旅行结束后的补购物品，也包括酒店用品。其购买空间可以是目的地、长住地甚至是旅途中的任何地点。这一定义强调了商品的实物属性，不包括劳务服务，其本质属性同一般实物商品一样，具有经济意义上的使用价值和交换价值，同样经历从设计、生产、流通、销售到消费的社会经济活动过程，在全过程中都表现为可见的物质形态。

二、旅游产品概述

（一）旅游产品概念

南开大学的李天元教授认为，从旅游供给的角度来看，旅游产品有两个层次：总体旅游产品，指旅游目的地为满足来访旅游者的需要而提供的各种旅游活动接待条件和相关服务的总和；单项旅游产品，指旅游企业所经营的设施和服务，或者说是旅游企业借助一定的设施向旅游者提供的项目服务。

1997 年由国家技术监督局颁布的《旅游服务基础术语》，其中对旅游产品的定义是这样的：由实物和服务综合构成的向旅游者销售的旅游项目。其特征是服务成为产品构成的主体，主要有线路、活动和食宿。旅游者可以购买整体产品（如综合包价旅游），也可以购买某一单项旅游产品（如航班座位、饭店客房）。

分析当前学者的观点，除了刘敦荣教授否认旅游产品的存在外，其他人对旅游产品的理解基本上是一致的。它是作为一个整体概念来使用的，包括旅游供给中的接待条件、设施设备和服务。

（二）旅游产品的基本构成

（1）要素构成。旅游产品的构成要素主要包括旅游吸引物、旅游设施、可进入性和旅游服务。

（2）利益构成。旅游产品的利益具有复合性，其价值不仅拥有审美和愉悦的成分，而且还体现在旅游中间商的努力带来的追加利益和其自身的展现利益上。

相关链接 搜索

滕头旅游产品的开发

滕头村位于奉化城北6公里处，离宁波27公里，至机场15公里。距溪口12公里。

滕头旅游产品的选择开发以整体为重，为整体形象服务，旅游景区管理项目组在能够体现、完善或衬托整体形象的旅游资源方面可重点开发，否则不作为重点开发或暂不进行景区管理开发，"整体"就是休闲和生态旅游景区的主题定位，以现代的艺术手法将生产与生活空间全方位地景观化。旅游产品设计要以人为本，在不影响滕头村村民生产、生活的前提下，建设自然、素雅、亲切的滕头乡村休闲旅游环境，设计旅游项目，让旅游游览与滕头居民生产生活和谐共生，特色是旅游业的生命所在。旅游产品在消费者看来就是旅游所能够得到的旅行经历，是旅游过程所带来的不同于日常生活的特殊体验，是旅行者在其出游期间得来的各种经历的总和。滕头旅游产品的特色在于生态、和谐、乡村，在国内外颇负盛名。自1993年获联合国"地球生态500佳"以来，又相继荣获：首批全国文明村、全国环境教育基地、全国生态示范区和首批国家4A级旅游景区等国家级荣誉40多项。

——资料来源：百度百科

（三）旅游商品与旅游产品的区别与联系

旅游商品与旅游产品之间的区别，见表1－1。

表1－1 旅游商品与旅游产品区别一览表

旅游产品	旅游商品
无形性与有形性兼备：包括服务与实物，其价值来源于旅游产品生产者的物化劳动。	有形性：以物质形态存在的实物，其价值由原材料、成本、生产工具消耗和生产者的物化劳动构成。
生产与销售同步：整个生产的过程就是消费的过程。	产销分离：生产与销售可以在不同时空进行。
不稳定性：生产受多重因素的制约，特别是气候、季节、节假日、政治等因素的制约。	稳定性：旅游商品的生产几乎不受时间、季节等因素的制约。
整体性：六要素齐全，包括食、住、行、游、购、娱。	单一性：具有完整的使用、观赏或收藏价值的个体物品。

续表

旅游产品	旅游商品
不可移动性：旅游者只能到目的地消费暂时的使用权、欣赏权，没有拥有权。	移动性：从生产到销售，经历物流与商流的过程，所有权发生转移。
独享性：购买者独自享受旅游产品的使用价值。	分享性：购买者可以与他人分享旅游商品的价值和使用价值。

旅游商品与旅游产品是部分和整体的关系。旅游产品是一个整体概念，旅游商品只是旅游产品整体中的一个组成部分，包含在旅游产品之中。从经营的角度来看，某地区旅游商品经营水平的提高是提升当地旅游产品竞争力的有效方式；从发展的趋势来看，旅游产品和旅游商品互相影响，共存共荣。

课堂思考

思考旅游商品和旅游产品有哪些不同点。焦作的四大怀药属于旅游商品吗？

第二节 旅游商品的属性特征

旅游商品是以多种产品和服务组合形成的特殊商品。因而其构成因素很多，不仅有满足游客基本生活需要的物质要素，而且有满足游客精神需求的纯自然要素、社会要素及历史要素。这就决定了旅游商品具有不同于其他商品的典型特性。

一、层次性和针对性

由于游客的旅游动机不同、旅游需求的层次性及旅游商品不同的消费价值，决定了旅游商品具有明显的层次性。其结构特征为：文化层、精神层。消费旅游商品是核心层；文化性消费品和物质性消费品相结合的旅游商品是中间层；物质性消费的旅游商品是外围层。这些层次互相补充，缺一不可。面对大众消费的社会，旅游商品还可以进行高、中、低不同层次的市场定位。旅游商品的经营者可以根据旅游商品不同的消费层次生产不同花色、品种、价位的旅游商品，满足游客多方面的需求，这是旅游商品的一大特点。同时，游客来自不同的国家和地区，有着不同的风俗习惯和宗教信仰。因此，要根据游客的风俗、习惯、宗教、国籍等方面的不同，有针对性地生产适销对路的旅游商品。

案 例

黄河水中国结

著名作家张贤亮是中国文人“下海”经商的成功典范。由他创建主持的西部影视城经过数十年苦心经营已经成为著名影视拍摄基地和旅游胜地。影视城内到处是贩卖旅游纪念品的店、摊。张贤亮看到商店摊子上摆满了传统式样的“中国结”，其利润空间有限。于是他推出了一款新型“黄河水中国结”。找厂家生产一批造型精美的小瓶子到黄河壶口瀑布打来黄河水将水灌入小瓶再密封把装有黄河水的小瓶子挂到“中国结”上。这样既起到了装饰作用又寓意了“买中国结带回母亲河的祝福”之深意。经过这样的包装产品身价倍增，推向市场后销售情况很好。

——资料来源：凡夫唐．张贤亮卖天价水［J］．青年博览，2009（11）．

案例分析

1. “黄河水中国结”针对的是什么类型的游客?
2. 该旅游商品对消费者而言有何价值?

二、民族性和地域性

旅游商品是用当地的原材料和传统的工艺流程进行制作和生产的。它的形成和发展反映着深厚的民族文化和地方文化，通过旅游商品的设计，可将不同民族、不同地域的消费方式、审美标准、群体爱好和人际关系表示出来。所以，旅游商品体现着各地的民族风格和地方特色，具有很强的吸引力。这种民族性、地域性的特点使其与其他地方的旅游商品有着明显的差异。富有民族特色的旅游商品不仅很容易为旅游者所接受，而且能在市场中众多的旅游商品中创出自己的品牌。民族风格和地方特色越突出的旅游商品，就越具有纪念意义，也越容易受到旅游者的欢迎。

课堂思考

你认为河南登封少林寺景区的旅游商品应具备哪些特点?

三、艺术性、纪念性和实用性的统一

旅游商品是人性化的象征，应有趣味性的玩味性和文化艺术的欣赏性，应该将文化、艺术、知识和生活融为一体。旅游商品的艺术性是以旅游商品的玩味性为标准，既能将旅游者的爱好和个性投融进去，又可以促进旅游者欣赏水平的提高，使之能给人以美的艺术享受。所以，内容丰富、设计新颖独特、造型逼真、活泼有趣是旅游商品的核心所在。旅游商品要具有纪念性。在旅游过程中，游客除了可以饱览异地风光、欣赏人文遗产、领略风土人情外，一般都想从旅游目的地购买一些富有纪念意义的旅游商品。这项开支几乎是每个游客都乐于解囊的。一件纪念性很强的旅游商品往往能唤起游客对旅游生活的美好回忆，增加他们对生活意义的认识和理解。旅游商品的实用性，即要把实用性的日常商品赋予纪念性的文化内涵。要使旅游商品具有实用性，必须注意做到“三宜”：一是因人而宜，旅游商品只有在适应某种类型的人的需求时才具有实用价值；二是因时而宜，要考虑时间性和季节性的影响与需求；三是因地而宜，要考虑地方特点和民族特色的纪念意义。

四、价值和使用价值的特殊性

一切商品都具有价值和使用价值两种属性，是二者的统一体。旅游商品的价值和使用价值与一般商品的价值和使用价值有所不同。商品的使用价值体现在有用性，一般商品的使用价值是商品持有者在其实际使用过程中表现出来的有用的效果。旅游商品的使用价值可分解为具体的使用价值和抽象的使用价值。尤其是那些具有纪念性、观赏性的旅游商品在这方面的表现更加突出。从旅游商品的价值角度上看，旅游商品是在国内生产、销售的，但旅游商品进入国际市场以后就必须遵循价值规律。马克思说：“国家不同，劳动中的强度也不一样，有的国家低一些，有的国家高一些，于是各国的平均数形成了一个阶梯，它的计量单位是世界劳动的平均单位。”这样同一商品的价值有了两个衡量标准，即国内的社会劳动时间和国际的社会劳动时间。国际旅游市场上所销售的各国的旅游商品是国际的平均社会必要劳动量。所以，在销售旅游商品时除了要考虑国内的物价外，还应该考虑国际物价的浮动，以防止物资外流，对国际旅游者就必须采取浮动价格。

五、多样性和易带性

游客购买旅游商品的目的一般有三种：一是自己留做纪念、欣赏；二是馈赠亲朋好友；三是在旅途中使用。游客对旅游商品的需求数量不多，但要求品种繁多，以便它们有供选择的余地，还要求讲究质量和装饰，体积小，重量轻，便于携带。实践证明，这些旅游商品符合游客的消费特点，有较好的销售市场。商品的便携特点主要包括：一是体积小型化，主要指商品在具有其正常功能的同时，尽量小巧玲珑，便于携带；二是重量轻便化，较重的商品是旅游者的负担，所以旅游商品生产者在生产商品时应该以轻质原料代替重质原料；三是功能多样化，以便使一物多用，减少累赘。

案　例

北京烤鸭

中华著名老字号全聚德，创建于清朝同治三年（1864 年），历经几代全聚德人的创业拼搏获得了长足发展。现在更是北京旅游餐饮形象的标志：“不到万里长城非好汉，不吃全聚德烤鸭真遗憾。”200 多个国家和地区的元首、政要都曾光临全聚德。百余年来全聚德不仅在做生意，而且在传播中华民族的饮食文化，成为促进中外友谊、交流与合作的纽带和桥梁。

蜚声中外的全聚德烤鸭采用挂炉、明火烧果木的方法烤制而成。烤鸭成熟时间为 45 分钟左右。其成品特点是刚烤出的鸭子皮质酥脆、肉质鲜嫩，飘逸着果木的清香。鸭体形态丰盈饱满，全身呈均匀的枣红色，油光润泽，赏心悦目。配以荷叶饼、葱、酱食之，腴美醇厚回味无穷。在过去，全聚德烤鸭只能在店内即时食用。如今，为了方便消费者外带，每个全聚德店都有一个出售外卖烤鸭的窗口。外卖的还分普通包装的和真空包装的，都搭配以酱包和荷叶饼。真空包装的可以保存好几天。

案例分析

1. 全聚德烤鸭外带产品的优缺点有哪些？
2. 全聚德烤鸭外带产品的开发主要依据了旅游商品的哪些特征？

六、销售地点的灵活性

由于旅游商品具有以上特点，旅游商品要便于运输，供应地也要灵活，可在大型的旅游商店、商场销售，也可在汽车、火车、飞机、轮船上销售或在码头、机场、车站、餐厅、公园等场所销售。

现在许多旅游目的地的国家和地区在其进出口岸的机场、码头、火车站内向国际游客销售旅游商品。当出境的外国游客接受完海关检查，在上车或登船（机）之前，可以在免税商店供应点购买免税商品，这种做法是国际上的一个惯例。这类商品一般都是一些减免进口税、价格便宜的商品，很受游客的欢迎。

第三节　旅游商品发展的作用

在旅游经济收入中，旅游商品销售收入占相当大的份额。一般情况下其比重为30%左右，香港的旅游商品销售收入甚至占旅游业总收入的60%以上。旅游商品在旅游业中的重要经济地位，决定了发展旅游商品的必然性和重要性。

旅游商品的开发、生产、供应和销售在提高旅游地经济效益、传播旅游地形象、优化旅游产业结构、满足旅游者购物需求、完善旅游教育等方面都具有重要的作用，是地方旅游市场经济效益产出的重要组成部分。发展地方旅游商品，体现为对地方经济的推动作用，旅游者购物比例的大小是衡量旅游地旅游业发展程度高低的重要标志。旅游商品收入在旅游总收入中所占的比重，往往能显示一个地区旅游经济发展的程度和潜力大小。旅游商品对旅游产业、旅游目的地、旅游者和旅游教育的作用具体体现在以下方面。

一、旅游商品发展对旅游者的作用

（一）旅游商品是旅游过程的延伸和物化

旅游购物是旅游活动的必要组成部分。通过购买心仪的商品，旅游者使自己的旅游经历和审美情趣得到升华和物化。能够与旅游情境及服务相符合的旅游商品，则将旅游服务的无形性表现在多种有形之物中。这是一种移情性体现，承续了旅游者的未尽游兴，使旅游者方便地找到了借物寄情的形式。可以说，没有购物的旅游经历是不完整的。

（二）旅游商品消费可以陶冶旅游者身心

多数旅游商品是有着深厚历史沉淀的工艺美术品，要求消费者具有深厚的历史知识，具有一定的艺术鉴赏力，并且有一定的时间和金钱来支持。与风景名胜或特殊经历相联系的旅游纪念品和工艺品，同样能让旅游者产生久远的记忆。旅游商品外观美、特、奇，所蕴含的内容可能述说着一个故事，表现着一个传说，包含着一种文化风情，寄托着一种情思，容易触发旅游者的体验，使旅游者产生种种联想。有学者称旅游商品具有激发旅游者情绪的特征，就是针对旅游商品对旅游者的作用而言的。例如新西兰的瓷杯，其土著纹饰便能够激发人们迫切了解当地艺术的渴望。

旅游购物是一个学习的过程，这一点在发展中国家尤为突出。旅游商品可以折射出消费者的自我意识。相对于其他商品，旅游商品集寓意、情感和艺术于一体，更容易诱发和表现旅游者或消费者的自我意识和个性特征。生活中每个人都存在不同的自我意识及偏好，从而决定了对旅游商品选择的不同：喜爱运动探险的人，倾向于富有激情、激烈、刺激的旅游商品；喜爱观光的旅游者，对异域民族、自然和文化象征物情有独钟；经常性外出的商务旅行者，则表现出对货币、纪念品的收藏偏好。旅游商品在深层次上对应着消费者各种各样的自我追求，折射出复杂的、高级的需求，同时也释放出广阔的市场号召力。另外，旅游商品还具有纪念、馈赠、收藏等方面的作用。

相关链接 搜索

苏绣市场的繁荣发展

苏绣经过2000多年的发展已形成独立的刺绣风格。中华人民共和国成立后，苏绣进入其技艺发展最迅猛的时期。苏绣技艺在继承传统的基础上有了惊人的新的发展和突破。继1952年散套针法问世后，1955年双面绣重新恢复生产，1965年双面异色绣首创成功。1978年又发明了双面三异绣，并向全世界宣告了这一发明，再一次震动了国内外的专家和同行们。

随着市场的日益繁荣，时代的不断进步，苏绣艺术也不断与时俱进。面对各种新形势，苏绣企业纷纷改革。例如，娇古苏绣公司提出苏绣礼品商务化、苏绣家装设计化的理念，让传统的民间苏绣工艺走进千家万户。个性化的量身定做让苏绣不再局限于陈旧的模式，而是更多地融合购买者的思路与理念，通过淳朴的苏州绣娘纯手工刺绣而成，使苏绣更多地渗透进人性化的品位。

——资料来源：吕珊珊，刘颖．旅游市场营销课程的教学创新初探［J］．科教文汇（下旬刊），2009（07）．

二、旅游商品发展对旅游目的地的作用

（一）带来巨大的经济效益

在国际旅游市场上，对外销售旅游商品可以为国家换取外汇，填补我国外贸的不足。旅游商品一般来说是就地生产、就地销售的，是就地“出口”商品，节省了许多外贸工作与手续，减少了各种损失，因此其换汇率大大高于一般商品。

在国内旅游市场上，发展旅游商品可以刺激旅游消费和购物，尽快回笼货币，有利于支援国家建设。例如，鄂东大别山是革命老区，经济落后，许多百姓自己编草鞋穿。开发旅游后，游客看中了如今在商店里面看不到的草鞋，觉得穿着有个性、比较舒适，

又符合生态旅游的要求。当地人灵机一动，把草鞋命名为“红军鞋”。“红军鞋”很受欢迎，还出口到日本，既解决了老百姓的就业问题，又增加了收入。

（二）成为一种特定的旅游资源

旅游商品是可移动的旅游资源。它可以作为旅游目的地资源、文化的载体，随购买者一起移动，可以传播旅游目的地的形象和文化。不少国家用旅游商品来吸引旅游者，如新加坡、美国、意大利等。在国内，许多旅游城市也纷纷将旅游购物作为一种资源来发展和管理。

相关链接 搜索

台湾旅游购物推荐

台北的主要购物场所集中在三个街区，它们以各自不相同的定位吸引着不同的消费人群。

一、信义区

信义区以台北101大楼为地标，华纳威秀影城、新光三越、纽约纽约、世贸展馆及京华城共同组成台北最时尚的高级购物及休闲街区。首先，台北这些百货公司的化妆品，不仅是正宗货，品种齐全，价格比大陆便宜1/4～1/3，而且每次都有赠品，还可以参与抽奖。台湾的洗发、护发用品，品种多，质量也很好，虽然比大陆的略贵，但非常好用。其次，建议游客朋友买鞋子，因为岛内制鞋业非常发达，尽管这些年台湾鞋厂大都转移到大陆，但台湾的鞋子品种多、款式好、质量佳，价格也合理。最后，建议游客买一些衣服，尤其是名牌服装。台湾的百货公司一般会在节庆的时候打折，而且折扣惊人。

至于要买一般的东西，可以到无处不在、24小时全天候营业的便利店，比如711、全家和OK等；也可以去大的夜市去买，比如士林、饶河街和四平街等，那里的衣服、鞋帽和日用品不仅价格低廉，而且质量有保证。如果你要买衣服，又不讲究牌子，建议你到台北松山火车站附近的“五分埔”。那里货色多，款式又时髦。只要你会搭配，一定会有很高的“回头率”。港台演艺界人士就常常到那里挑选衣服。

新光三越百货公司为台湾百货业界的第一品牌，2005年营业额达648亿元新台币（合160亿元人民币），中高档的商品定位，深受广大民众的喜爱。新光三越百货的A4馆、A8馆、A9馆、A11馆，华纳威秀影城，纽约纽约购物中心，台北101大楼等商业购物中心都以天桥连接起来，逛街时不用过马路，很方便。

二、东区

东区以敦化南路忠孝东路口为中心点，SOGO、明曜、微风广场这几间百货公司是台北白领丽人的逛街首选，沿街的地摊上也时常可以搜到别致而又价廉物美的衣饰。而位于敦化南路的诚品书店总店则无疑大大提升了东区的文化品位。

三、西门町

如果你到台北玩，就一定不能错过台北的西门町。自从日本殖民统治时期以来，西门町就已被列为全台湾最热门的娱乐地点。当地很多人只要一有空，就一定会来西门町吃热乎乎的阿宗面线，喝地道的珍珠奶茶，玩尽所有的大头贴机，享受各式各样的购物服务。

在不同文化的影响下，西门町融合了日式、美式、中式的风格，聚集了五花八门的店面，也因此吸引了各类人群。这里有适合走庞克调调的年轻人的文身街，有吸引小孩子的可爱精品万年大楼，有中年人喜爱的红包场，还有家家户户都常来的电影院和戏院。

西门町已经成为年轻人表现自我风格的中心。在这里，你可以观察形形色色的服饰、衣着打扮，从梦幻的 Cosplay 到独特的街头舞者。不止这些，周末期间你也有机会看到一些亚洲最红的明星宣传活动。不管人、事、地，西门町都是全台湾最流行的焦点。千万不能错过。

到台湾旅游，不可不采购一批当地特产，例如乌龙茶、高山茶、澎湖四宝、美浓油纸伞、海草地毯、竹山竹器、风味水果等，各个特色鲜明。

——资料来源：河南旅游资讯网

课堂思考

谈谈你对“购物天堂”香港的认识。

（三）树立旅游目的地形象

旅游商品是旅游点形象的载体，是异质（域）文化交流、区域形象传播的实物载体，直接影响着旅游者的旅行满意度及旅游点的形象。同时旅游商品还是一个国家和地方的文化艺术、工艺技巧和物质资源相结合的产物。旅游者购得旅游商品，经过鉴赏品评，能加深对一个国家或一个地方的文化传统、艺术造诣、民族风格的了解，从而达到沟通思想感情的目的。旅游商品特别是旅游工艺品的国际流通，扮演着外交大使的角色，能起到民间外交的作用。尤其是那些传统工艺品，它们是中华民族的瑰宝，是对传统文化的继承和发扬，通过在国内外旅游市场上的流通，就能够对旅游目的地形象进行有效的宣传。例如，在哥伦比亚，富有生命力的工艺品也是出口商品，如家具、纺织品、竹编制品、礼仪用品、玩具和首饰等。它们是当地最珍贵的文化资产，是哥伦比亚毋庸置疑的“外交大使”，对哥伦比亚的形象有积极的宣传作用。

旅游商品成为树立旅游目的地形象的手段，成为活生生的广告。许多旅游目的地借优质的旅游商品来推销自己；反过来，旅游者可以通过各种特色的旅游商品来了解旅游目的地。例如美国迪士尼乐园的纪念品，远销全球，有许多游客是通过“米老鼠”玩偶来了解迪士尼乐园的。部分景区经营者、管理者已意识到旅游商品这张活名片的特殊价值。

（四）为社会提供大量的就业机会

有专家预测，旅游商品的生产与销售，将成为我国旅游就业的十大增长点之一。因为从总体上讲，旅游商品的生产和销售属于劳动密集型行业，对劳动力的容纳量大，吸收劳动力的能力较强。

在农村，农民成为了旅游商品开发的主力军。在浙江省安吉县，传统旅游商品有茶叶、笋干、山核桃等，近几年来又开发了竹编、竹雕、竹刻等旅游商品。全县旅游商品生产和经营企业增至50多家，直接或间接从事旅游商品生产和经营的农民近1万人。县政府出台了鼓励旅游商品开发生产和经营的若干政策，有效地引导更多的农民走向旅游商品经营的道路。

据报道，贵州省安顺市拥有蜡染、波波糖、牛来香系列产品、傩面具四大类特色旅游商品。它们的生产和销售吸纳了众多的从业人员，其中包括下岗失业人员。牛来香系列产品不仅获得了肉类产品绿色食品证书，而且已在全国建立了300多个销售网点，包括香港。生产牛来香系列产品的企业目前已带动1.6万养殖户中的2万多人就业。3000多家农户为许多超市提供该产品。

课 堂 思 考

在你的家乡有没有通过旅游商品的发展带动就业的情况？试举例说明。

（五）促进地方各类商品的发展

旅游商品讲究美观、实用、方便及艺术价值，且它们大多数与当地人们的日常生活必需品密切相关。这对改进地方日用品的外观和质地起到了极大的推动作用：使地方商品在包装、装潢、广告等方面更加追求审美价值；使地方商品达到功能美、色彩美、材质美、和谐美、舒适美等要求；使地方商品将商品的内在质量用外观造型准确地体现出来，达到内在质量与外观造型的有机统一。旅游商品的发展已成为各类商品，特别是日用品发展潮流的先驱。

三、旅游商品发展对旅游产业的作用

(一) 提高旅游业整体经济效益

旅游产业主要由旅游活动中的食、住、行、游、购、娱六要素组成，其中食、住、行的花费相对稳定，唯有购物弹性最大，最有潜力可挖。从当前情况看，我国国内旅游消费结构中食、住、行的支出比重较大，达 75% ~85%，游、购、娱的支出占 15% ~25%。未来旅游消费需求将从观光型向度假型、娱乐参与型、享受购物型转变，向特色型旅游转变，这样必然加大对旅游产品的需求。因此，在客源量稳定的情况下，如要提高旅游业的收入，便要在适应旅游者需求的基础上，通过各种途径开发和提供大量适销对路、价格适中且具有特色与新意的旅游商品。

案例

展示旅游商品 提升旅游经济效益

2010 年 9 月 26 日，“金秋老爷山”旅游商品推介会在青海省西宁市大通县举办，集中展示了大通县 20 个乡镇“一村一品”的特色产品。

推介会上，集中展示了具有大通地方特色和民族特色的皮影、民间剪纸、农民画、根雕及“金鹿”牌系列保健品、“绿草源”牌清真牛羊肉食品、“大森”牌天然植物饮料、“松林”牌蘑菇等一系列商品。此次推介会是对大通地区旅游商品、土特产品的一次集中展示，将旅游商品购物提上了今后旅游发展日程。一方面，拓展了西宁市旅游活动的空间，有效地突破了西宁市因秋冬季旅游资源匮乏而制约旅游业发展的瓶颈。另一方面，此次推介会的举办，为西宁市加快发展旅游商品，提升旅游经济效益做了一次有益的实践，给旅游商品发展带来了好经验、好做法；同时，也给旅游企业带来了商机，为全市旅游行业提供了一次很好的学习、交流的机会，对于促进西宁市旅游商品发展壮大，推动旅游业快速稳定发展起到了积极的推动作用。

——资料来源：青海新闻网.

案例分析

1. 为什么当地政府对此次旅游商品推介会如此重视?
2. 旅游商品推介会会给当地带来怎样的影响?

（二）优化旅游产业结构

旅游产品是综合性产品。向旅游者提供的住宿、饮食、交通、游览、娱乐和购物等各类产品的比例是否合理、各种产品的内部结构是否恰当，直接影响着旅游消费数量和消费结构。在国民经济中向旅游业提供服务的各有关部门的经济结构如果不合理，不能形成相互协调的产业网，就会导致比例失调、各构成要素发展不平衡，导致旅游消费结构不合理。

通过发展旅游商品，可以促进地方轻工、农、外贸等行业的发展。旅游商品与非旅游商品之间并无不可逾越的界限。土特产品或轻工产品一旦打上地方特色或旅游特色的烙印，进入旅游消费市场，便同时具有其固有的使用价值与旅游纪念的特殊使用价值，能够激发游客的消费欲望并使其产生购买行为，使这些产品成为旅游商品，从而达到优化旅游产业结构的目的。

四、旅游商品发展对旅游教育的作用

（一）旅游商品教育的必要性

从旅游产业层面上来看，旅游者不仅要求吃得好、住得安心舒适、玩得开心尽兴，同时要求通过愉快地购物来为旅程画上圆满的句号，因而在旅游目的地旅游商品都有不同程度的发展，这是适应旅游者需求的必然产物。然而，相应的购物管理和经营人才的培养在中国目前依然采用旧的模式，主要由商业部门及其所属的教育单位、零售业部门和各个具体的行业部门自行培养，高校的相关教育比较缺乏和滞后。另外，高校旅游专业毕业生也面临着知识结构拓展更新以及与社会需求对接的新问题。旅游产业管理部门在这方面可以发挥自己的资源优势和市场优势，为社会打造适应新需求的旅游商品管理和经营人才。

（二）旅游商品教育的可能性

在旅游管理领域中，旅游商品与购物管理也应该有自己的学科地位。旅游经济学是从宏观、政策、趋势等角度来分析旅游产业的供求关系以及投入与产出平衡的；旅游开发与规划是对目的地的环境建设和设施设备供给的安排和设计；饭店管理、旅行社与导游管理是从游客食、住、行、游、购、娱等环节进行的针对性经营与管理。旅游商品与购物管理则是对游客的购物过程涉及的各个环节进行有效的经营与管理，为旅游者的整个旅程提供具体的实物产品与服务，有其独特的知识结构和体系，是其他学科和课程无法取代的。

因此，可以说旅游商品经营与管理课程的设置，是适应中国旅游产业发展的需要，是中国由旅游大国迈向旅游强国在教育上的重要一环；同时，就社会发展的趋势来说，旅游商品的教学，为学生的就业和工作开启了一扇新的大门。

复习与思考

一、名词解释

旅游商品　旅游产品

二、简答题

1. 旅游商品与旅游产品的区别和联系分别是什么？

2. 旅游商品发展在旅游业中的作用是什么？

三、单项选择题

1. 凡是有助于旅游者旅游活动的实现且为旅游者所消费的实物商品都称为（　）。

A. 商品　B. 产品　C. 旅游商品　D. 旅游产品

2. 1997 年由国家技术监督局颁布的《旅游服务基础术语》，其中对旅游产品的定义是这样的：由实物和（　）综合构成的向旅游者销售的旅游项目。

A. 商品　B. 产品　C. 服务　D. 线路

四、多项选择题

1. 对旅游商品概念，我们可以从哪些角度进行解释？（　）

A. 动态的　B. 实物的　C. 广狭的　D. 统计的

2. 旅游商品具有哪些属性特征？（　）

A. 多样性　B. 民族性　C. 层次性

D. 艺术性与实物性的统一　E. 特殊性

五、案例分析

“玻璃王国”的商品销售

在瑞典东南部的斯莫兰德地区有一处叫作“玻璃王国”的地方。那儿的产品远销全世界。其中，科斯塔（Kosta）是瑞典最早的玻璃工厂。工厂的展览厅在每年 4～9 月开放。

工厂附近的希特西尔餐厅用熔化玻璃的火炉余热烧制出鲱鱼、土豆、香肠、蛋糕等以其美味闻名于瑞典。在这个工厂，游客不仅能够了解玻璃加工及吹制工艺流程，而且能在工厂的销售点以低廉的价格购买到正宗的玻璃制品。在当地，类似的工厂目前有15家。每年吸引着大量的游客来参观并购买数额庞大的玻璃制品。

——资料来源：百度文库

根据以上案例，回答如下问题：

1. “玻璃王国”所开发的旅游商品都有哪些?
2. 同一地区有15家类似的工厂有何利弊?

推荐阅读

1. 辛建荣，路科，魏丽英．旅游商品概论［M］．哈尔滨：哈尔滨工程大学出版社，2012.
2. 中国旅游商品黄页．

第二章 旅游商品文化

深入挖掘旅游资源的文化内涵，开发具有文化特色的旅游商品，既是当代旅游业的形势要求，也是发展旅游业的关键所在。文化是旅游的灵魂，旅游商品是文化的载体，旅游的文化本质特征必然要求企业在发展旅游商品的过程中要重视文化内涵，用先进文化引领旅游商品的发展。文化特色是培植旅游商品核心竞争力的关键。只有突出文化特色才能使旅游商品备受青睐，才能保持旅游经济基业长青。

本章介绍了旅游商品文化的定义和属性特征，旅游商品的文化内涵及表现，旅游商品文化与旅游文化商品的区别，全面分析了旅游商品文化存在的问题与特色创新。学好本章的内容，为打造更具特色的旅游商品文化提供了借鉴，同时也为后续章节的学习进行铺垫。本章的重点内容是掌握旅游商品文化的概念和属性特征，熟悉旅游商品文化存在的问题。

学习目标

知识目标

1. 了解旅游商品、旅游商品文化及文化旅游等基本概念。
2. 掌握旅游商品文化的属性和特征。
3. 知道旅游商品的文化内涵及表现。

技能目标

1. 能够正确区分旅游商品文化与旅游文化商品。
2. 能够深入挖掘特色旅游商品文化的切入点和着力点。

第一节　旅游商品文化的界定、属性和特征

一、旅游商品文化的定义

旅游商品，顾名思义，是指旅游者在购买旅游活动过程中所需要的产品和服务的总和。旅游商品的使用价值在于它能满足旅游者旅游活动中的综合性需要，既包括旅游者在旅游中食、住、行的基本生活需要，又包括享乐和精神发展的需求。

旅游商品文化，是指旅游企业为能满足旅游者的文化精神需求，提供的旅游客体商品、旅游介体商品和旅游服务商品包含的物质文明和精神文明所展现出的一种旅游文化形态。这里所指的旅游客体商品文化，主要是指景区（景点）的有形自然旅游客体商品或有形、无形社会人文旅游资源客体商品的文化内涵得以展现的一种旅游文化形态。这里所指的旅游介体商品文化，主要是指旅行社、旅游饭店、旅游交通等旅游介体企业推出的有形商品和无形商品文化内涵得以展现的文化形态。例如，这些企业的旅游理念文化、行为文化、设备设施文化的内涵得以展现的一种旅游文化形态。这里所指的旅游服务商品文化，主要是指旅游服务人员在服务过程中所展现的无形服务的理念文化、行为文化和视觉文化的内涵得以展现的一种旅游文化形态。例如，饭店服务、导游服务、餐饮服务、景点服务等各种旅游服务文化内涵所展现的旅游文化形态。

文化旅游，是文化与旅游的结合，是旅游商品的灵魂，也是旅游深度发展的必然。文化资源是一种动态的、可再生的精神财富。一般来说，人类发展进程中所创造的一切含有文化意味的文化成果及其承载着一定文化意义的活动、物件、事件，乃至一些名人、名城等，都是某种形式的文化资源。吴圣刚教授认为，文化资源指人类生存发展所需要的、以一切文化商品和精神现象为指向的精神要素，劳动创造了人，人的生产活动、仪式活动创造了文化。文化资源就是人们从事文化生产或文化活动所利用或可供利用的各种资源。根据不同的性质，可以将文化资源分为物质文化资源和精神文化资源两种：物质文化资源是文化商品的物质载体和文化生产的物质手段；精神文化资源存在于人类社会中，是在人类社会发展的历史过程中形成和发展的。

课堂思考

谈谈你对旅游商品文化的认识。

二、旅游商品文化的属性

众所周知，旅游商品是以文化为灵魂的。没有文化的旅游商品，是缺少生命活力的商品。文化创意是丰富旅游商品和精致旅游商品的主要途径。旅游商品的文化属性主要体现在以下几个方面。

（一）旅游商品文化的主题性

任何一个旅游商品都应该有一个鲜明的主题，有鲜明的主题才会产生鲜明的市场形象，才会引起旅游者热切的关注。文化创意就是要进行商品的主题定位，使文化围绕着主题定位，突显出来。在设计策划主题的过程当中，万不可将文化杂混在一起。

例如，2011 年国庆期间，海口市旅游部门推出三大主题旅游推广活动，分别是“国庆畅秋意，快乐乡村游”、“欢乐骑游八门湾，开心采摘甜柚子”和“重阳踏秋日，健康家庭游”。这三大主题旅游线路将海南本土民俗文化、地域特产结合起来，打造精致并富有特点的节日主题旅游活动，以吸引更多市民与外地游客。

（二）旅游商品文化的艺术性

艺术是文化的精华，艺术是文化的顶端部分，又被称为纯文化。艺术常常最能反映某种文化的精粹。文学、影视、动漫、声乐、舞蹈、戏剧、曲艺、绘画、形体、工艺、装饰、服饰、建筑、园林、环境等艺术形式，都是人类在长期生活与生产的过程中对文化的一种最深刻的解释。旅游业是需要艺术的，因为只有艺术才能更深刻地反映文化。在旅游文化创意中，特别需要从艺术的角度反映文化的真谛。

例如，海南地域文化中最具有代表性的是黎族传统文化。黎族文化艺术中的黎锦图形元素、传统器物造型、民间传统工艺、传统建筑为旅游商品开发创新设计理念提供了良好的思路。海南黎族文化艺术在经过漫长的历史凝练后，所形成的黎族织锦技艺，被誉为“纺织史上的活化石”。其传统的纺、染、织、绣技艺形成了黎族织锦图案独具一格的特色。其图案、图形符号特点鲜明、形式感强，极富视觉张力和地域文化内涵。它体现出黎族劳动人民的智慧、情感和审美取向，是黎族历史文化、生活风俗、宗教礼仪和神话传说的生动写照。

（三）旅游商品文化的趣味性

旅游是一种生活方式，人们希望通过这种生活方式获取更多的生活乐趣。如何使文化变得轻松，特别是使历史文化变得轻松？使文化变得使人们更易于接受，是文化创意的一种方向。人们只有在趣味性更强的文化中，才能够获得深度体验。所谓趣味性，实际应该包括奇巧、幽默、梦幻、参与性等特点。这些趣味性应该体现在所有的展示、解说、项目设计、氛围营造中。趣味性来得越自然，则越有趣味。

相关链接　搜索

鲁西南民俗的趣味性

鲁西南民俗是山东典型的、富有特色的地方民俗。其乐融融的乡村牧歌画卷在菏泽的乡村别具韵味，众多乡村依然保存着淳朴的民风，村民在穿着打扮、生活习惯和娱乐方式以及建筑上保留着不少传统的影子，与现代城市景观形成鲜明的对照。菏泽娱乐活动也很丰富，例如：富有趣味的斗鸡、斗羊活动，民间武术竞技活动和武术表演等。民间工艺品多种多样，著名的有菏泽鲁锦、面塑、草条编等。其中菏泽鲁锦是鲁西南农村的家纺布，可制作鲁锦时装、工艺品、壁挂等30多种饰品。菏泽面塑历史悠久，牡丹区的穆李村是有名的“面塑之乡”。菏泽小吃味美可口，有王光烧牛肉、单县羊肉汤、曹州烧饼、郓城壮馍、酱大头菜等众多特产。利用上述资源开展民俗旅游，使游客参与其中，体验民俗风情。

——资料来源：王明霞，史先华，张涛．论菏泽文化旅游产品开发与设计［J］．黑龙江对外经贸，2007（9）．

（四）旅游商品文化的参与性

旅游项目的设置，有静态与动态两种。无论是静态的项目，还是动态的项目，都会引发人们主动体验的积极性。这种体验又可分为自我体验和共同体验两种，共同体验虽然也会引发各自不同的自我体验，但总体上是一种多人参与的体验。由于人是有情感的，是有表现欲望的。所以参与性项目常常更能引起人们的兴趣，在参与中实现情感的交流和能力的展示。特别是和当地居民，项目经营者，团队组成人员（陌生的和不陌生的），亲情、友情、爱情相系的人共同参与，会使人与人之间的距离很快拉近。

体验经济是以满足人们的情感需要、自我实现需要为主要目标，有意识地以商品为载体，以服务为手段，使消费者融入其中的活动。体验经济的典型特征是：消费是消费者以货币来换感受、换体验、换快乐的一个过程。消费者是这一过程的“商品”，过程结束以后，留给消费者的记忆将是难忘的。这一过程美好、难得、不可复制、不可转让、转瞬即逝，它的每一个瞬间都具有唯一性，所以消费者愿意为这类体验付费。体验经济所追求的最大特征就是消费和生产的个性化、参与性、互动性和同步性。对旅游景区来说，终极的体验就是“快乐”、“舒畅”。

综上所述，在体验经济条件下，我们可以将“体验旅游”理解为是以一种全新的理念来运作经营旅游全过程，由旅行社安排更多参与性的活动，使游客离开都市的喧嚣、现代生活的压力，返璞归真，打“心眼”里感悟旅游内涵的一个过程。它除了提供优质的食宿条件之外，更要着眼于向游客提供感觉体验、情感体验、创造性认知体验、身体体验以及与某一团体和文化相关所产生的社会特性体验等，满足旅游者多种多样的、健康的体验需求。通俗地说，体验旅游更多的是一种生活方式的体验、一种旅游心情的分享，更强调游客对文化的、生活的、历史的体验，强调参与性与融入性。这里有一个根本的转变，即旅游者从一般意义上住、行、观光的被服务者转化为一种特殊生活、一次特殊仪式、一些特殊经历、一次有保障的冒险的参与者与体验者。可以说，体验旅游是迄今为止人类社会最高层次的旅游状态，是知识经济时代的旅游消费的必然需求。

（五）旅游商品文化的教育性

世界上的事物无论是历史上曾经发生过的，还是现实存在的；无论是物质文化遗产，还是非物质文化遗产，都会带给人们思想或心境的冲击。这是因为人生活在社会中，总是要接触文化的，总是要从文化中获取知识和经验的，而旅游恰恰是一种浓缩知识、集中展现知识的重要形式。旅游是文化的重要载体，其自然而然地就会产生启迪与教育的作用。这种教育性是引导式的、启发式的。

目前，中小学生教育型旅游商品是我国许多地区尤其是旅游城市应大力发展的一种新型旅游商品。旅游城市中的旅游资源与中小学生教育型旅游商品的基本构成商品多属于共生或伴生关系。传统分类中的旅游商品的目标指向性都比较弱，比如观光旅游商品具有普适性，对于商品消费人群的分类研究还不够。中小学生教育型旅游商品的对象相对明确，它集中考虑10～15周岁中小学生的需求。同时，由于旅游活动实现的功能很多，休闲、娱乐、教育等不一而足，大部分的旅游商品都能体现旅游的多种功效，而中小学生教育型旅游商品则主要突出实现旅游的教育功能。中小学生教育型旅游商品是这些商品的组合形式，例如，它可以是遗产旅游、军事旅游、校园旅游等旅游商品的组合，也可以是博物馆（含美术馆）旅游、野营旅游、工业旅游等旅游商品的组合。但是，中小学生教育型旅游商品不是这些基本旅游商品的简单组合，而是融入了商品消费对象需求的整合形式。

（六）旅游商品文化的和谐性

文化的问题是一个复杂的问题，由于需求、寻求、追求的多样性，人们在旅游过程中对文化的选择也是多样的。但文化的问题又是一个敏感的问题，每个人都有可能对文化做出自己的解释。这样就要从多数人的角度，从商品面向的不同市场人群，考虑和谐性的问题。我们尊重个性，但旅游商品不能够只强调个别人的个性或少数人的个性，因为旅游是为全社会和全体人民服务的产业。另一个问题是商品本身要强调个性，因为只有个性才能产生特色、产生品牌。这种特色和品牌，自然而然地会在市场上形成功能性分工，决定了其只能适应相当一部分的旅游者，而不能适应全部的旅游者，这是两难的选择。但再难也要首先进行市场定位，然后才会产生和谐性的问题。和谐旅游应该是一种美好的产业状态和理想，所追求的是产业要素协调融洽，旅游者各得其所以及旅游服务者与被服务者的和谐相处。

具体来说，和谐旅游是指构成旅游活动的各要素以及各要素之间处于一种和谐利用或相互协调状态的一种旅游发展模式。和谐旅游至少包括旅游资源的和谐利用（人与自然的和谐）、发展目标的和谐、游客与旅游企业、旅游部门与旅游企业、旅游企业之间、旅游行业与全社会之间的“七大和谐”。其中，旅游资源的和谐利用是基础，旅游企业、游客、旅游部门之间的和谐运行是实现和谐旅游的重要组成部分。和谐旅游就是通过对旅游资源的和谐利用和旅游主客体之间的和谐运行，最终实现旅游的和谐价值和和谐目标。

案 例

挖掘北京文化内涵 打造旅游品牌和产品

2014 年北京市旅游总收入预计达到 4300 亿元，旅游购物和餐饮收入有望占到全市比重的 25%。日前，2014 年北京旅游工作会议召开，副市长程红出席并讲话。

程红说，北京旅游要围绕首都城市性质和功能定位，深度挖掘皇城文化、首都文化、老北京文化等文化内涵，展示和扩大北京传统文化的魅力；同时，要向可持续发展方式转变，培育大众旅游市场，打造旅游品牌和产品。

北京市旅游委主任周正宇介绍，2014 年本市将重点打造古北水镇、十三陵镇和金海湖镇等 5～10个特色旅游小城镇。“目前古北水镇已建成并开始试营业，游客量增长也很明显，其他小城镇建设正稳步推进。”

2013 年全市投资 1 亿元以上的项目达 54 个，总投资超过 1200 亿元。依托北京产权交易所建立了全国首家旅游资源交易平台，已有 58 个项目上线交易，融资需求达 70 亿元。2014 年，预计全年旅游总人数和总收入同比增长 9%。

——资料来源：中国城市文化网

案例分析

结合旅游商品文化的属性，谈谈北京该如何打造旅游品牌和产品。

三、旅游商品文化的特征

旅游商品同一般商品一样都是可见可即的物质形态，都具有使用价值和价值。旅游商品的购买者是特定的旅游者，具有突出的市场特色和特殊的文化内涵。旅游商品是以多种产品和服务组合形成的特殊商品。因而其构成因素很多，不仅有满足游客基本生活需要的物质要素，而且有满足游客精神需求的纯自然要素、社会要素及历史要素。鲜明的文化特色是旅游商品的最大特征，具有不可替代性。旅游商品承载了各地的历史文化内涵和民族民俗特色，集使用价值、审美价值、收藏价值、时尚价值于一身，是旅游经历的一种见证。旅游商品文化的特征概括为以下6个方面：

（1）从文化的价值看，旅游商品文化具有非物质性。非物质文化遗产的传承需要平台，旅游无疑是非物质文化遗产传播的一个重要途径。近年来，将非物质文化遗产与旅游开发结合的地区不仅有效地促进了非物质文化遗产的传承，而且为地区旅游经济的发展带来契机。非物质文化遗产由于其本身固有的丰富价值使其具有潜在的旅游价值，具体包括由其历史价值延伸出来的文化旅游、休闲旅游、教育旅游等。这种非物质东西的实质、主要内容是一种服务。

（2）从文化的结构看，旅游商品文化具有不可转移性。文化旅游商品的不可转移性主要表现在旅游服务所凭借的吸引物和旅游设施无法从旅游目的地运输到客源所在地供游客消费，且只能以文化旅游商品的信息传递引起购买者的流动来实现。不可转移性既抓住了旅游商品与一般实物产品的差异，又抓住了旅游产品与一般服务商品的区别，是一个既全面又触及到事物本质的特点。只有当旅游者到达旅游产品提供地，才能实现消费。因此，旅游商品文化的这一特性受到自然条件的限制，表现为地域上的垄断性。例如，安徽的黄山、山东的泰山、陕西的华山都属于特定地区的文化旅游商品。

（3）从文化的性质看，旅游商品文化具有服务性。服务性商品是能为顾客创造价值的实体或过程，而服务仅是一种行为、一种活动、一种可以被用以交换的无形商品。旅游服务之所以成为旅游商品，是因为它为游客提供各种具有文化品位的服务。服务人员提供的服务内容，都具有一定的文化品位，服务人员的服务行为、语言、着装、表情、态度都具有一定文化内涵。服务人员的服务为游客游览观赏提供的服务，能使游客获得美的文化精神感受，所以，旅游企业为游客游览观赏提供的经营型商品——旅游服务，是旅游业服务人员通过各种设施、设备、方法、手段、途径和“热情好客”的种种表现形式。在为游客提供能够满足其生理和心理的物质和精神的需要过程中，创造一种和谐的气氛，产生一种精神的心理效应，从而触动游客情感，唤起游客心理上的共鸣，使游客在接受服务的过程中产生惬意、幸福之感。

（4）从文化的层次看，旅游商品文化具有创造特性。旅游商品大多是人类在其发展过程中自身创造的，不是天然固有的，即便是纯粹的自然旅游资源，在漫长的人类历史过程中也会不可避免地被打上人类的烙印。旅游者的旅游活动是一种消费性质的活动，但又是以文化精神需求为目的的消费活动，因此又是一种文化性质的消费。在当今经济全球化的发展背景下，旅游企业不但要接待国内的游客，而且要接待国际游客。这就要求旅游企业的文化，既要符合国内游客的文化需求，也要符合国际游客的文化需求。不同国家和地区的游客有着不同的文化背景、审美文化趋向和行为文化规范。这就要求旅游企业文化，特别是旅游饭店、旅行社、航空公司的文化，要符合各种顾客群的不同文化要求。因此，旅游企业文化必然具有企业文化的世界性与顾客群体相统一的文化创造特征。

（5）从文化的历史角度看，旅游商品文化具有时代特性。由于文化是一个不断变迁的现象，旅游者的动机和需求也在不断变化，旅游商品也带有很大的不确定性。旅游资源具有鲜明的时代内容。主要表现为国家社会制度的不同和时代的不同，有的现象可以作为旅游资源，有的则不能作为旅游资源，同一种东西，却有两种不同的利用价值。这是因为不同性质的国家、不同阶层的人们，其道德观念和审美观念是不同的。过去以“看古”、“看旧”为主的旅游形式，发展成为以“看今”、“看新”为主的现代旅游活动。过去单纯以“看”为主的旅游形式，发展成为“看”和“做”相结合的体验式旅游。在单纯的休闲旅游的基础上，增加带有极其鲜明目的性的现代文明的特色文化旅游体验项目。过去那种重“史”轻“今”的旅游项目设置，发展成为融合历史文明和现代文明的“双面镜”旅游项目设计。在利用反映古代文明的古迹、文物旅游资源的同时，开发和利用体现现代文明的旅游资源，是每一个旅游工作者和每个旅游企业都应该关注并集中力量探索的重要任务。

（6）从文化的内涵看，旅游商品文化具有多元可变性。文化是一个不断发展、不断变化的人类物质和精神成就的总和，所以导致文化旅游的动机和需求也在不断地发展和变化。同样，由于旅游者的个体差异（需求差异、消费差异、感知差异等），旅游商品的内涵也具有较大的不确定性。在旅游文化观念上，东方人注重自己内心的感受，常常给人以谨慎、保守和内敛的印象，所以较少和旅游目的地的居民交往，这主要是与东方人价值取向和东方人的英语普及程度有关；西方人提倡冒险和具有表现征服的欲望，给人以积极、开放和外向的印象，所以表现出和旅游目的地居民极强的交往意愿。在旅游行为方面，东方人提倡适度旅游，反对过于张扬和冒险，对于故土有一种执着的认同感，不易融入异乡社会，在穿着、举止、生活方式甚至思想上都要符合“集体”的准则；西方人崇尚对外探索，喜欢探险旅游，性格外向，举止和生活方式上喜欢表现自我。东方人出境旅游具有“定型化”特征。一般情况下，旅行社事先都制订了详细计划，在出发前召开旅游说明会，观光日程几乎都是早出晚归。很多人愿意参加这种团体旅行，认为“游有所得”，知道详细而周密的旅游计划，以确认自己可以得到高质量服务。西方人则完全相反，他们要不断地求新求异，要求随意、不要固定形式，游览内容要少，旅游速度要慢，时间要晚出早归，观光要突出休闲性。

案例

依托传统资源开发旅游商品

据报道，韩国泡菜在2013年年底举行的第八届非物质文化遗产委员会会议上进入“非遗”名录。可以想象，接下来，韩国泡菜将成为韩国入境旅游者热购的旅游商品之一。

韩国这种对本国文化的保护和弘扬有许多值得我们学习的地方。比如，将韩国对传统小菜的这一成功包装与我国的旅游商品开发联系起来，它提醒我们：开发旅游商品，迫切需要拓宽思路，迫切需要依托现有的传统资源建设旅游商品大市场。而其中，以品质为前提的品牌化运作是关键，就像韩国泡菜，他们的运作绝不是一时之功。

在我国台湾，我们看到大陆游客成箱地购买凤梨酥；在德国，中国游客把一箱一箱的不锈钢锅邮寄回国；在比利时，中国游客大包小包地拎着手工制作的巧克力；在意大利的奢侈品商店，中国游客像从菜市场出来一样拎着一袋一袋的名牌服装。

如果说，推出我们的奢侈品还不敢念想，但如韩国泡菜一类的小菜我们还是不缺的，如臭豆腐、萝卜干、酱腌菜、辣椒酱等在我国都十分普及、深受欢迎，有着旺盛的市场生命力。更何况，我们还有着不计其数的小吃、美食，为什么不能在这方面动动脑筋呢？

当然，简单地把传统产品搬上货架是不够的，重要的是必须在标准化、品质化、品牌化等方面的背后运作上着眼长远地下功夫，并在生产过程中少些精明，多些憨厚；少些势利，多些坦诚，让商品里含有诚信的味道，这才是大智慧。

——资料来源：李远峰．依托传统资源开发旅游商品［N］．中国旅游报，2013－11－01.

案例分析

旅游商品文化主要包含哪些特性？

第二节　旅游商品文化的内涵表现及存在的问题与特色创造

一、旅游商品文化的内涵及表现

（一）旅游商品文化的内涵

旅游商品文化的内涵是指游客在旅途中以留念、馈赠等形式而选择的商品，此商品在生产与交换过程中凝结着商品与劳务中的人文价值。它首先表现为一种审美观念、情感哲学、道德精神，继而物化或人格化于商品和劳务之中，并随着商品的交换而让渡给消费者。由于大大提升了商品满足人们需求的能力，旅游商品文化成为唤起并满足新需求并使商品自身行销世界各地的强大力量。在更多的场合里，人们是通过消费商品来感受、认知或者融入西方文化的。中国古代与西方的文化交流，依赖的实际上就是以丝绸为代表的具有人文价值的中国商品。

旅游商品文化是人类在设计、生产、经营和消费旅游商品的实践活动中创造，并为人类社会生存和发展所必需的物质成果和精神成果的总和。狭义的理解可以是旅游商品在设计、生产、流通和消费过程中所涉及的文化现象。商品作为商业的载体，除了具有物质的属性之外，还具有文化的属性。商品的这种文化属性附加于其上，还可以提高商品的价值。从文化的角度对商品以及对商品生产和商品交换进行考察，就会发现人们所有有关商品生产和商品交换的活动，都具有文化创造和传播的性质。正因为商品具有文化的属性，所以商品生产者其实也承担着文化生产的责任，商品交换既是一种物质的交换，又是一种精神的交流即文化的传播。商品生产一方面提供了社会生存所需要的商品，另一方面潜移默化地改变着人们的价值观念、思想意识和行为准则。因此，从事商品生产和商品流通的人，实际上还传播精神文明的信息，承担着社会文化推进的重任。

研究旅游商品文化，可以拓宽人们对商品使用价值的认识和理解，从而更深刻地认识到商品生产和商品流通所承担的重大的社会责任，有利于从人类文明的更高层次推动商品经济的发展。当代人们对商品使用价值的需要的层次逐渐提高，越来越重视人类的精神财富和文化内涵在商品上的体现。要适应人们需要的这一变化，商品的生产和流通必然处于物质创造与精神创造、经济与文化的综合状态。

（二）旅游商品文化的表现

由于商品经济的迅猛发展，居民消费水平的提高，消费者越来越要求商品既经济，又实用，且美观。人们开始重视人类精神财富，注重生活质量，讲究文化享受，消费者对商品质量的要求成为影响商品市场质量的重要因素。商品除了本身具有一定的使用特性之外，还应具有优美的图案、别致的造型、新颖的包装等。也就是除了商品的实用性之外，还包含着商品美。旅游商品文化的表现为：

（1）旅游商品文化是人类社会实践的产物，是商品生产者在商品生产的实践活动中，通过自身的设计和再现而展现出来的。旅游商品文化中人的作用以及人的再现，通过商品的设计与生产实现了人类社会向文明的过渡，从而在更深层次上发展了旅游商品文化。旅游商品文化的形成受许多人文因素的影响，比如民族习惯、宗教信仰、地域环境、伦理道德、社会习俗、受教育程度、生活方式、语言文字等。总之，人文因素的影响，产生了人的文化差异，而人的文化差异，通过人的需求差异影响着商品使用价值的形成，构成了丰富多彩的旅游商品文化。在几千年的商品生产实践中，商品与文化密不可分。人类在创造商品的同时，也创造着旅游商品文化。人类的文化传统、人类生存的文化环境、人类社会的文化模式等，都影响着商品生产、流通和消费，当然也对旅游商品文化产生了深刻的影响。

（2）旅游商品文化源于人类对商品类的追求，人类的生产是物质生产和精神生产的统一。所谓精神生产，是指人类在从事商品生产的时候，不仅要考虑商品使用价值的物质性，而且要考虑商品使用价值的社会性，同时也要按照美和审美的规律进行生产。在人类劳动和长期的社会实践中，人们逐渐认识到，商品生产不仅应满足人类的物质需要，而且要满足人类的精神需要，比如审美需要等文化层次的需要。商品生产的发展，就是上述两种观念的深化和发展。商品生产中审美因素的萌芽和发展，同技术因素的萌芽和发展一样，同样打开了人类智慧的大门，揭开了人类的文明史。人类一切物质创造都可看作是自然之物通过“文化”而进行的人工组合。商品的设计者和生产者不仅应该把握反映当时商品生产的先进技术，还应把握文化传统和时代精神，只有如此才有可能设计和生产出质量优越并合乎时代精神要求的商品。消费者的价值观念常常受文化因素的制约和影响。优质商品往往超越人的生存需要的满足，在满足生存需要的基础上满足人的享受的需要。人在享受需要中往往寄托了精神需要，要求从优质商品的文化因素中得到满足。

（3）地域文化作为商品生产和商品消费的文化环境，必然使商品的使用价值中蕴含浓厚的地域文化特点。地域文化的形成往往与当地的历史传统与文化传统有关，作为地域文化重要内容的风土人情，则是悠久传统经世代流传而形成的。驰名的、优质的和独具地方特色与民族特色的商品，其使用价值中的地域文化因素尤为显著。几乎每一种地方名优传统商品的背后，都有一段历史典故，融汇着当地的风土人情。各地都有一批带有浓厚地域文化特色的商品。在我国的对外贸易中，一些具有中国传统文化特色的商品，不仅在国际市场上具有很强的竞争力，而且在世界范围内传播和弘扬着中华民族源远流长的优秀文化。

（4）旅游商品文化是客观存在，是普遍深刻的社会现象。在过去相当长的时间里，人们并没有正视旅游商品文化的存在，没有充分认识旅游商品文化的意义，更没有对它进行认真和深入的研究。现在倡导研究的商业文化，其中包括旅游商品文化，其根本宗旨就是试图从文化层次上解决商品生产与社会需要、商业竞争与商业服务的矛盾，改善商业的社会形象，提高商品生产和商品流通的水平，发展社会主义市场经济。例如，许多高档家用电器都有豪华的外观与许多附加的功能，其实并无多大的实用价值，但是缺少了这些，就不能满足消费者追求豪华的消费心理。事实上，针对消费者求新、求美、攀比好胜和看重名牌的消费心理，优质商品更多的是靠文化因素来满足消费者需要的。因此，对商品生产和经营者来说，更应注重优质商品使用价值中的文化因素，从文化因素的角度开发新的优质商品。

（5）从旅游商品文化研究的角度看，跨国界的商品交换，也是一种跨文化的交流。由于中外旅游商品文化的巨大差异，这种跨文化的商品交换必然对民族文化带来巨大的冲击和振荡；如果我们不研究旅游商品文化，而是带着对旅游商品文化的茫然无知去面对跨文化的商品交流，必然会做出病态的消极回应。病态的回应表现为在商品的生产与消费中消极地反传统、盲目地崇洋媚外以及推崇民族虚无主义。积极的回应则是从旅游商品文化的高层次来把握这种跨文化的冲击——不是为打破传统而打破传统，也不是因自惭形秽而冲破束缚，而是在弘扬民族文化的基础上吸收外来旅游商品文化的精华，发扬具有民族特色的旅游商品文化，兼容并包外来文化的精华，创造具有创新力的中国旅游商品文化。中华文化博大精深，作为一种极具鲜明个性的民族文化，已经通过国际贸易等多种形式传播到世界各地。无数中外消费者出于对中华文化的热爱而倾慕、购买中国商品，我们更应该深入地研究旅游商品文化，促进商品生产和商品流通，指导商品消费，从而弘扬民族优秀文化，传播精神文明信息。

课堂思考

旅游商品文化的具体表现有哪些？

二、旅游商品文化与旅游文化商品的区别

（一）旅游商品文化

旅游商品文化是指旅游者以感受和体验旅游目的地商品所营造的一种人文氛围或旅游景区以文化内容为主的旅游活动的一种文化符号。民俗文化旅游、艺术旅游、宗教文化旅游、教育文化旅游、城市文化旅游等都可归入旅游商品文化的范畴。旅游商品文化是以文化资源为支撑体系，旅游者通过对文化的特殊或差异体验获得精神愉悦和文化享受的行为。包括旅游主体即游客的文化审美体验和心理感应，旅游客体即旅游商品的文化价值、景观价值与知识探索价值以及处于旅游主体与客体之间的旅游介体的文化创意策划和以文化理念为基础的实践操作体系等。

文化因素在旅游业发展中起主导作用。一个国家和地区的特色旅游文化一般都具有很强的垄断性，是历史长期积淀的结果，很难被复制或移植，是旅游目的地发展旅游业的首要依托条件，具有很高的潜在经济价值。作为一种文化，带给旅游者的印象也是深刻和持久的，能够再次激发旅游动机。因此，在竞争中就减少了可比性，具有垄断地位，易形成强有力的竞争能力，也易于创出自己的特色和品牌。从世界和国内旅游业发展的情况看，文化因素在旅游业发展过程中起着越来越重要的作用，旅游业发展要上一个新水平、新台阶，必须要有文化的支撑。文化与旅游商品有机的融合才能实现文化和旅游的共同繁荣。旅游文化与旅游商品的融合是旅游经济重要的增长点。经济与文化的融合是当今世界经济发展的大趋势。

发展旅游商品文化均以民族文化为特色。民族文化代表着一个国家、一个地区的社会文明进程。任何一个国家和民族都把自己的民族文化视为宝贵财富，许多国家在发展旅游中很注重突出自己民族特色的文化并以此增强对旅游者的吸引力。英国每年的各种艺术节有500场左右，常年吸引着国内外游客。我国文化旅游资源十分丰富，留存有许多古代、近代的文化遗存，如长城、故宫、秦陵兵马俑等。中国民族众多，各民族的文化都有自己不同的发展历程和特点，形成了多姿多彩的民族文化大观园。因此，发展文化旅游应充分了解民族文化的特点和优势，以民族文化为主题，弘扬民族的优秀文化，推动旅游事业的发展。

（二）旅游文化商品

由于旅游文化商品属于商品的一类，所以首先该定义必然符合“商品”的定义，即为交换而产生的劳动产品，具有使用价值和价值的两重性。其次，拓宽现代旅游商品的

目标市场。旅游文化商品是指以文化旅游资源为支撑，旅游者以获取文化印象、增智为目的的旅游商品，旅游者在旅游期间进行历史、文化或自然科学的考察与交流、学习等活动。

旅游是一种文化现象，是社会文化发展的必然产物。文化旅游的实质就是文化交流的一种形式，由于文化表现形式多种多样，因此旅游活动的内容和形式也大不相同。但是，进行任何文化旅游活动的旅游者都是为了追求一种文化享受，获得精神与智力的满足，是一种较高层次的旅游活动。旅游文化商品既是经济消费品，又是文化消费品。关注旅游商品的文化属性，才能将其合理、有效地开发。对旅游文化商品的定义概述为：供消费者购买的具有使用价值和价值的劳动产品。它将某一地域的文化与时代气息有机结合，体现着纪念性、艺术性、实用性和中国风格、民族风格、地方风格的物质形态的总和。通过对旅游文化商品的概念进行定义后，继而，对其外延进行了规范，其中包括旅游纪念品、旅游工艺品、文物古玩及其仿制品、土特商品和旅游日常用品（旅游前和途中购买）五个部分。由此，旅游文化商品呈现出“集合性”和“角色性”的特点。地方特色是旅游文化商品的本质特征，地方特色研究将是旅游文化商品未来研究的重要领域。

旅游文化商品具有多类别、多品种的特点，主要包括：①旅游纪念品。这主要指以旅游点的文化古迹或自然风光为题材，利用当地特有的原材料，体现当地传统工艺和风格，富有纪念意义的小型纪念品，如无锡惠山的泥人、宜兴的紫砂壶、三峡的卵石雕、泰山的手杖等。②旅游工艺品。这主要指用本地特色材料制作的设计新颖、工艺独特、制作精美的艺术品。我国的工艺美术品历史悠久、技艺精湛、久负盛名，不仅是大宗的出口商品，也是旅游者向往的佳品。作为旅游文化商品的主要有雕塑工艺品、金属工艺品、刺绣工艺品、花画工艺品等。③文物古玩及其仿制品。这主要指不属于国家严禁出口的古玩、文房四宝、仿制古字画、出土文物复制品、仿古模型等，如西安的仿秦兵俑模型，洛阳的仿唐三彩，端砚、宣纸、湖笔等文房四宝，碑帖、拓片等。④土特商品。主要包括具有地方特色的工艺品、农副商品、旅游食品等。我国是个地大物博的多民族国家，山川纵横，土特商品十分丰富，是旅游者特别是华侨和港、澳、台同胞必购的自用品和礼品，如贵州茅台酒、东北人参、云南白药、西藏藏红花、西北裘皮等是游人心目中赠送贵客的最好礼物。

三、旅游商品文化的特色化与同质化问题

（一）特色文化决定旅游商品竞争力

随着社会文明的进步和市场经济体制的逐步建立，人们对精神生活的追求不断提升，已经愈来愈不满足于山水景物的观赏和纯粹的感官刺激，而探求和感悟旅游活动中

所蕴含的特色文化底蕴，获得更大的审美愉悦与心灵满足。就这点而言，当前旅游商品的竞争力体现在特色文化的竞争力上。

（1）特色文化是旅游商品驱动力的源泉所在。所谓特色文化，是指在一定区域内所表现出来的具有独特内涵和魅力的个性文化，包括独特的历史人文、民俗色彩以及人格魅力等。每一个地方在其自身形成和发展过程中，除共性文化的滋长外，都蕴含形成了有别于其他地方的特色文化。从旅游行为来看，旅游正是人们为了寻求这种文化差异（特色文化）而进行的一种暂时性文化空间跨越的行为和过程。可以说，特色文化的交流正是旅游的全部意义所在，是人们开始旅游的最原始推动力。国内外成熟旅游市场及人气较旺的景区景点，无一不以特色文化底蕴作支撑，无一不是亮丽的自然风光与独特的文化内涵相得益彰。事实证明，文化尤其是特色文化已经成为旅游的根和魂，没有与众不同的文化底蕴作支撑，旅游就不可能实现腾飞梦想。

（2）特色文化是旅游形象力的最佳展示。旅游形象，即旅游者对旅游地商品的整体认知和印象，是其进行旅游决策的重要影响因素。为此，目前国内许多旅游目的地都采取了“形象制胜”的发展战略，通过打造旅游整体品牌形象来凸显和放大目的地的鲜明特点和独到之处。其中，制胜的不二法宝就是以特色文化来塑造和美化旅游地形象。有特色文化才能充分表现一个地方的经典品质，展示一个地方的独特魅力，从而使这一地方的旅游形象在强手如林的竞争中脱颖而出，对旅游者产生强大的吸引力。

（3）特色文化是旅游竞争力的决定因素。影响旅游竞争力的因素主要有商品力（景区、景点）、销售力（营销、客源）、形象力（品牌、服务）三个方面，而只有打上深深的特色文化烙印，才能打造出一流的旅游商品力、销售力和形象力，进而形成强大的竞争力。这是因为特色文化具有地域性、民族性、传承性等特点，往往为一个地方所独有，很难模仿和复制，在竞争中减少了可比性而具有垄断性，这一特征成就了特色文化在提升旅游竞争力作用中的核心地位。一个旅游区或旅游景点如果失去了当地文化的意蕴时，也就失去了独有的特色，缺少了自身可持续发展的内在动力。但凡旅游业发达地区，莫不以其独特的文化取胜。例如，“世界屋脊”——西藏靠什么来吸引游客，国内外为什么会有众多学者和专家研究西藏，并形成了“藏学”，靠的就是以布达拉宫为代表的博大精深、特色明显的藏传佛教文化。

（二）旅游发展中的特色文化同质化现象

我国众多的旅游目的地，既有以自然旅游资源突出为特色，又有以人文旅游资源突出为特色，但更多的是两者兼具、相互映衬。然而，在许多处在起步阶段的旅游区，仍不同程度存在着文化缺位甚至“同质化”的现象，自觉不自觉地形成了浅表的、低层次的风景游模式，这势必影响旅游竞争力，进而影响旅游业的持续健康快速发展。所谓

“同质化”是指同一大类中不同品牌的旅游商品在性能、外观甚至营销手段上相互模仿，以至于逐渐趋同的现象，在旅游商品同质化基础上形成“同质化竞争”。具体而言，同质化现象主要反映了以下四个方面的脱节问题：

（1）特色文化研究与旅游开发脱节。一方面，一些旅游区缺少专业性的学术团队，研究整理水平不高，发掘力度薄弱，少有深入探究的学术著作，缺少对旅游开发具有指导意义的特色文化理论体系，致使某些旅游商品策划包装缺乏特色文化品位；另一方面，在旅游开发中，重自然景观的挖掘，轻文化韵味的浸透，特色文化内涵难以转变为旅游者直接认知的形象。

（2）特色文化意识与旅游管理脱节。由于认知上的不到位，一些旅游管理部门、旅游企业的“特色文化意识”淡薄。在倡导旅游消费时，他们往往只以满足游客“看”山、“看”水为取向进行宣传促销，编排线路，引导消费，并没有把游客引向更深层次的审美追求上，从而减弱了旅游商品的持续吸引力，绝大多数游客走马观花后“一去不复游”也就不足为奇。同时，很多景区的讲解词苍白无力、缺乏当地特色文化风韵，导致给游客留下的印象不深刻。

（3）特色文化意蕴与旅游内涵脱节。虽然许多旅游区已经明确了本土文化的特色所在，但是怎样把特色文化具体到旅游发展内涵的实践中，创造出独有的、人家想搬都搬不走的特色商品，激发起游客的兴奋点、引起共鸣，在这方面思路还不够明朗，形象模糊不清，文化表现形式单一、呆板，缺乏生动性、活泼性。例如，景区内往往“死物”较多，游客参与性、体验性的文化项目较少，即使有也缺乏特色魅力；旅游商品千篇一律，多是外来品和仿制品。

（4）特色文化投入与旅游项目脱节。特色文化资源开发的融资渠道单一，多靠政府投入，而政府在策划包装旅游项目上，较偏向于旅游基础设施、配套设施建设等方面，加上一些旅游文化项目挖掘不深，本身就缺乏招商引资的吸引力，资金来源就更加困难，最终陷入投入少——特色文化内涵发掘不深——回报低——投入更少的怪圈。这其实也是一些特色文化载体形式正逐渐流失的重要原因之一，其中既有物质性文化遗产，也有非物质性文化遗产，比如一些传统民间艺术、民间风俗，其氛围已日渐衰退，面临后继无人的境地。

（三）发扬特色文化，避免同质化的具体方法

特色文化是旅游资源开发的生命线，为旅游业注入神奇魅力、增添核心竞争力。各地在发展旅游业中，要牢固树立特色文化理念，因地制宜地挖掘开发当地特色文化资源，把特色文化的元素全方位体现在旅游主体（旅游者）、旅游客体（旅游资源）和旅游介体（交通、宾馆、旅行社等）之中，贯穿于食、行、住、游、购、娱全过程，创新

表现形式，丰富独有内涵，提升市场生存能力和竞争力，促进旅游经济蓬勃发展。

（1）做实特色文化旅游“基础文章”。中国文明历史源远流长，不少旅游区都有先人流传下来的特色文化遗产，这是旅游区弥足珍贵的精神财富和发展资源。

（2）做精特色文化旅游“商品文章”。资源不等于商品，特色文化资源只有经过挖掘和锤炼，才能变为真正意义的旅游商品。因此，要按照旅游业的发展规律，以市场需求为导向，以科学规划为指导，以项目建设为抓手，高端开发，精心创意，全力打造文以景传、景以文显的拳头商品。一些特色文化资源本身就是一个整体，可以单独形成纯粹的文化型旅游商品。

（3）做强特色文化旅游“产业文章”。旅游业是一项涉及食、住、行、游、购、娱六要素的综合性产业，与旅游是“朝阳产业”一样，融入特色文化的旅游要素产业也同样拥有广阔的市场，对旅游创收发挥着举足轻重的作用。

（4）做优特色文化旅游“环境文章”。随着旅游市场竞争的日益白热化，人文环境的竞争也日益备受关注，成为提升旅游竞争力中最具可塑性的焦点。发展特色文化旅游，更需要打造与之相协调、相映衬的人文环境。

四、打造具有差异性特色的旅游商品文化

弘扬民族文化，重视挖掘文化内涵和现代实用性。把规模做大做强，开发出积极向上、独具民族特色、丰富多彩的民族旅游文化商品，吸引更多的国内外游客，最终把旅游资源优势转化为经济优势，使民族文化与旅游实现健康、协调、持续发展。只有挖掘出旅游商品开发中的文化因素运用手段，才能更有效地打造具有国家、地区、民族差异性特色的旅游商品。

（一）保持创新意识，突出文化旅游商品开发的主题和特色

创新是一个民族进步的灵魂，文化旅游是一项充满憧憬、创意的文化活动，必须以观念创新推动文化旅游商品的开发。在文化旅游商品开发中，要按照全面创新的战略要求，用新的思维认识、开发和管理文化旅游商品。

（1）在文化旅游商品开发战略上要有创新意识。要树立符合时代特征和市场方向的文化旅游资源观、产业观和发展观，把观念创新提升到战略层面，形成思路、规划、项目、资金、建设、效益、发展的良性循环格局。在开发实践中坚持“先规划、后开发”和“统一规划，滚动开发”的方针，通过开展国内、国际合作等形式，提高开发项目规划的水平，为高水准开发文化旅游资源，建设文化旅游精品打好基础。

（2）策划创新。文化旅游商品开发的策划要有创新意识，其核心是要把文化旅游资

源转变为文化旅游商品。这就要求开发者立足现有的文化旅游资源，精心搞好策划，深挖文化内涵，张扬本土个性。

（3）*表现创新*。第一，特色文化要有合理的表现形式。既要根据资源特色和不同的消费市场，开发出集展示性、表演性、参与性（体验性）于一体的文化旅游精品；又要注重文化延伸，开发丰富多样的文化商品与文化旅游活动，拉长文化旅游商品（产业）链，使文化旅游商品在表现形式上具有协调性、多样性和创新性。第二，文化旅游商品开发必须具备相应的主题。从发展趋势看，商品主题越鲜明、越典型集中、越富有层次感，就越有利于展示和设计，使其文化内涵得到充分发挥，得到旅游者的青睐。因此，文化旅游商品开发应以鲜明的特色为文化形式，以丰厚的品位为文化内涵，以人本主义精神为文化本质，重点体现出异地和异时的文化风格。

（二）找准市场定位，掌握文化旅游商品开发的重要环节

文化旅游商品开发的市场定位是在深度市场调研和文化旅游资源科学评估的基础上确定的。文化旅游行为和消费的基本倾向是对异地、异质文化的期望。中国历史悠久、幅员辽阔，从时空角度看，满足这种文化旅游期望的资源极其丰富。不同的历史文化、民族文化、地域文化和民俗文化都可以组合成不同系列的文化旅游商品。例如，依托已有的考古发现，我们可以设计组成历史文化内涵极其深厚的“中国历史文化旅游线路”；依托丰富多样的区域文化，可以设计组合地方文化色彩浓郁的“中国区域文化之旅”；依托灿烂的中国文化宝藏，可以设计组合成“中国专题文化之旅”等。

在文化旅游商品开发的市场定位方面要注重两个切入点：一是变换文化旅游的生活场景，使旅游者置身并参与人文景观，产生文化上的“换景移情”。二是通过改变旅游者的生活节奏、生活内容组合和形式变化与文化上的反差，消除旅游者对生活的单调感和乏味感。此外，文化旅游商品开发的市场定位还要处理好商品开发与客源地文化背景的对照关系。主要包括国内旅游市场和入境旅游市场两部分。其中，入境文化旅游市场细分和定位尤显重要，应在表现东方文化的独特魅力、展示中华悠久文明和民族风情以及文化寻根等方面着重策划设计文化旅游商品，满足来自世界各地旅游者的需求。

（三）完善商品体系，实现文化旅游商品多元化开发

旅游商品的文化内涵应充分体现地域性、历史性、民族性，充分体现民俗文化、艺术文化、建筑文化、宗教文化、饮食文化等文化样式中的独特魅力，使旅游商品文化呈现出一种具有市场号召力的多元格局。因此，挖掘旅游资源的文化内涵，既包括对经典历史文化名胜的文化再开发，也包括对许多看似寻常实则蕴含丰富的文化资源的开发或再开发；既包括对以实物形式存在的人文旅游资源的开发或再开发，也包括对仅以信息

形式存在的人文旅游资源的开发或再开发。所以，在进行旅游商品开发时，应对旅游消费心理进行认真细致的研究，发现旅游者旅游行为的多元的文化心理依据，并据此进行商品文化开发计划。

（四）旅游文化表现的精品化

文化旅游商品开发中的文化内涵开发是差异化竞争的重要手段。在充分实现旅游商品大众化的基础上，还可以在分析地方文脉的基础上确定文化的开发方向和主题格调，明确定位围绕主题进行内容组织，进而通过商品形式加以体现，并不断丰富文化内涵，进行创造性的升级改造。其本质在于，对文化旅游资源进行概括、发掘、升华后，通过物化、创新，实现更深层次的整合，将文化内涵渗透、表现在商品的各个层面，形成特色品牌，强化旅游吸引力和市场竞争力。因此，文化旅游商品的开发者必须从长远出发，做好自己的市场定位，从深层次挖掘商品的潜力和内涵，突出特色，提高科技含量，形成自己的品牌优势。

（五）旅游商品文化的绿色化

实现旅游产业的可持续发展已逐渐成为人们的共识，但由于种种原因，有利于可持续发展的旅游商品开发行为尚不能对不利于可持续发展的旅游商品开发行为构成明显的竞争优势。因此，各种“游牧式”的粗放资源开发和经营行为仍大量存在，许多旅游资源在不断增长的旅游需求面前岌岌可危。例如，随着中国城市化速度的不断提高及城市居民收入的稳步提升，国内旅游市场对自然资源商品的需求势必越来越旺盛，因此许多地区都在旅游发展战略中强调了对“生态旅游”的重视，并将进一步扩大对自然旅游资源的开发规模和力度列入计划。但在开发中应特别注意在严谨的、全面的科学论证的基础上兼顾资源的多元价值，并保证“生态旅游”在严格有效的管理下进行。旅游商品的绿色化不仅体现在旅游商品的规划和开发中，而且应该体现在旅游商品的各个经营环节中。

（六）强化现代旅游规划中的文化权重

旅游规划中的文化属性是旅游文化研究中的一个分支，或称为旅游文化的一个侧面。旅游文化研究必然要建立在普通文化学的基础之上。旅游活动，无论是旅游消费活动还是旅游经营活动，都具有文化性。将旅游作为一种文化现象加以研究，有助于进一步认识和揭示旅游发展的固有规律，促进旅游事业和整个社会的繁荣。旅游规划的核心在于有效地组织各种文化资源为旅游者创造某种美好的经历，为开发商创造良好的经济效益，为政府带来良好的社会效益，促进当地社会经济协调快速发展。旅游规划既不是资源评价，也不是市场分析，而是文化资源与市场的匹配，是对旅游最终商品——旅游经历的生产与交换的系统构想。这个最终商品要同时实现游客、开发商与当地社区的价值满足。旅游文化与旅游规划密不可分，旅游文化是进行旅游规划的前提和基础，旅游规划是对旅游文化的总结、提升和表现。

（七）重视旅游目的地的民俗民间文化

发展地域文化，还应关注一个更为久远、本色、深厚的文化资源，那就是民俗民间文化。根据现有民俗民间文化资源的种类、特点以及市场需求状况，重点规划开发民间艺术文化和饮食文化。开发民俗风情文化旅游商品，要考虑如何把民间艺术转化为商品展现给游客。一方面，可以把这些民间艺术品展览出来供游客参观；另一方面，还可根据旅游目的地的传统文化和民俗民情，积极开发各地富有特色的旅游商品，显示地方风格。民俗风情是反映本土性的民俗生活、民族历史传统等，绝大部分内容都经过了千百年的代代传承，具有古朴、纯真、神秘的吸引力。许多有悠久传统的民俗，富含了在当今都市中已经了无痕迹的“乡土味”，而正是这久已陌生的“乡土味”使旅游者难以抗拒。在商品开发时，应重点突出地方特色文化，开发设计出独具特色的旅游商品，这样才能吸引游客的购买力。另外，在工艺品设计方面，要加强专业化工艺，提高科技含量。提高商品的档次和文化品位，设计新颖精美的外包装。在制作和包装上要尽量形成高、中、低3个档次，在艺术性、制作工艺等方面加以区别，以扩大游人的选择余地，全面适应多样化、个性化的市场需求。

课堂思考

运用哪些手段可以挖掘开发旅游商品中的文化因素？

复习与思考

一、名词解释

旅游商品文化　旅游文化商品

二、简答题

1. 旅游文化商品和旅游商品文化的区别是什么？

2. 旅游商品文化的具体表现有哪些?

3. 旅游商品文化主要包含哪些属性?

三、单项选择题

1. 旅游者以感受和体验旅游目的地商品所营造的一种人文氛围或以旅游景区以文化内容为主的旅游活动的一种文化符号是(　　)。

A. 旅游商品文化　B. 旅游文化商品　C. 旅游文化　D. 旅游商品

2. 以满足人们的情感需要、自我实现需要为主要目标,有意识地以商品为载体,以服务为手段,使消费者融入其中的活动。这一现象是旅游商品文化的(　　)属性。

A. 主体性　B. 趣味性　C. 参与性　D. 和谐性

四、多项选择题

1. 旅游文化商品具有多类别、多品种的特点,主要包括(　　)。

A. 旅游纪念品　B. 旅游工艺品　C. 文物古玩及其仿制品　D. 土特商品

2. 影响旅游竞争力的因素主要有(　　)。

A. 商品力　B. 销售力　C. 形象力　D. 特色力

五、案例分析

辽宁实施旅游产品创优工程

2014 年,辽宁省旅游工作将以促进旅游业提质增速为核心,以扩大旅游项目投资、壮大旅游主体、激发市场活力为重点,加快推进旅游业由观光型向休闲度假型转变、由行业管理向产业发展转变,进一步推动旅游产业大发展、快发展。这是 2014 年 2 月 20 日,从该省旅游工作会议上传出的消息。

据悉,2014 年辽宁省旅游工作的目标是:预期完成旅游总收入 5577 亿元,同比增长 20%。围绕这个目标,该省旅游将重点开展以下工作:全力推进旅游大项目建设。重点建设体验参与型、休闲度假型、商务会展型、旅游地产型等多功能旅游大项目 70 个;壮大旅游市场主体。培育 20 家大型旅游企业集团。引进一批国内外著名大型旅游企业、投资机构、国际知名酒店和旅游集团管理服务品牌到辽宁省投资兴业。引导和推动各地各类大企业发展旅游业,形成 15 家有较强竞争力的综合性大型旅游企业集团和骨干企业,建立 35 家投资主体企业招商库;推动旅行社做大做强。支持具有资金、产品和品牌优势的大型旅行社组建 3 个旅行社企业集团;引导中小型旅行社采取多种形式成立 5 个旅游联盟。着力培育营业收入超 5 亿元的旅行社 5 家、超亿元的 20 家;4A、5A 级旅行社和全国百强旅行社 25 家。

同时，实施旅游产品创优工程。开发高端休闲、乡村休闲、游艇邮轮等旅游产品，加快重点文化旅游项目建设，积极开发影视（动漫）娱乐、主题游乐、分时度假等一批创新创意型旅游产品。创建国家5A级旅游景区2家、4A级旅游景区6家，国家级旅游度假区2家、生态旅游示范区2家，五星级饭店3家，A级旅行社80家；激发旅游市场活力。全面发展国内旅游，推进省内旅游快速增长，建立完善全省旅游宣传推广战略体系，打造辽宁食住行游购娱系列品牌、城市旅游品牌、旅游休闲品牌和旅游线路品牌。

——资料来源：刘佳. 辽宁实施旅游产品创优工程［N］. 中国质量报，2014－02－24.

根据以上案例，回答如下问题：

1. 案例中利用了旅游商品文化的哪些属性？

2. 辽宁的旅游商品文化的创优工程，还需要做什么？

推荐阅读

1. 刘敦荣，旅游商品学［M］. 天津：南开大学出版社，2005.

2. 方百寿，沈丽晶，张芳芳. 旅游商品与购物管理［M］. 北京：旅游教育出版社，2011.

3. 初晓恒，吕宛青. 我国旅游产品文化挖掘与传递研究［M］. 上海：上海财经大学出版社，2008.

旅游商品消费者与消费行为

第三章

随着旅游业的不断发展和人民生活水平的日益提高，旅游消费者的需求也更加复杂。因此，全面深入地了解旅游消费者的需求，把握旅游消费者心理本质与消费行为，成为旅游企业经营成功与否的关键与前提，也成为未来旅游企业经营管理人员必须掌握的知识。

本章从旅游商品消费者的概念分类入手，介绍了不同类型旅游商品消费者的一些基本情况，对旅游商品消费者和旅游商品消费行为进行深入分析。学习本章内容，可以使学生掌握旅游商品消费者和消费行为的基本问题，了解决定和影响旅游商品消费者的心理机制，消费行为的制约因素，以及旅游商品消费过程中需求的识别、信息的搜寻、方案的选择等行为特征，了解旅游商品消费者的内在差异，为今后进一步学习、研究和从事具体旅游经营管理工作奠定基础。

学习目标

知识目标

1. 了解旅游商品消费者的概念、特征。
2. 掌握旅游商品消费者的分类和内在差异。

能力目标

1. 学会对旅游商品消费行为的刺激与引导。
2. 掌握旅游商品消费的一般心理机制。
3. 掌握制约旅游商品消费行为的因素。

第一节　旅游商品消费者的概念、分类和特征

一、旅游商品消费者的概念

旅游商品消费者是指在旅游过程中为消费需求而购买或使用商品及享受服务的个人或单位。旅游消费者的产生首先要具有支付能力，其次是具有闲暇时间，最后还受到科技发展水平、政府鼓励政策等社会因素，身体状况、家庭状况等个人因素的影响和制约。

旅游商品是一种集地方性、民族性、文化性、纪念性于一体的休闲产品。旅游商品的开发应遵循以下几条原则：突出旅游商品纪念性、实用性及礼品性等特点，在加工工艺、选材、设计和品种等方面下功夫，将观赏性、创造性、地域代表性、便于携带性及商品包装的精美性相结合；旅游商品开发要与市场需求相符，旅游商品生产企业应根据旅客需求，提示调整商品结构，及时进行改进，满足不同旅游消费者需求。

相关链接　搜索

超八成旅游消费者选择自由行产品

2014 年 1 月初，携程旅行网发布了《2014 年中国旅游者意愿调查报告》。其中显示，2014 年国民旅游意愿强烈，超八成游客选择自由行，四成游客使用手机客户端预订相关产品。

另据《2014 年中国旅游者意愿调查报告》显示，超过 99% 的受访者有旅游消费计划；约 51% 受访者选择出游 3 次或以上；有 95% 的受访者会增加旅游预算或保持不变。假期不够是最影响消费者出游意愿的因素，80% 的受访者选择带薪休假旅游，春节、国庆节、小长假依然是热门出游时段。自由行或将成为人们主要的出游方式，有 81% 的受访者表示愿意选择自由行。在各类旅游度假产品中，旅游者预订的比例从高到低依次是：自由行、酒店、机票、团队游、一日游、门票、火车票、租车。90% 以上的受访者选择通过旅游网站查询信息，预订酒店、机票等。手机客户端使用比例迅猛增长，39% 的受访者会在 2014 年使用手机客户端预订旅游相关产品。与一年前相比，这个比例增长了 10 倍。

与此同时，大多数旅游者积极评价了《旅游法》给旅游市场带来的变化，其中 67% 的游客认为“行程更规范”，也有部分受访者认为《旅游法》对“自由行无影响，感受不明显”。对于是否需要旅行社安排购物和自费项目问题，有三成受访者明确选择“不需要”，六成受访者选择“视情况而定”。

携程旅游专家认为，此次调查结果说明，2014 年我国消费者的旅游意愿和消费水平将持续增长。据了解，本次调查是携程旅游专家通过网络问卷的方式进行的随机调查，自 2013 年 12 月以来，共收集到来自全国 30 多个城市的消费者的反馈，通过统计分析得出了相关结论。

——资料来源：武晓莉．超八成旅游消费者选择自由行产品［N］．中国消费者报，2014－01－15.

二、旅游商品消费者分类

（1）冲动型。该类型的旅游消费者进行旅游商品消费时，往往凭借一时冲动，头脑发热，临时做决定，缺乏整体规划和计划，见到自己喜欢或感觉需要的旅游消费品，不会详细观察分析，也不会作比较，当时就会做出购买决定。但此类旅游消费者之后可能反悔，商家需要注意观察，以免发生纠纷。

（2）理智型。该类型的旅游消费者会对喜欢的旅游商品爱不释手，但又迟迟不会做出决定。其原因在于，该类型的旅游消费者会从各个方面进行斟酌、全面衡量，分析得失利弊。他们会与商家进行较长时间的交流沟通，最终可能会放弃消费。但一旦作出决定，就不会反悔，甚至会成为忠实的客户。所以，商家对此类旅游消费者需要有足够的耐心，不能因为费时费力而慢待他们。

（3）求知型。此类旅游消费者会详细了解其感兴趣的旅游商品，但可能会受各种因素影响，最终放弃消费。因为此类旅游消费者往往会有较高的文化层次和较大的社会影响力，所以商家应谨慎对待，稍有不慎会给自己带来不良的声誉，得不偿失。

（4）博爱型。此类旅游消费者会对许多商品都有着浓厚的兴趣，其沟通能力也相对较强。商家如果应付得当，不仅会给自己带来眼前的收益，而且会有隐性的好处和影响。

（5）无趣型。该类型的旅游消费者或是因为旅途劳累或是因为根本没有消费欲望，其表现往往是走马观花，看一眼就走，对于旅游商品几乎没有兴趣。对于此类消费者，商家如果可以提供贴心的服务设施、保持良好的服务态度，就有可能开发此类客户的消费欲望。

（6）狂妄型。此类旅游消费者具有一些旅游商品的知识，但又属于一知半解状态，喜欢在别人面前对于旅游商品妄加评论，其中可能会传达无用甚至错误的信息。商家需要仔细甄别其信息，避免因其误导其他消费者，带来不必要的售后纠纷。

（7）精明型。此类消费者对旅游商品基本属于内行，在购买旅游商品时会采取各种手法讨价还价，达到自己理想的价格才会出手购买。商家应对此类客户不仅需要耐心，而且需要在必要时舍弃一些收益，才能顺利实现交易。

课堂思考

谈谈你对旅游消费者分类的理解。

三、旅游商品消费的特征

旅游消费是旅游者在旅行活动中产生的所有消费，是居民消费的重要组成部分。由于旅游消费以游客的地理空间位移为条件，其发生和运行具有异地性与流动性、体验性与学习性、耦合性与交互性、时间性与空间性、波动性与非线性等规律特征。

（1）异地性与流动性。旅游消费的异地性基于这样一个经济现实，即旅游者将自己在目的地之外的经济收入用于在目的地的消费。对于目的地而言，旅游者具有在空间上离开其“个体经济利益中心”的“非居民”身份。第一，旅游消费异地性的经济意义在于，其对旅游目的地的影响将远远超过旅游者所处的日常生活环境。第二，旅游消费的异地性又决定了可能的高风险性，导致旅游者消费购买行为必然很谨慎。第三，正是因为旅游消费的异地性，也使得旅游消费表现为一种流动性消费，是沿着旅游线路的延伸在不同地点进行的散点式消费。这种流动性特性不仅使旅游消费能够拉动多种产业增长，而且能使不同地区经济受益，有利于国民财富在不同区域间均衡分配。

（2）体验性与学习性。旅游消费是一种体验，其过程始于消费之前，并延续到消费之后，可分为以下几个阶段：①之前的期望阶段：期盼旅行带来预期的收获；②前往目的地阶段：力求尽量方便、快速到达；③在目的地度过阶段：感受异地自然、文化、风情等获得认知和满足；④返程阶段：主客地两种环境和情景的对比性感受与理解；⑤回程后的追忆阶段：回味、加深认知和理解，并计划下次旅行体验。旅游消费也是一种学习。旅游并非消极消费，除文化、修学旅游外，即使在一般性的旅游过程中，通过全过程的旅游体验了解新的文化、结识新的朋友、获得新的知识，其本质也是一种学习过程和人力资本再生产的途径。

（3）耦合性与交互性。在一般物质产品的生产和再生产过程中，生产、交换、消费是三个独立的环节，先有生产，然后才有交换和消费。但由于旅游产品和无形服务不可转移，服务的提供必须以旅游者的实际购买为前提，旅游者必须亲自到产品生产地来进行消费，因而旅游产品生产、交换和消费在时间和空间维度都是耦合统一的。在此过程中，旅游企业员工直接参与产品的生产和销售并成为产品的一部分，其态度和行为直接影响顾客对产品的满意度。与此同时，顾客也参与生产过程，并以其自身体验影响其他顾客的消费。这种交互式消费的特殊性在于，消费过程中的大部分影响因素无法由任何一方控制，也难以预测。

（4）时间性与空间性。在时间上，一方面，旅游消费必须以旅游者的闲暇时间为前提，是帮助旅游消费者更好地利用时间、获得欢愉体验和感受的消费行为。从这点看，旅游消费与人们为了摆脱痛苦和不安的医疗、保险等消费具有类似的时间特性；另一方面，旅游的核心消费对象往往具有与旅游消费者不同时代的吸引特征，历史文明、文化遗产和以前沿科技为支撑的旅游产品对旅游者具有巨大吸引力。在空间上，旅游是人们为了休闲、商务和其他目的前往并逗留在常住环境以外的地方进行的旅行活动。因此，旅游消费的空间性首要表现在以旅游消费者的空间位移为基本消费条件，其次主要也以异地资源和异域风情为吸引力，最后旅游消费越来越明显地表现出明显的时空转换特征。尤其是在工业社会后，航海、铁路、公路甚至现代化的航空、高铁、高速公路等交通设施日益发达，在大幅压缩旅游者的时间距离同时扩大了旅游消费的空间范围，时空关系得以转化。

（5）波动性与非线性。旅游消费的波动性与非线性来源于旅游活动对自然环境和社会突发事件的敏感性和较强的恢复弹性。首先，旅游消费整体上存在很强的季节性波动，这种波动与人们闲暇时间的分布和气候等因素相关。其次，旅游消费还易受经济政治局势突变、汇率变化、战争和疫病尤其是传染性疾病等许多因素的影响。但由于与住房、汽车等大宗、耐用型消费相比，旅游消费是相对低成本消费，也是一种极具恢复弹性的消费。这种特征使其在经济形势趋紧时更具市场基础。因此，在国内外历次经济下行、需求不振的困难时期，旅游消费都作为刺激消费、扩大需求的重要手段。

课堂思考

谈谈你对旅游商品消费者的特征的理解。

第二节 旅游商品消费者分析

一、旅游者、消费者与旅游商品消费者的定义

旅游者是指凡因娱乐、健康、休息、文化或其他类似一种动机，离开常驻地到异地，时间不超过一年，进行观光、游览、休闲、度假、探亲、访友或寻求改变精神状态获取最大的身体和心理满足，达到精神愉快过程的人。

消费者，英文为Consumer，其科学上的定义为，为食物链中的一个环节，代表着不能生产，只能通过消耗其他生物来达到自我存活的生物。简单地讲：就是使用、消耗产品的人。法律意义上的消费者指的是为个人的目的购买或使用商品和接受服务的社会成员。消费者应具备四个条件：第一，消费者应当是公民为生活目的而进行的消费，如果

消费的目的是用于生产，则不属于消费者范畴；第二，消费者应当是商品或服务的受用者；第三，消费的客体既包括商品，也包括服务；第四，消费者主要是指个人消费。但是也有例外，如我国《消费者权益保护法》并没有明确规定，消费者是指消费者个人，实质上就是既包括了消费者个人，也包括了单位或集体，只要是用于生活消费的，都属于消费者范畴。

旅游商品消费者即旅游消费者，简单地讲，就是使用消耗旅游产品商品的人。从法律意义上讲，旅游消费者应该是为个人的目的购买或使用旅游商品和接受旅游服务的社会成员。旅游消费者必须是产品和服务的最终使用者，而不是生产者、经营者。也就是说，旅游消费者购买商品的目的主要是用于个人或家庭需要而不是经营或销售，这是其最本质的一个特点。作为旅游消费者，其消费活动的内容不仅包括为了满足个人和家庭生活需要而购买和使用产品，而且包括为了满足个人和家庭生活需要而接受他人提供的服务。无论是购买和使用商品还是接受服务，其目的都是满足个人和家庭需要，而不是满足生产和经营的需要。

旅游商品消费者都是社会人，他们无时无刻不受外界环境的刺激和影响。外部环境的刺激来源主要分为两大类：一类是来自于旅游经营企业的直接营销刺激。这些刺激是商业性的，目的性强、针对性强，是旅游经营者所能控制的，这些刺激往往给旅游消费者带来直接的影响。另一类是来自旅游消费者的参照群体。从微观角度来看，其参照群体主要有家庭、亲朋好友、同事同学等；从宏观角度来看，其参照群体来自旅游消费者所处的社会阶层和文化圈。

二、旅游商品消费者的内在差异

旅游消费者的需求不会是一成不变的。因为整个社会的经济和文化，以及人们的心理和生活方式总是处于不停的变迁过程中。由于旅游业无论从资源开发还是项目设计，都应以能够满足比较长的时间范围和尽可能多的旅游者的需求作为立足点，旅游消费者的需求发展趋势就理所当然地成了旅游建设中一项不可缺少的工作。

（一）旅游消费者综合性满足的需求差异

20 世纪 90 年代以来，旅游市场最突出的变化之一是，由于已经有了多样化的旅游可能，传统的以单一形态出现的一般化自然景观和人文景观对旅游者的吸引力有所下降，而且这一趋势在未来必将越来越明显。来自现实市场的种种迹象也都表明，越来越多的旅游者不仅愿意选择那些更独特、更奇异、更新颖的旅游景点，而且特别看好那些具有综合性特征的旅游地和旅游项目（奇异独特的自然景观能同特定的人文景观融为一体），从而在一次确定的旅游过程中获得集知识性、娱乐性、体验性、享受性等于一体的多重满足。这种变化同各种旅游资源在总体上不断得到新的开发，各种大众传媒的迅速发展和人们休闲生活的变化有着密切的关系。

旅游资源的不断开发，使旅游者对旅游地和旅游项目有了更多的选择余地；一些新型传媒的出现，又使很多人即使足不出户也能大致了解很多旅游景点。此外，由于人们越来越重视休闲生活，对旅游线路旅游项目也都越来越“精挑细选”。传统旅游动机中以“到过某名山名水即可为荣”的心理满足已经有所弱化，越来越多的人现在想要寻求的是旅游过程中的真正乐趣。虽然不同层次、不同类型，乃至不同年龄、性别的旅游者，对上述满足指向会有一定的差异侧重，但希望在其旅游过程中能同时获得多重满足的需求却是一致的。此外，旅游行为的普遍化，城市生活节奏的不断加快，人们的平均出游次数增多等，也是旅游者对综合性旅游项目的需求期待越来越高的一个重要原因。在旅游行为的实施过程中，人们普遍期望在单位时间和一定经济支出内获得尽量多一些收益。

（二）旅游消费者对特色项目的需求差异

从整个当代世界的范围来看，休闲生活与普遍公众的联系越来越紧密，与此相应的一种重要变化，突出地表现为在休闲方式的多样选择中，个性特征起的作用越来越大。表现在旅游行为方面，一些新颖有趣的“特色旅游”，正越来越受到各种旅游者的青睐和偏爱。所谓特色旅游，其实就是旅游者怀抱着某种特定的兴趣和特定的目的，来选择适合自己个性的旅游点或者旅游方式。诸如这几年悄然兴起的民俗旅游、探险旅游、体育旅游、自行车旅游、摄影旅行、考察旅行、驾车旅行等，都属于此类。有大量资料显示，各种各样的特色旅游是当代旅游行为中发展最迅速、总体前景也比较乐观的一大类型。

这一需求的日益强化，同人们的生活正逐渐走出“温饱型”的水平，以及与此相关的观念变化有关。一方面，人们的生活水平在总体上都在迅速提高；另一方面，社会分层越来越明显，于是寻求生活质量的提高，拥有某种真正的“业余爱好”，把一定的金钱和精力投进去，从而获得某种个性的肯定和实现自我价值，已经成了现代工业社会和都市化进程中一种比较普遍的心理需求。从一个层面上看，各种不同类型的特色旅游的兴趣，实际代表了现代人对模式化传统旅游方式的厌倦和反叛。它是努力追寻个性化生活方式的世界潮流中的一个组成部分。以体育旅游为例，最近一些年来，它之所以显示出越来越强劲的势头，与人们希望通过这类活动，获得多样化的心理满足、价值实现都有着内在的联系。

就总体而言，国内的旅游业在特色旅游领域的开拓尚处于初始阶段，没有获得更多旅游业经营者的足够重视，还未形成真正的规模和气候。这方面的潜力很大，有相当多的文章可以认真去做。因此，要进一步了解和重视这一市场需求。应该强调，现代旅游市场需求中对特色项目的偏爱，与上述综合性满足的需求，并不矛盾，二者间的内在指向其实是完全一致的。

相关链接 搜索

巴马力推“广西特色旅游名县”建设

凭借着山清水秀、洞奇物美与民淳长寿，2013 年，巴马瑶族自治县成功入围广西首批 20 个“广西特色旅游名县”之一。目前，该县正在以“长寿养生”为核心品牌，进行高起点规划和高标准建设，扎实推进“广西特色旅游名县”创建工作。

该县在遵循自然景观原生态性的基础上，将构筑以盘阳河、水晶宫、命河、龙洪、赐福湖沿线为核心的休闲养生度假区域，从而形成东为东山瑶族风情游，西为燕洞、所略乡村游和天坑石林探险游，南为敢烟长寿文化游，北为那社长寿风情观光和西山红色游的“东西南北中”组团新格局。同时，该县将重点建设盘阳河沿线、龙洪和灵岐河流域 3 个养生度假区。围绕打造国际旅游城的定位，建成巴马长寿养生国际旅游区综合核心服务区的目标，积极实施老城区改造提升，重点开发同贺新区和赐福湖旅游区，规划建设龙洪开发区、盘桥盘敏开发区和巴册巴徐开发区。

预计到 2017 年，该县将基本形成旅游服务要素体系，实现旅游产品有效整合，为建设“广西特色旅游名县”和巴马长寿养生国际旅游区奠定特色突出、品牌明显、设施完备、管理规范和市场国际化的良好发展基础。

——资料来源：罗艳江．巴马力推“广西特色旅游名县建设”[N]．河池日报，2014 - 02 - 20.

（三）对“自然”与“本色”的需求差异

最近几年来，越来越多的旅游者所做出的旅游选择中，明显地表现出对“自然”和“本色”的偏爱。这同早些年某些大都市以“繁华”构成旅游吸引力的情况似乎正好形成明显的反差。旅游者的主要构成是城市人，而回归自然又是现代文明中的一大主题，因此，对“自然”和“本色”的追求必然成为现代旅游中的一项基本特征。

这一点又可分为两个互有联系的层面。一方面，人们对各种奇异自然景致的兴趣明显变得强烈起来。这当然主要是由于构成旅游者主体的城市人，常年生活在日益明显的都市化氛围里。“回归自然”的社会文化导向与城市人期望通过旅游行为使人与自然的距离有所缩短的心理需求合而为一，形成了一股越来越强大的力量。另一方面，一种较为普遍的旅游文化心理是，偏爱于“本色”而不是有过多人工痕迹的东西。一些国外的专家认为，从旅游发展的角度看，各种旅游资源更应该是一种活生生的东西，在开发中应该设法保留它们的全貌。这里所说的“活生生”和“全貌”很重要。从现代旅游学的角度看，如何使人文资源和自然资源在旅游发展中能够保留某种“活生生”的形态，并在具体的项目设计中贯彻这一点，就是旅游开发中如何与市场需求相吻合的问题。从“本色”的角度看待人文资源和自然资源的内在价值，关键是要有现代旅游市场的意识，从更广阔的视野来看待特定资源的价值所在，并且尽量使那些不可避免的人为之物与特定的“自然”和“本色”相协调，成为“全貌”中的一个有机构成。

（四）由被动到主动、积极参与的需求差异

有关现代休闲和娱乐方式的研究表明，最受欢迎的休闲与娱乐方式，已经不再是那种纯观光的传统方式。同样，作为休闲方式之一的旅游来说，旅游者在其旅游过程中积极参与的愿望正变得越来越强烈。这是现代人积极体验和参与的意识不断强化的表现。这一趋势是世界性的，具有相当强劲的势头。

已成公论的看法是，旅游资源的吸引力总是同其独特性成正比，但是在对资源进行深度开发利用时，还应该把基本思路尽量与市场需求的发展趋势吻合起来，必要时要做一些调整。比如说，不再仅仅着眼于传统的“观光型”的旅游行为，而尽可能考虑到如何给旅游者的参与留下些余地和可能。

（五）旅游行为公众化、多样化消费档次的需求差异

旅游活动曾经仅限于少数有闲阶层，但如今它已经成为众多普通人的休闲行为。由此而来，众多现代旅游者在其旅游过程中对消费档次的需求越来越多样化。这种多样性的需求，一方面是由不同旅游者间经济收入水平的差异所构成；另一方面，需要强调的是，这种差别性的需求还不完全表现在不同收入水平的旅游者中间，有时候，同一旅游者在不同的时间、不同的场合等也会有不同档次的消费需求。

一方面，无论国内还是国外，收入水平上表现出来的差距相当大，大多数普通人都还无法随心所欲地消费。旅游企业只有提供不同消费档次的旅游产品，才可能把更多的潜在旅游市场开掘出来；另一方面，即使是收入水平较高的旅游者，往往也会因时因地因自己的某种特殊情况和心理，而选择不同的消费档次的旅游产品。那种把所有成为旅游者的人，均视为高收入者，均愿意在旅游过程中大把花钱的传统认识，显然已经不符合市场现状了。有一个例子较能说明这一点的重要性。韩国的旅游酒店业在近几十年间得到了长足的发展。不过，如今发展最快的已经不再是星级饭店，而是各种服务于不同旅游者的公寓式旅店、青年旅馆、低价旅店、船上旅店、帐篷营等。这种多层次的住宿结构满足了不同消费档次的旅游需求。

多样化消费档次的需求既是越来越多的公众参与旅游行为后的必然结果，也是现代

旅游消费心理发展的基本趋势。随着众多旅游者消费心理的日趋成熟和个性化的不断成长，对多样化消费档次和结构的需求，已经是而且还将继续是旅游市场中一个重要的发展趋势。因此，在不同消费档次的旅游产品设计方面，要顾及多种需求，让尽量多的旅游者获得最大限度的满足，有效地增加其主动驻留时间，并且为今后的可持续发展留下良好的基础和广阔的空间，这是旅游发展面对市场的必然选择。

案　例

旅行社暑期游产品众多 消费者请擦亮眼

夏季来临，旅游业进入了高峰期。每年的这个时节暑期游系列产品便成为了众旅行社的热销产品。各大旅行社争相推出各种特色线路，而每家旅行社线路、价格、服务、特色等都会有所差异，许多消费者旅行前选择旅行社时便开始纠结了，为此记者针对常州各旅行社的特点做了大致对比。

夏季游推荐 特色产品各有千秋

记者了解到，常州4大旅行社纷纷推出了自己的特色产品来吸引游客：常州国旅推出“全家总动员亲子出游记”系列，让孩子们可以趁着暑假去各国开阔视野，丰富学识；常州春秋国旅在今年夏季主推“邮轮”系列，游客可以乘坐歌诗达大西洋号邮轮去泰国或是济州岛畅玩；常州光大国旅主打“暑期嘉年华”系列，让孩子在旅游中完成自己的创意梦想；常州青旅推出的“暑期巨献”特惠游也颇受欢迎。

相同产品对比 比价又比质

对于每家旅行社来说，做产品的对比是比较困难的，相同的产品可以因为其线路、服务等不同而有所差异。例如，常州国旅推出“海南新主张”特辑，多条特色海南游其价格为每人2680～4780元不等。所以，即便是同样的线路，市民也得挑上半天了。

小提示：勿贪便宜忽质量

现如今，旅游市场上充斥着五花八门的欺骗消费者的手法。在这里，记者提醒消费者在出游前要尽量选择正规旅行社。正规的旅行社都会与游客签订旅游服务合同，合同中涉及了旅行中的诸多细节。消费者在签字前应该仔细阅读其内容。若是旅行社违反其中某条规定，消费者可凭此合同来进行投诉。此外，消费者不能简单地以价格衡量一个旅行社的优劣。一些旅行社的报价看似比较低，但低质低价，因此往往导致埋怨多、投诉多。游客出游前在价格的选择上需要认真掂量，不要只求低价格，而不顾服务质量。

——资料来源：马梦佳．旅行社暑期游产品众多 消费者请擦亮眼［EB/OL］．中国江苏网，2013－07－18.

案例分析

1. 旅游商品消费者的特征有哪些？

2. 旅游商品消费者的内在差异有哪些？

第三节　旅游商品消费行为

一、旅游商品消费的一般心理机制

随着社会的发展，旅游业已成为全球经济中发展势头最强劲和规模最大的产业之一。旅游业在城市经济发展中的产业地位、经济作用逐步增强，旅游业对城市经济的拉动性、社会就业的带动力以及对文化与环境的促进作用日益显现。旅游业是中国经济发展的支柱性产业之一。要在激烈的市场竞争中立于不败之地、谋求发展，就必须关注旅游消费者的心理需求。

（1）要树立关注旅游消费者心理需求的营销观念。旅游消费心理是指旅游者在旅游消费活动中发生的各种心理现象及其外在表现，旅游者在旅游消费活动中的各种行为无一不受到心理活动的支配。旅游是一项特殊的综合性游览观光活动，而旅游活动本身就是一种心理需求活动。所以，旅游业经营单位应树立关注旅游消费者心理需求的营销观念，切实从旅游消费者心理需求的角度出发，开发经营旅游产品。

（2）要研究旅游消费者心理活动对其旅游购买行为的影响，并以此指导旅游经营活动。旅游消费者的心理活动直接驱动其旅游购买行为。在旅游经营活动中，通过对旅游消费者心理活动过程的研究分析，就能够把握旅游消费者购买行为的基本模式，刺激旅游消费者产生旅游需求，并引导其做出购买决策。基于此，就要求旅游经营管理人员必须具备旅游心理学方面的基本知识，并能运用这些知识研究和分析旅游消费者心理活动，以此指导旅游经营活动。

（3）要致力于向旅游消费者提供较高的效用，使其感到满意。从心理学的角度而言，旅游产品的效用就是旅游消费者在旅游活动中得到的快乐和满足。游客购买的不是旅游景点本身，而是在旅游过程中得到的享受和休闲。所以，旅游经营者应了解旅游消费者的群体需求和个体需求，有针对性地向他们提供标准化和个性化的优质服务，以顾客满意为经营宗旨，方能取得较好的经营效益。

（4）要从旅游消费者心理感应角度塑造旅游产品的品牌形象，实施名牌战略导向。在当今激烈的市场竞争中，形象塑造已成为旅游经营者占领市场制高点的关键。我国旅游资源得天独厚，丰富的自然生态景观、悠久灿烂的古代文明遗存、多姿多彩的少数民族风俗文化，均可构成独具特色的旅游品牌。旅游经营者要站在全球高度，从旅游消费者心理感应角度出发，开发出世界级的名牌旅游产品，切实促进我国旅游业的发展。

（5）要运用整体市场营销的方式，刺激旅游消费者的旅游需求。整体市场营销就是要从旅游消费者的旅游需求出发，有机地、灵活地从事旅游产品设计开发、定价、分销渠道及促销等一系列活动，实现旅游产品的最终销售。政府主管部门应协调有关单位，制定出实施整体市场营销的战略与策略，运用各种营销手段或诱因，开展强有力的市场促销活动，以引起旅游消费者的心理反应，激发其旅游购买欲望，促成其旅游购买行为的实现。

二、旅游商品消费行为的制约因素

旅游消费者行为是人的社会化的行为，它受旅游消费者个体所处的环境及旅游消费者个体心理差异等因素的影响。这些影响因素主要包括政治因素、经济因素、文化因素、社会因素和个人因素。

（一）政治因素

影响旅游消费者行为活动的政治因素主要包括以下两个方面：

（1）政治制度。政治制度是指一个国家或地区所奉行的社会政治制度，它对旅游消费者的消费方式、内容、行为具有很大的影响。我国是社会主义国家，我们的商品生产和商品交换都要符合社会主义的政治、文化和道德的原则。所以，政治制度对旅游消费者行为的影响是客观存在的，对旅游消费者的购买行为有着不可忽视的影响。

（2）国家政策。国家政策对旅游消费者的影响表现在当时国家提倡什么、反对什么，以政策形式对消费行为进行规范。党的十一届三中全会以后，党中央实行改革开放，在消费方面，除掉了束缚旅游消费者的“金箍”。人们的消费内容越来越丰富多彩。人们的购买行为呈现出多样性、复杂性。特别是社会主义市场经济的繁荣、商品的丰富对旅游消费者的购买行为产生了意义深远的影响。

（二）经济因素

影响消费行为的经济因素主要是社会生产力、社会生产关系、旅游消费者经济收入和商品价格四个方面。

（1）社会生产力。由于旅游消费者消费的商品是由生产提供的，生产能够提供的产品种类和数量客观上制约着消费的品种、规格、数量和结构。例如，在中国几千年的历史长河中，封建帝王不管怎样富有，也不可能有汽车、飞机、电冰箱等物质消费。另外，社会生产力发展水平也制约着人们的消费方式。例如，从原始人茹毛饮血的消费方式到现代人用刀叉进餐的消费方式，不能不说是生产力发展的必然结果。

（2）社会生产关系。在阶级社会中，每一个旅游消费者作为一定的社会成员，其经济地位是被社会生产关系所规定的。不同社会经济地位会导致旅游消费者不同的消费行为。在社会主义社会，劳动者的消费具有了不再隶属资本的独立性质，消费增长表现为社会成员共同富裕基础上的旅游消费者消费水平的普遍提高。虽然由于社会生产力所限，我国目前的消费水平还较低，但绝不能否定劳动者在消费生活中的主人翁地位。这些社会生产关系的差异，在旅游消费者行为中有着本质的深刻的反映。

（3）旅游消费者经济收入。由于旅游消费者收入有差异，又是不断变化的，它必然会影响旅游消费者的消费数量、质量、结构及方式。①旅游消费者绝对收入的变化影响消费行为。引起旅游消费者绝对收入变化的主要因素是：旅游消费者工资收入变化；旅游消费者财产价值意外的变化，如突然得到他人赠送，接受遗产，彩票中奖，意外地蒙受灾害、被盗、被窃等；政府税收政策变化，企业经营状况好坏等。②旅游消费者相对收入的变化影响消费行为。有时旅游消费者自己的绝对收入没有发生任何变化，但由于他人的收入发生了变化，这种相对收入的变化必然影响旅游消费者的消费行为。例如，不可避免地要比别人减少消费或改变消费结构；也可能模仿收入相对提高的他人而提高自己的消费层次，以致出现相对的超前消费。③旅游消费者实际收入的变化影响消费行为。例如，由于物价上涨，商品价格提高，使旅游消费者的实际收入发生变化，使其实际购买的数量、品种、结构、方式都会发生相应的变化。④旅游消费者预期收入的变化影响消费行为。旅游消费者总要对未来的收入情况做出估计。如果旅游消费者预期到未来收入将比现期收入高，那么他就可能增加现期的消费支出，甚至敢于借债消费；如果预见到未来的收入要降低，那么旅游消费者就可能减少现期消费而增加储蓄。

（4）商品价格。由于旅游消费者在一定时间内的收入是有限的，同时，可供人们消费的商品也总是以一定的价格形式出现在市场上。因此，旅游消费者为了满足消费需要，必须根据自己的收入状况，根据不同商品的价格水平，在各种商品中进行选择。例如，收入高、负担轻的旅游消费者，由于经济条件较宽松，可能多选择高档商品；而收入少或负担重的旅游消费者，则可能较多地选择中低档商品。又如，人们预期未来价格不会发生很大的变化或会以某种固定幅度变化，就不会发生因担心物价上涨而采取的抢购行为。一般来说，价格越高，对旅游消费者的推力越大，即可能把大多数旅游消费者从该类商品购买者行列中推出去；反之，价格越低，对旅游消费者的拉力越大，即越可能把人们拉入该商品的购买者行列。但这种现象并不是绝对的，在现实生活中，有的旅游消费者出于某种偏好或消费心理，以购买高价商品为荣，这就要做更深刻的分析。

（三）文化因素

文化因素是指人类在社会历史发展过程中所创造的物质财富和精神财富的总和，包括民族传统、宗教信仰、风俗习惯、教育层次和价值观念等。

（1）*民族传统*。各民族都有自己的文化传统。例如，中华民族一向有勤劳、节俭的传统，在消费上表现为重积累、重计划等。在选择商品时追求实惠和耐用，相对而言不太注重外观包装，而且大部分开支是用于日用品，购物时比较理智。而西方有些国家的民众则不同，他们强调享受人生，在消费行为上表现为注重当前消费效果，购买时不太讲实用，冲动性购买较多，选择商品时有较强的环境保护意识，追求商品外观装饰等。

（2）*宗教信仰*。世界上的宗教信仰多种多样，对于各种教徒的婚丧嫁娶、饮食起居等有许多规定，这些规定无疑影响到人们的消费购买行为。一些宗教节日和与宗教信仰有关的传统节日往往是旅游消费者的消费旺季，也是营销人员推销相关商品的黄金时间。

（3）*风俗习惯*。不同的国家、民族和地区都有其独特的风俗习惯。这些风俗习惯有的是因历史、宗教而形成的，有的是由自然环境、经济条件所决定的。例如，东方国家习惯上把红色作为吉祥的象征，在法国和瑞典则视红色为不祥之兆。因此，法国人和瑞典人是不会购买中国的红色爆竹的。又如，在我国，有中秋吃月饼、端午吃粽子的传统，因而每年的中秋、每年的端午都出现对月饼和糯米的购买热潮。

（4）*教育层次*。现实社会中，人们所受教育的程度和层次是存在差异的，这些差异也影响到人们的消费行为。例如，教育层次较低的群体在选择购买食品时，容易对某一食物产生盲目倾向性消费并较多地受到味觉的驱使，而教育层次较高的群体则依据科学、合理的营养组合原则来选购食品；教育层次较高的家庭，购买儿童玩具时比较注重玩具对儿童智力的开发，而层次较低的家庭对玩具的选购则偏向于满足儿童直接玩耍的要求。

（5）*价值观念*。价值观念是指人们对事物的是非与优劣的评判原则和评判标准。改革开放前，中国旅游消费者认为富裕并非是光荣之事，标新立异是不合群之举。这种观念反映到服装消费上，便是追求朴素、大众化的格调。改革开放后，人们的价值观念发生了重大变化，在购买服装时更多地倾向于式样、面料、色彩的新颖，注重服装与个性的协调，追求个性化。

（四）社会因素

旅游消费者行为要受社会因素的影响，比如旅游消费者所处的群体、家庭、社会角色与地位等。

（1）群体。群体可分为自身群体、原生群体、间接群体和参考群体。传送直接影响的群体称为受影响人的自身群体。原生群体常起非正式作用，例如家庭、朋友、邻居和同事等。间接群体包括宗教组织、专业协会、工会等，这些群体很正式，但不常起作用。参考群体作为直接（面对面）或间接的参照物来影响人的态度或行为。群体影响的重要程度对不同产品和品牌来说是不一样的。如果是看得见的产品，并且拥有产品的人又是购买者敬重的人，这时群体影响是最强的；如果是买私人用品，产品和品牌都不会被他人看见，群体影响是极其微弱的。

（2）家庭。家庭成员对购买行为影响极大。家庭是社会中最重要的旅游消费者购买群体，对此人们已做过深入研究。营销人员对丈夫、妻子和孩子购买产品或服务时的作用和影响十分感兴趣。丈夫和妻子谁说了算，在很大程度上取决于产品种类或他们处在购买决策过程中的哪一步。购买与生活方式关系很大。在美国，妻子一直是家庭购买活动的主要完成者，特别是在食品、日用品和服装上。然而，在不同国家或社会阶层情况有所不同，市场营销人员必须对目标市场的有关情况不断进行研究。

（3）社会角色与地位。一个人可以同时属于多种组织，如家庭、俱乐部或其他组织。人在组织中的位置可以用社会角色和地位来定义。社会角色都代表一种地位，反映了社会对这种地位的承认。人们常选择能代表其社会地位的产品。

（五）个人因素

个人因素也会影响购买者的行为，比如购买者的年龄和生活周期阶段、职业、经济状况、生活方式、个性和自我意念等。

（1）年龄和生活周期阶段。人们对食品、服装、家具与休闲活动的兴趣与年龄关系很大，购买与家庭生活周期阶段也有非常重要的关系。家庭在发展成熟的过程中要经历许多阶段（表3－1）。营销人员按家庭生活周期的阶段定义目标市场，为各阶段开发合适的产品，制订适当的营销计划。

表3－1　家庭生活周期的各个阶段

青年	中年	老年
单身	单身	离婚孩子已独立
结婚没孩子	结婚没孩子	结婚孩子已独立
结婚有孩子	结婚有孩子	结婚孩子没独立
离婚与孩子没有在一起	结婚孩子已独立	离婚孩子已独立
离婚与孩子在一起	离婚没孩子	离婚孩子没独立
	离婚有孩子	未婚

（2）职业。一个人的职业会影响他所购买的产品和服务。蓝领工人一般购买较多的工作服，而白领工人则购买西装和领带。营销人员试图确认那些对他们的产品和服务有相当兴趣的职业群体，甚至专门制造既定职业群体所需要的产品。例如，计算机软件公司为品牌经理、会计、工程师、律师和医生设计了不同的产品。

（3）经济状况。一个人的经济状况会影响其对产品的选择。公司在经营与收入水平相关的产品时，要注意个人收入、储蓄和利率的变化趋势。如果经济指标预示着衰退，营销者就需要重新设计产品并定价。

（4）生活方式。生活方式是由人的心理图案反映的生活形式，包括旅游消费者活动（工作、嗜好、购买活动、运动和社会活动）、兴趣（食品、服装、家庭、休闲）和观念（关于自己、社会事物、商业和产品等）。生活方式表现的内容远比人的社会阶层或个性要多，它勾画出一个人在社会中的行动和兴趣的形式。认真研究生活方式，可以帮助营销人员了解变化中的旅游消费者的价值观，并弄清它们是如何影响购买行为的。

（5）个性和自我意念。每个人独特的个性将影响其购买行为。个性是单一的心理图案，比较稳定。个性常用形象言辞来描绘，比如自信、权威、爱社交、自主、自我保护、适应性和野心等。个性能被用于分析旅游消费者对某些产品或品牌的选择。例如，咖啡制造商发现喝浓咖啡的人的社交能力很强，因此麦氏公司（Maxwell House）的广告表现了冒热气的咖啡和人们轻松交流的样子。

三、旅游商品消费行为的研究

消费者行为是指消费者为获取、使用、处置消费物品或服务所采取的各种行动，包括先于决定这些行动的决策过程。而旅游消费者行为是个体在搜集有关旅游产品的信息进行决策和在购买、消费、评估、处理旅游产品时的行为表现。下面我们来看下关于旅游消费者行为研究。

（一）以市场为研究导向

旅游消费者行为研究与旅游业发展水平相对应。国外旅游业的发展已经有近200年的历程，从早期的认知阶段、中期的过渡阶段，到近期的大发展阶段，旅游业在一些国家或地区已经得到了长足和完善的发展。国外很多学者从社会学、人类学的学科角度出发研究旅游业及其带来的影响。旅游消费者是旅游系统的重要组成部分，研究旅游消费者的行为方式、出游动机以及旅游消费者市场，也就成为国外旅游研究的重点。相对而言，旅游业在我国起步则较晚，20世纪80年代才开始得到重视，并有所发展。此时，旅游研究处于起步阶段。研究的学科取向就较多地局限在管理学和地理学领域，而其他领域的学者往往对旅游问题缺乏研究热情。同时，这还与旅游业在我国的发展程度有关。在改革开放初期，我国的旅游产业总体规模小，结构单一，重点在于发展旅游市场。时至今日，旅游业在我国处于发展的初中级阶段，许多资源丰富的地区积极发展旅游业，旅游目的地的开发与规划的实际工作比较多，表现出的问题也比较集中，关于这方面的研究成果也比较集中。

随着国内旅游业迅猛发展，旅游消费者与旅游目的地居民之间的日益频繁的互动过程中，会产生出许多文化上的交流、碰撞，为旅游消费者的研究提供了丰富素材，有些学者也开始表现出对旅游消费者行为方面的兴趣。这些促进了相关理论的研究与发展，近年来，从社会学、人类学的角度进行的研究也逐步浮现出来。但是，旅游消费者行为研究还不是旅游研究的主流方向。我国在该领域研究呈碎片化发展，研究深入程度不足，研究人员忽视对文献的研究，导致研究的重复性比较高，论文呈现高相似性，理论上没有更多突破。

综上所述，在旅游业较发达的国家和地区，政府对旅游研究的推动作用不大，旅游业和旅游消费者行为研究的发展以市场为导向。随着我国现代旅游市场的实践与发展，我国旅游消费者行为研究必定会以良好的态势发展。

（二）以人为本的研究思想

人是一切经济活动的主体。从旅游消费者的根本利益出发，才能真正实现人性化的、可持续的经济增长和旅游业发展。张立生 2004 年在《旅游学刊》上发表的《近期国外旅游学研究进展》中指出，在他所搜集的 1995～2003 年以来《Annals of Tourism Research》的 382 篇文章中，有关心理和行为方面分析的文章就有 66 篇，占样本总量的 17.28%，是所有类别中份额最大的。这些文章中，以分析旅游消费者心理行为方面的文章居多，还有少量旅游从业者和旅游业主心理行为的分析。关于旅游安全的分析也有 7 篇之多。此外，文献中还有一些关注老年、妇女、儿童以及残疾人方面的研究。这些方面的研究都是以人为本的研究，处处体现人文关怀，是人本思想在旅游研究中的具体体现。

相反，我国对旅游消费者行为的研究主要是针对具体市场的旅游消费者的决策以及行为的研究，总体上缺乏像西方学者那样从人文关怀的视角进行研究的热情。宋子千等人 2005 年曾经对 2000～2004 年《旅游学刊》的刊登文章进行分类统计，共有文章 481 篇，区域发展、旅游规划与开发，产业运行与发展方面的文章共计有 279 篇，占据了样本总量的 58%。而旅游消费者行为与心理方面的文章只有 14 篇，主要的研究集中在对旅游消费者行为的分析。他们着重从市场营销的角度出发，对旅游消费者的行为进行研究，与那些大量的旅游区域发展、旅游开发与规划的文章相呼应。这种研究与开发在次序上出现的倒错现象，从另一个角度揭示出中国旅游研究一直处于“鼓吹”阶段或“带有功利思想”这样的事实。

综上所述，我们必须坚持以人为本，从旅游消费者的根本利益出发，才能真正实现人性化的、可持续的经济增长和旅游业发展，从而推动我国旅游消费者行为研究的发展。

复习与思考

一、名词解释

旅游商品消费者　消费者行为

二、简答题

1. 旅游商品的开发应遵循哪些原则？
2. 旅游商品消费行为的制约因素有哪些？

三、单项选择题

1. 这类商品旅游消费者对商品有一定的认识，但对于有的商品认识不够，却喜欢妄自评论。这样很容易误导其他的商品旅游消费者。按照属性分类，此消费者属于（　　）。

A. 见风使舵型　B. 思考感性型　C. 惨痛教训型　D. 自视专家型

2. 决定了旅游消费是一种融合各种物质消费、服务消费与精神消费为一体的消费特质，其性质属于（　　）。

A. 多层次消费　B. 综合性消费　C. 重复性消费　D. 可持续性消费

四、多项选择题

1. 旅游商品消费行为的制约因素包括（　　）。

A. 政治因素　B. 经济因素　C. 文化因素

D. 社会因素　E. 个人因素

2. 下列现象中属于影响旅游消费者的消费行为的是（　　）。

A. 旅游消费者绝对收入的变化影响消费行为

B. 旅游消费者相对收入的变化影响消费行为

C. 旅游消费者实际收入的变化影响消费行为

D. 旅游消费者预期收入的变化对消费行为的影响

五、 案例分析

定制旅游在漳州悄然兴起

随着经济的发展，越来越普及的旅游活动也逐渐跟上了国际潮流。日前，记者了解到，不少发达国家流行的定制旅游，在漳州悄然兴起。

个性化需求催生定制旅游

随着旅游活动的普及，不少人对常规旅游线路已经不来电，对跟团游更是不感冒。充满个性的定制旅游进入了消费者的视野。近期，记者在走访时，发现到旅行社定制私人旅游线路的市民不少。

市民陈先生是一位旅游爱好者。记者走访时，他正与朋友一起在旅行社定制旅游线路。几番你来我往的讨论后，陈先生和他的朋友初步确定了出游线路。陈先生笑言："之前参加过不少跟团游，旅行社把行程安排得很周到，大小事情我们都不用操心。不过，在跟团游中，各位团员的兴趣不尽相同，步调也难以一致。"陈先生进一步表示："其实旅游线路也和衣服鞋子等商品一样，不仅款式风格要自己中意，还要穿起来舒服。我觉得定制游就是为自己量身定制的旅游产品，既符合自己的审美，也能满足自己在舒适度方面的需求。"

福建省旅游有限公司漳州分公司副总经理林艺斌介绍，目前定制旅游市场主要是针对高端客户群体。据统计，目前我国约1%的旅游市场份额属于定制游市场，而这1%的市场份额多数来自于旅游客户群体中的旅游精英层。这部分客人有更加个性化甚至私密化的产品需求，定制旅游通常是他们出游的不二选择。

团游价涨定制游顺势而起

《旅游法》实施之后，国内跟团游产品价格普遍上涨，部分旅游消费转向自由行。不过，对于旅游经验不足的人来说，自由行可能变成"盲游"，还可能存在一定的风险。市民王小姐前阵子与女儿一起自由行游泰国。回来后，她的最大感触是："人生地不熟，语言关也有障碍，玩得并不尽兴。"不仅如此，自由行还需花费大量时间做功课，自己解决所有的交通、住宿等问题，的确是一件劳心劳力的事。向旅行社定制半自助旅游产品，则是一个两全其美的办法。

业内人士表示，定制游并非是高端客户的专利。事实上，一些旅游观念超前、较有个性的普通旅游消费者也会选择定制游。定制游并不等于高价游，相反，多数定制游都具有较高的性价比。正是这个优势，使得定制游在团费普遍上涨之后获得更多消费者的青睐。《旅游法》的实施，不仅推动了自由行的发展，也在一定程度上推动了定制游的发展。

旅行社凭借优势推"机＋宿"

所谓"牵一发而动全身"，任何一个分支旅游市场的细小变化，都会引起旅游经营者的关注和深思。记者走访了解到，我市不少旅行社已经注意到定制游的市场潜力和发展趋势。这或许也是业界所乐于见到的。"与其任自由行市场分流，不如我们顺应市场需求，推出更符合消费者需求的线路产品。"一位业内人士表示。

记者了解到，目前各大旅行社都已经推出了定制旅游线路的服务。旅行社可根据消费者的具体需求，为其量身打造出游行程。不仅如此，还有旅行社推出“机票+酒店”精品自由行、半自助旅游线路。例如，漳州建发国旅近期推出的夏日么么茶度假村套餐、恋上新加坡等产品，除了为游客提供机票和酒店住宿之外，还合理搭配了相关经典行程，并留够自由活动时间，让客人既可以省心出游，又可以享受自由出游的乐趣。

业内人士表示，面对新的市场情况和新的市场需求，传统旅行社应把握住新的机遇。半自助游是目前业界公认的较为明确的市场趋势。旅行社应该积极转变经营思路，从中找到新的盈利模式，为消费者提供更加丰富的旅游产品。旅行社利用集团采购的优势打包机票、酒店产品等，根据客户需求修改和增减旅游项目，为消费者提供更便捷、更合适的产品，这无疑是明智之举。

——资料来源：邹美玲，魏芬．定制旅游在漳州悄然兴起［EB/OL］．漳州新闻网，2013－11－26.

请结合以上案例，思考如下问题：

1. 应该如何引导旅游商品消费行为？
2. 应该如何关注旅游消费者的心理需求？

推荐阅读

1. （美）匹赞姆．旅游消费者行为研究［M］．舒伯阳主译．大连：东北财经大学出版社，2005.
2. 吴清津．旅游消费者行为学［M］．北京：旅游教育出版社，2006.
3. 杜炜．旅游消费行为学［M］．天津：南开大学出版社，2009.
4. 刘菲．旅游消费心理与行为［M］．北京：经济管理出版社，2007.
5. 张树夫．旅游消费行为［M］．北京：中国林业出版社，2004.

第四章 旅游商品分类

旅游商品不同于一般的消费商品，除经过设计、生产、包装、销售、流通等一些环节外，它本身还具有观赏性、文化性、服务性、纪念性、季节性等特点。

本章从旅游商品分类的角度入手，介绍了不同旅游商品的基本情况。学习本章内容，可以使学生加深对旅游商品的理解。本章的重点是掌握一些常见旅游商品的基本情况、同类旅游商品的区别，培养鉴别部分旅游商品的能力。

学习目标

知识目标

1. 了解旅游商品分类的特点。
2. 了解常见旅游商品的产地、属性、特点等方面的内容。

能力目标

1. 熟悉一些常见的旅游商品的基本情况。
2. 掌握对部分旅游商品的基本辨别知识。

案　例

2012 年北京大栅栏老字号旅游购物节促销活动一览表（部分）

序号	单位	类别	活动主题	活动内容
1	广德楼戏园	老字号企业	—	旅游购物节期间，推出工薪票价：茶座 40 元、50 元不等；散座 30 元。
2	全聚德和平门烤鸭店	老字号企业	实在美味 拾忆全聚德	旅游购物节期间特别推出两款超值特惠家宴套餐。套餐中的菜品见证了全聚德的发展历程，且适宜于秋季食用。消费者选择这两款套餐，还可获赠全聚德特制精美礼品一份。
3	北京戴月轩湖笔徽墨有限责任公司	老字号企业	—	①旅游购物节期间坚持秉持“诚信第一、保证品质和真诚服务”的原则，确保商品质量；②推广新品“书法包”，方便书法爱好者和中小学生上课携带，所需用品齐备，是一款实用性和便捷性相结合的书法用具；③优惠促销，有礼销售，凡购物满 200 元，送书法纸一本；凡购物满千元，可享受 9. 6 折优惠；④开放“戴月轩笔坊”供购物者参观。
4	老舍茶馆	传统特色企业	—	①在老舍茶馆茶庄消费即可半价换购老舍茶馆特色盖碗一套；②在老舍茶馆茶庄消费满 100 元，赠送老舍茶馆腰牌一个；③在老舍茶馆茶庄消费满 300 元，赠送老尹记马克杯一个；④在老舍茶馆茶庄消费满 500 元，赠送价值 380 元昆曲演出票一张。
5	北京扎西德勒藏文化传播有限公司大栅栏西街店	民族特色企业	—	①凡购物满 300 元即送价值 80 元的纯银镶水晶吊坠；②凡购物满 600 元即送价值 230 元的碧玺戒指一枚；③凡购物满 900 元即送价值 390 元的冰种黑曜石五性财神坠一个。
6	云南地矿珠宝大栅栏店	传统特色企业	情缘之约——翡翠文化节	①坚持诚信第一、品质保证、金质服务的服务宗旨；②进店有礼，购物送云南特色香包、挂历；③全场商品 8. 5 折优惠，感恩区破例 6 折大优惠；④旅游购物节期间免费提供翡翠饰品清洗、换绳、鉴定咨询服务。
7	大栅栏商贸有限责任公司	传统特色企业	—	（1）三庆园自主品牌商品：①纪念徽班晋京 220 周年纪念邮票、首日封 9 折销售；②三庆园文化衫 8 折销售。 （2）其他商品：①骆驼牌户外休闲服饰：老款系列 3 折、新款系列 6 折；②361°牌运动装、运动鞋：老款系列 5 折、新款系列 8 折；③德普 9801 照摄一体机，原价 1980 元；购物节期间优惠价 980 元，购机送内存卡、电池；④各种手表 8 折优惠。

续表

序号	单位	类别	活动主题	活动内容
8	北京正兴德清真老字号茶庄	老字号企业	买茶送茶实惠多	①旅游购物节期间一次购买100元/斤以上的茶叶，金额满300元赠送双层玻璃杯一只（不享受其他活动）；②旅游购物节期间凡购买200元/斤；150元/斤；120元/斤的龙井茶，满1斤送同等茶叶2两（不享受其他活动）；③购物节期间凡购买紫砂、陶瓷、玻璃茶具等，金额满300元以上享受5%优惠。
9	北京泰丰楼饭庄有限公司	老字号企业	—	①旅游购物节期间凡在泰丰楼饭庄包间消费的顾客享受菜品9.5折的优惠；②每桌单笔消费满5000元以上送“金色庄园”红酒（价值600元）一瓶；③旅游购物节期间过生日的客人送长寿面一碗，以示祝贺；④旅游购物节期间持有“老年证”的客人享受菜品9.5折的优惠。

——资料来源：北京旅游网

案例分析

旅游商品主要包含哪些种类？

第一节　旅游商品分类的意义与原则

分类是人类认识世界和掌握事物规律的重要手段，就是把无规律的事物分为有规律的，按照不同的特点分类事物，使事物更有规律。

一、旅游商品分类的意义

旅游商品的内容丰富且涉及面广，包含了日常生活的许多方面。因此，对旅游商品进行恰当的分类也具有重要意义，主要体现在生产、流通、消费、管理和科研等方面。

（1）有助于国民经济各部门的各项管理的实施。只有将旅游商品统一分类，相应的规划、业务、经济核算、统计工作等才能在同一的类别项目下进行。根据旅游商品的性能与特点，有针对性地测算生产投入，通过降低成本和费用、加速资金周转率等手段，加强旅游商品的科学性管理和实际操作性。

（2）有利于组织旅游商品的生产和流通，提高经济效益。生产与流通是商品经营的重要环节，将旅游商品进行科学分类，有利于对旅游商品的生产、开发、流通等部门进行合理分工，并结合商品的流向与流量，及时地组织商品物流，促成相应的商流，达到提高经济效益的目的。

（3）有利于合理安排市场供给，方便消费者选购。对旅游商品进行科学分类，能够准确地反映消费市场的动态与特征，为进一步补充和开拓市场奠定良好的基础。同时，还可以有针对性地安排购买空间和商品的展陈方式，为旅游者提供一个清晰、方便、宜人的购物环境，进而达到满足旅游者购物需求和保护消费者权益的长远目的。

（4）有利于合理编制商品目录、编码，实现现代化管理。商品目录是指国家或部门所经营管理的商品的总明细目录，包括国际商品目录、国家商品目录、部门商品目录和企业商品目录等。商品编码是赋予某种商品（或某类商品）以某种代表符号或代码的过程。对某一类商品赋予统一的符号系列称为商品编码化或商品代码化。商品编码类型包括字母型编码、数字型编码、数字字母混合型编码和条码等。通过对旅游商品的科学分类，可以使它们的规格、型号、等级、计量单位、包装、标签等特征实现统一化和标准化，运用数字化技术进行处理，从而创造科学化管理的有利环境。

（5）有利于展开对旅游商品的研究和教学工作。通过科学的分类才能将研究的对象从每个旅游商品的个性特征归结为每类旅游商品的共性特征。掌握这类旅游商品的共性特征才能深入地分析类别的质量特征，为研究旅游商品的质量、品种及其变化规律，从而为其质量的改进和提高，新商品开发，包装、运输、保管、科学养护、检验、合理使用等提供科学的依据。在教学中，按教学需要对商品进行科学分类，可以使讲授的知识系统化、专业化，便于学生理解和掌握，有利于教学的顺利进行。

二、旅游商品分类的原则

旅游商品分类原则是形成商品分类系统、构建旅游商品分类体系的重要依据。为实现旅游商品的科学分类，必须掌握以下分类原则：

（1）实用性原则。各行业、各部门由于管理商品的范围不同，对商品分类的目的有差别，导致商品分类系统多种多样，每一个分类系统都是围绕着一个特定的目的形成的。因此，进行旅游商品分类时，要明确分类目的和商品范围，从有利于商品生产、销售、经营的角度出发，最大限度地满足消费者的需求，使商品分类具有实际的实用价值。

（2）科学性原则。在建立旅游商品分类体系前，要明确目标，确定范围，统一名称，选准标志。分类应包括规定范围内的所有商品，并且保证类别间区分明显。旅游商品分类后的每一个品种，只能出现在一个类别里，或每个下级单位只能出现在一个上级单位里。另外，在某一商品类别中，不能同时采用两种或多种分类标准进行分类。

（3）延伸性原则。为了使旅游商品分类体系能够满足不断出现的新商品的需要，要求在建立商品分类体系时遵循延伸性原则，必须留有足够的空间，如设置“其他××”等项目，以便在添加新商品的同时不打乱已建立的分类体系。

（4）兼容性原则。兼容性原则是指相关的各个分类体系之间应该具有良好的对应与转换关系。同时，旅游商品的分类体系应该与现有的其他分类体系相兼容，例如应该与《全国工农业产品（商品、物资）分类与代码》《对外贸易统一商品目录》《海关合作理事会商品分类目录》《国际贸易标准分类目录》《商品分类和编码协调制度》等相兼容和衔接。

总之旅游商品的名目繁多、各具特色、分类方法多种多样。随着旅游业的发展，对旅游商品的性质和分类的研究也将走向一个新的领域，旅游商品在旅游业的发展中也将发挥更大作用。

第二节 旅游工艺品

旅游工艺品主要指用一些特色材料制作的、设计新颖、工艺独特、制作精美，具有一定地域性、民族性、文化性的艺术品。它们具有较高的观赏性、较强的陈设性和艺术性。旅游工艺品主要分为两类：日用工艺品和陈设工艺品。前者指经过装饰、加工的生活实用品；后者指用于欣赏的各类摆设品，多为以传统工艺制造且具有地方特色的商品。

中国的工艺美术品历史悠久、技艺精湛、久负盛名，大量出口到海外市场，也是旅游者向往的佳品。主要的旅游工艺品包括珠宝玉石、雕塑工艺品、金属工艺品、刺绣工艺品和花画工艺品等。

一、珠宝玉石

中国玉文化历史悠久。早在氏族公社时期珠宝玉石就成为重要的礼器，后期逐渐成为装饰品，目前也仍然深受广大国人的喜爱。常见的有：手镯、手链、项链、戒指。挂件造型主要有：福禄寿、观音、佛、蝉、寿桃等。近年来随着改革开放和经济发展，诸如钻石、红蓝宝石、橄榄石等一些西方人喜爱的宝石也逐渐进入普通百姓生活中。

（一）翡翠

翡翠是一种以硬玉矿物为主的辉石类矿物集合体，由于其在浅色底子上常伴有红色和绿色的色团故名翡翠。主要产地在缅甸的中北部，莫氏硬度为6.5~7，常见颜色有白色、红色、黄色、绿色、紫色等。翡翠产量相对较少且色泽精美，因此很受游客喜爱，但同时在旅游商品市场上翡翠也是鱼龙混杂，常见的翡翠主要有以下几类：

（1）A 货。即天然翡翠，就是将翡翠原石经过切割、打磨、抛光后没有经过任何化学方法处理的翡翠。这种翡翠不仅保持了翡翠的天然特征及物理化学性质，而且随着翡翠原生矿床的不断开采其价格会越来越高，因此具有一定的收藏价值。对此类翡翠的价值主要从大小、颜色、纯净度、裂纹、雕工等一些方面来进行评价。

（2）B 货。对一些存在杂质较多的天然翡翠，用强酸进行浸泡，先消除杂质，然后用一些如环氧树脂的透明化学物质再进行充填的翡翠即为 B 货。此类翡翠的颜色较为呆板，表面会存在一些酸蚀纹，敲击时声音较闷。

（3）C 货。即对一些颜色较差的天然翡翠进行人工着色，如镀膜翡翠、染色翡翠、夹层翡翠等。另外，还有一些既进行化学处理又进行人工着色的 B + C 货。此类翡翠虽然颜色均匀鲜艳，但是并不自然。

（4）D 货。即将一些价值较低同时颜色与翡翠较为接近的一些玉石或人工合成品冒充翡翠来进行销售，如：东陵石、密玉、葡萄石、岫岩玉、玉髓、玻璃等。

翡翠 B 货、C 货或 B + C 货由于经过了人工化学处理因此价值较低，而 D 货由于产量较多因此价格也不高。游客在购买时一定要擦亮眼睛，并认真核对其是否有权威鉴定部门颁发的鉴定证书。

（二）软玉

软玉主要以透闪石和阳起石为主，有一些是透辉石、绿泥石、蛇纹石、方解石、石墨、磁铁矿等矿物的集合体。世界范围内，软玉的主要产地包括俄罗斯、新西兰、美国、韩国等；在我国，软玉的产地主要有新疆和青海，其中以新疆和田县所产的软玉应用历史最久，质量最佳，故民间也称软玉为和田玉，其莫氏硬度为6~6.5。

软玉颜色有许多种，常见的有白色、青色、糖色、墨绿色、黄色等，其中以羊脂白色为上乘。从产出方式上，软玉可分为籽料、山流水料、山料、戈壁料，其中籽料质地最好也最具收藏价值。目前旅游商品市场上常见的仿软玉的材料有京白玉、大理岩玉、玻璃等。可以从手感、结构、遇酸反应等一些方面来区别这些仿品。另外，可以从颜色、大小、雕工、纯净度等方面来评价软玉的价值。

（三）蛇纹石质玉石

蛇纹石质玉石实质上是由微细纤维状蛇纹石集合体构成的蛇纹岩。目前世界上蛇纹石玉石产地较多，多以产地命名。例如，新西兰产的鲍文玉，美国宾夕法尼亚州产的威廉玉，我国民间所称的岫岩玉、昆仑玉、祁连玉、台湾玉、南方玉、蓝田玉等也属此类。莫氏硬度为2.5～5.5。

蛇纹石质玉石以绿色为主，兼有白色、黄色、墨色等。其产量较大，因此市场价格不高。可根据颜色、外观、结构等方面进行鉴别，其价值可根据颜色、透明度、质地、块度等方面来进行评价。整体而言，辽宁岫岩县所产的岫岩玉质地相对较好。

（四）二氧化硅类宝玉石

此类宝玉石在世界各地均有产出，产量很大。其主要成分为二氧化硅，另外可能含有二氧化锰、铬云母、氧化铁、金红石等一些其他矿物。莫氏硬度为7。人们通常所说的水晶、玛瑙、虎睛石、鹰眼石、芙蓉石、密玉、东陵石、贵翠、京白玉、欧珀石等都属此类。二氧化硅类宝玉石在旅游商品市场上相当常见，颜色丰富，造型精美，但价格相对较低。根据其内部包裹体及排列的不同，又能形成如：猫眼石、水胆玛瑙、苔藓玛瑙、发晶等一些特殊的宝玉石。

（五）其他常见宝玉石

1. 绿松石

绿松石是一种含水的铜铝磷酸盐，早在新石器时期就为人们所知，莫氏硬度为5.3～6，常见颜色多呈天蓝色、淡蓝色、蓝绿色、绿色、带蓝的苍白色。在颜色均一的块体上常有分布不均的白色条纹、斑点或褐黑色铁线。其经济价值取决于颜色、质地、块度、雕工等方面。世界范围内绿松石的产地主要有伊朗、智利和美国；在我国，绿松石主要产自于湖北省西北部。

2. 独山玉

独山玉因产在中国河南省南阳市郊独山而得名。它是一种黝帘石化斜长岩，莫氏硬度为6～6.5。独山玉内部含有的矿物质成分较多，往往颜色较为鲜艳，但同时在同一块玉石上常有白色、绿色、褐色、墨绿色等多种颜色。因此，在雕刻时是否能够利用好俏色是决定其价值高低很重要的方面，其他方面还包括颜色是否均一、质地、块度等。

（六）有机宝石

1. 珍珠

珍珠是产在珍珠蚌类软体动物体内，由内分泌作用而生成的含有机质的矿物（文石）球粒。当外界的细小异物进入珍珠蚌体内，接触到蚌的外套膜时，外套膜受到刺激，便分泌出珍珠质将异物一层一层地包裹起来，这样就形成了珍珠。其主要成分是碳酸钙，另外还含有一些水和有机质，莫氏硬度大约为3。

目前，市场上销售的珍珠品种有海水养珠、淡水养珠和赝品，天然珍珠比较稀少。常见的珍珠赝品有充蜡玻璃、实心玻璃和塑料镀层仿制珠。一般来说充蜡玻璃密度较小，手掂起来感觉较轻，而实心玻璃和塑料镀层仿制珠用针挑拨其表面时会出现成片脱落。还有一类为染色珍珠，其特点是颜色均一，往往呈灰黑色和黑色但光泽较差。珍珠的经济评价依据是：颜色、光泽、质地、形状、大小及加工精细程度。佩戴珍珠时，应避免接触汗、香水、油盐、酒精、醋及其他一些化学物质；不戴时应将其放置于阴凉处，避免阳光及强光暴晒。

世界范围内，优质珍珠的主要产地包括斯里兰卡、日本、波斯湾地区和南洋地区；我国是世界第二大养殖珍珠生产国，主要的珍珠产地为广西、浙江、上海、江西、安徽、湖南、湖北等地，其中以广西合浦所产的南珠最为有名。

相关链接　搜索

中国最名贵的珍珠——合浦珍珠

合浦产的珍珠又名南珠。它凝重结实、珠大而圆、瑰丽多彩、光泽经久不变，素有“东珠不如西珠，西珠不如南珠”之美誉。合浦珠池位于北部湾近陆海域，风浪较小，且两河流相夹，咸、淡水适中，水质肥沃，水温适宜，发展珍珠产品具有得天独厚的自然条件。

合浦珍珠驰名中外，历代皆誉之为“国宝”，曾作为进献皇上的贡品。早在汉代以前，合浦采珠业已相当兴盛，《后汉书·孟尝传》就记载有“合浦珠还”的传说故事。明代，在合浦白龙村建珍珠城，专派太监驻城监守珠池。至清代，珠源已近枯竭。新中国成立前夕，合浦珍珠已名存实亡。20世纪50年代末，合浦珍珠养殖场成立，进行人工殖珠试验并获得成功。

合浦珍珠除了作为装饰品，显得典雅庄重外，还有很高的药用价值。《本草纲目》记载：“珍珠安神定魄、养颜、去腐生肌、催生死胎”，“珍珠粉涂面，令人润泽好色”。相传慈禧太后长期服用合浦珍珠，以保护肤色。

——资料来源：广西壮族自治区地方志编纂委员会办公室网站

2. 琥珀

琥珀是第三纪松柏科的树脂，经地质作用掩埋到地下，树脂经石化而成。常产于煤层中，个别地区含琥珀的煤层被海水冲蚀，琥珀就悬浮在沿岸的海水中。琥珀属碳氢化合物，有时还有少量的硫化氢，颜色多呈黄色、橙黄色、褐黄色或暗红色，莫氏硬度为 2～2.5。

琥珀属有机质，与皮毛摩擦后会产生静电，但易溶于有机溶液。因此，平时应避免让琥珀接触指甲油、酒精、汽油、煤油、重液。琥珀怕热，怕暴晒，过分干燥易产生裂纹。因此，琥珀制品不宜放在阳光直接照射的地方。琥珀价值的评价依据主要是块度、颜色、透明度及所含昆虫四方面。在同等块度条件下，颜色列于首位，最贵重的是含昆虫的琥珀。

琥珀的产地较多，以欧洲波罗的海沿岸最著名，其他如北美、印度、印度支那、新西兰等地均有产出。在中国，琥珀的主要产地包括辽宁抚顺和河南南阳地区。

课堂思考

根据以上商品的评价标准，谈谈如何评价钻石与红蓝宝石。

二、雕塑工艺品

雕塑工艺品是指运用刀、斧等工具在各种硬质材料上创造出具有一定空间的可视、可触的艺术品，并借以反映社会生活、表达艺术家的审美感受、审美情感、审美理想的艺术。常见的雕刻技法有圆雕、浮雕、沉雕、透雕、镂雕、影雕等。在我国，这类旅游商品种类繁多，历史久远，主要包括：石雕、牙雕、木雕、骨雕、贝雕、雕漆、竹雕、核雕、葫芦雕、椰雕以及面塑、泥彩塑、石膏像等。

（一）石雕

石雕是利用各种石料，采用一定的雕刻技法生产出的各种形象的工艺品。中国石雕艺术起源于新石器时代，商周时期的石雕艺术日趋成熟，历史上出现过许多杰出的石雕艺术品，例如商朝的虎纹石磬、昭陵六骏、赵州桥浮雕双龙献珠等。历经上千年随着工艺技法的提高和文化的积淀，形成了以浙江温岭、河北曲阳、福建惠安为代表的一些现代石雕之乡。

根据原材料的不同，可以将石雕分为寿山石雕、青田石雕、昌化石雕、菊花石雕、大理石石雕、花岗岩石雕等。

1. 寿山石雕

寿山石主要分布在福州市北郊晋安区与连江县、罗源县交界处的“金三角”地带。

它的种属、石名都很复杂，约有100多个品种。按传统习惯，寿山石的总目一般可主要分为“田坑”、“水坑”和“山坑”三大类。2002年10月，它被中国宝玉石协会命名为“中国国石”。寿山石以其色彩艳丽、材质温润而闻名于世。从用途上来讲，寿山石除了大量用来生产千姿百态的印章外，还广泛用以雕刻人物、动物、花鸟、山水风光、文具、器皿及其他多种艺术品。

评价寿山石雕工艺品的方法主要有：第一，看“因材施艺”是否恰当。寿山石雕艺术最大的特点就是利用石料的天然色泽，在鉴赏和选购寿山石雕作品时，要看雕刻艺人在“因材施艺”方面的独到功力。看看是否充分利用石质、石形、石色、石纹来确定相应的题材与造型，而不是牵强附会。第二，看技法是否合理。寿山石雕常用的技法有圆雕、钮雕、镂雕、链雕、浮雕、薄意等。一件寿山石雕精品往往综合应用各种传统技法。第三，看刀法是否充分。寿山石雕的技法，是通过运刀的刀法来体现的，不同的刀法对作品的风格起着很重要作用。

2. 青田石雕

青田石产于浙江省的青田县，是一种彩色叶蜡石，其中青色为基色主调。青田石色彩丰富，光泽秀润，质地细腻，软硬适中，可雕性极强。用青田石雕制的作品五彩缤纷、玲珑剔透、晶莹如玉，别具艺术效果。青田石的名品有灯光冻、鱼脑冻、酱油冻、风门青、不景冻、薄荷冻、田墨、田白等。青田石雕自成流派，奔放大气，细腻精巧，形神兼备，基调为写实而尚意；采用的手法有圆雕、镂雕、浮雕及线刻；工序分相石、开坯、粗雕、细雕、封蜡、润色等。一般来说青田石雕可从材质、颜色、雕工和造型等方面来鉴赏。

3. 鸡血石雕

鸡血石是辰砂条带的地开石，因其颜色像鸡血一样鲜红，因此得名。我国最早发现的鸡血石是浙江昌化玉岩山鸡血石。后来又发现了内蒙古赤峰市巴林右旗的巴林鸡血石。20世纪90年代又在陕西、甘肃、四川、湖南、云南等地发现了鸡血石。鸡血石质地细腻、温润、通灵，尤其是根据“血”和“地”的特点雕刻造型意象，更是变化万千。2008年，鸡血石雕列入国家级非物质文化遗产名录。评价鸡血石雕工艺品，一要看“鸡血”，二要看质地，以血色的多少、鲜艳与否、质地是否透明且温润、软硬程度为评价其优劣的主要依据。其中，红色集中、面积大、鲜艳纯净、硬度较低的为上品。

4. 菊花石雕

菊花石是浅海沉积而成，是一种燧石结核为核心的碳酸钙集合体。广泛分布于我国南方的湖南、广西、江苏、贵州等地的二叠系栖霞期地层，其中以湖南浏阳菊花石最为有名。菊花石因其由天青石或方解石矿物组成花瓣，花瓣中心由近似圆形的燧石构成花蕊，活似怒放盛开的菊花，故而得名。菊花石品类繁多、造型题材丰富，从首先的砚池制作，到笔筒、水池，逐步向雕刻花、鸟、虫、鱼、山、水景物全方位发展，几乎涉及自然和意识形态各领域。评价菊花石雕工艺品，以基质墨黑、无裂纹，“花朵”完整饱满、朵径较大、“花”多而不乱，疏密有致者为上品。

5. 大理石雕

大理石是地壳中原有的岩石经过地壳内高温高压作用形成的变质岩，其主要成分以碳酸钙为主，另外含有方解石、石灰石、蛇纹石、白云石等矿物。因早期发现于云南省大理市而得名，后来在我国广泛发现。大理石硬度较低、颜色丰富，大致可分为白、黄、绿、灰、红、咖啡、黑色 7 个系列。其中白色大理石亦称“汉白玉”，色洁白，质地精密细致，易于精雕细刻，代表产地有河北曲阳和北京房山。

评价大理石石雕工艺品的优劣时，需要考虑以下方面：第一，外观质量。板体丰满无翘曲或凹陷，没有裂纹、砂眼、色斑，板体完整的为好。第二，花纹色调。色调基本一致、色差较小、花纹美观者属上品。第三，表面光泽度。一般来说，优质大理石板材的抛光面应具有镜面一样的光泽，能清晰地映出景物。第四，大理石板材的强度、吸水率也是评价大理石质量的重要指标。

（二）牙雕

牙雕是以动物的牙主要是象牙为材料的雕刻工艺品，在我国有 5000 年以上的历史。象牙质地细腻，硬度适中，光泽柔和，牙纹细洁，是制作高档工艺品的天然好材料。一般而言，象牙雕刻艺术分为人物、动物、花卉及风景四大种类。中国象牙雕刻经过数几千年的发展，陆续形成了若干个相对集中的中心生产地，主要以广州、苏州、北京为代表。其他还有天津、福州、乐清等地。

因为象牙极其稀少，所以市面上出现了不少的“山寨版”牙雕。牙雕工艺品的鉴别方法比较简单，因为象牙的仿制材料只有一种，即人造牙。它采用化学工艺合成，比较容易辨认。人造牙的质量轻、光泽差、无牙纹。即使有的人造牙故意出现牙纹，但死板呆滞，呈规则的平行线条，和象牙的自然人文纹、网状纹差别很大。除此之外，人造牙容易老化、发黄、变脆。有的用树脂等材料冒充象牙，但只要用火一烧，便会冒烟，而真正的象牙雕不会冒烟。

（三）木雕

木雕是以各种木材及树根为材料进行雕琢加工的一种工艺形式。中国的木雕源远流长，其产生发展与东方民族生活的地理环境、文化传统、民俗观念、生活习惯等都有着密切的联系。木雕选用的材料比较多，常见的高档材料主要有：乌木、红木、花梨木、柚木、楠木、黄杨木等，中低档的材料主要有：椴木、桦木、色木、楸木、黄檗、山白杨、水曲柳、松木、银杏木等。

从造型上来说，木雕可分为立体圆雕、根雕、浮雕三大类。立体圆雕是指艺术在雕件上的整体表现，观赏者可以从不同角度看到物体的各个侧面，它要求雕刻者从前、后、左、右、上、中、下全方位进行雕刻。根雕，是以树根（包括树身、树瘤、竹根等）的自生形态及畸变形态为艺术创作对象，通过构思立意、艺术加工及工艺处理，创作出人物、动物、器物等艺术形象作品。浮雕是雕塑与绘画结合的产物，用压缩的办法来处理对象，靠透视等因素来表现三维空间，并只供一面或两面观看。在制作时，一件木雕作品往往需要经过凿粗坯、掘细坯、修光、打磨、细刻、上光等工艺来完成。

在我国由于各地的民俗、文化和资源条件，取材不一，工艺不同，形成了诸多具有浓郁地方特色、各有千秋的木雕流派。在我国，目前的木雕流派大多是以地域来区分的。例如：浙江东阳木雕、浙江乐清黄杨木雕、广东潮州金漆木雕、福建龙眼木雕、台湾木雕、浙江宁波朱金木雕、云南剑川木雕、山东曲阜楷木雕刻、江苏苏州红木雕刻、上海红木雕、江苏南京仿古木雕、江苏泰州彩绘木雕、山西木雕、山东潍坊红木嵌根雕、辽宁永陵桦木雕、湖北通山木雕、天津木雕等。浙江东阳、福建福州、广东潮州又被称为我国木雕三大产地。一件木雕工艺品价值的高低除了要看其工艺外还应从木材的色泽、重量、木纹、气味、光泽、质地的坚硬程度等来评价。

（四）雕漆

雕漆工艺，是中国漆工艺的一个重要门类，它是把天然漆料在胎上涂抹出一定厚度，再用刀在堆起的平面漆胎上雕刻花纹的一种技法，由于色彩的不同，亦有“剔红”、“剔黑”、“剔彩”及“剔犀”等不同的名目。

雕漆工艺品多为朱红色，也有红底黑色、黑底红花、黄底红花、绿底红花以及黄、绿、红三色的镂雕制品。其特点为：擅长浮雕、镂雕等技法，作品层次分明，表面色泽光润，极富立体感，给人以美的享受。常见作品有瓶、盘、盒、大象、围屏、山水风景等。

雕漆以北京为代表产地。北京的雕漆造型古朴庄重，纹饰精美考究，色泽光润，形态典雅，并且防潮、抗热、耐酸碱、不变形、不变质，是传统工艺美术的精华之一，它体现了我国工艺美术家的高超技艺和聪明才智，是中华民族传统工艺的瑰宝。

（五）泥塑

泥塑艺术是我国一种古老常见的民间艺术，颜色或素或彩，造型以人物、动物为主。一般选用带些黏性又细腻的土，经过捶打、摔、揉，有时还要在泥土里加些棉絮、纸或蜂蜜。其模制工序一般分为四步：制子儿、翻模、脱胎、着色。

我国泥塑的主要产地有江苏无锡惠山、天津、浙江嵊县、北京、山西河津、福建厦门、山东潍坊、湖北黄陂、云南昆明、陕西凤翔、河北白河沟、安徽阜阳、广东浮洋、江苏南京、江苏苏州等。其中，以惠山的大阿福、天津的泥人张和嵊县微型泥塑最为有名。

相关链接 搜索

江苏无锡惠山泥人

惠山泥人系用惠山地区一米以下的土为材料，经多道工序制作而成。大阿福系列泥人是惠山泥人的代表作，是根据民间传说创作的。很早以前，惠山一带常有野兽出没，其专爱吞食小孩。有个一个叫“沙孩儿”的小孩，勇斗猛兽，为民除害。从此，山上山下都可安居乐业。大阿福就是为了怀念沙孩儿的功绩而创作的。惠山大阿福已有400余年的历史，一代又一代的名师创作了品种繁多的大阿福形象。他们的造型简练稳重，笑盈盈，胖墩墩，有的手捧寿桃、元宝，有的身挂金锁片等。这些都表现了老百姓对美好生活的向往。大阿福系列产品，多次获得民间艺术博览奖，被誉为最富有东方色彩的民间工艺美术品，深受国内外人民的喜爱。

蜚声中外的惠山泥人，始于南朝，盛于明代，距今已有千余年历史。惠山泥人题材丰富，技艺精湛，惟妙惟肖，雅俗共赏。产品分为两大类：一类为手捏泥人，构思隽妙，做工精细，郭沫若先生赞其“人物无古今，须臾出手中”，属泥人精品，具有较高的艺术欣赏和收藏价值；另一类为泥人、石膏工艺品，用模具成批生产，量大、价廉。惠山泥人既可作为案头摆设，点缀环境，又可作为馈赠亲友之礼品。无锡惠山生产的泥人，涉及民间传说、神话故事、戏文、历史人物、现代人像乃至动物，达数千个品种，远销五大洲。

——资料来源：漾文澜，贵图子．手绘旅行系列之手绘无锡［M］．北京：中国铁道出版社，2013.

三、陶瓷艺术品

陶瓷艺术品，又称陶瓷工艺品，有别于一般日用品和建筑陶瓷，属于陈设陶瓷，是供陈列欣赏的艺术品，例如薄胎瓷、瓶、樽、屏、瓷板画、雕塑制品以及日用陶瓷中的某些高级精细品种。陶瓷工艺品讲究造型艺术和装饰艺术。

陶器是用黏土为原料，经过800℃左右的炉温焙烧，无釉或简单施釉，用作摆设或生活之用的器皿；瓷器是以高岭土为胎料，经过1200℃以上的炉温焙烧而成，质地细腻、色泽洁白的器皿。陶瓷具有良好的化学稳定性、热稳定性和机械性能，有较高的绝热性和很强的装饰功能。

中国的陶瓷工艺品生产和使用的历史源远流长，早在距今5000～7000年前的仰韶文化，就因在一系列遗存中都含有一定数量的彩陶，著名的有人面鱼纹彩陶盆，所以也被称为“彩陶文化”。商朝出现了原始瓷器，到了东汉产生了青瓷，唐朝的北方出现白瓷，又产生了三彩釉陶，同时各地出现许多名窑，如越窑、邢窑和长沙窑。宋代以官窑、哥窑、汝窑、钧窑、定窑为代表的五大名窑的出现标志着陶瓷进入了新的发展历程，同时景德镇瓷器作为御瓷开始登上历史舞台。明朝陶瓷向青花瓷和五彩瓷发展，并兴起了紫砂陶器，从清代以后，陶瓷在技法、工艺、花色和品种上都有不同程度的跃进。

陶瓷艺术品产地遍布中国各地，其中著名的有江苏宜兴紫砂陶器、广东佛山石湾陶器、广西钦州坭兴陶器、辽宁喀左紫砂陶、云南建水陶器、山东东营黑陶、河南洛阳和西安的唐三彩等。这些陶器远销海内外，声名远播。中国的瓷器现有几千个品种，出口100多个国家和地区。中国具有代表性的瓷器产地有江西景德镇、湖南醴陵、福建德化、广东石湾和枫溪、河北唐山和邯郸、山东淄博、浙江龙泉和绍兴、河南禹州和汝州、陕西耀州等。品种主要有江西景德镇的青花瓷、粉彩瓷、薄胎瓷、青花玲珑瓷等，湖南醴陵的釉下彩瓷，河北唐山的新彩瓷，浙江绍兴的越瓷，福建德化的白瓷，浙江龙泉和陕西耀州的青瓷等。产品有花瓶、三彩马等陈设瓷和礼品瓷，还有中西餐具、茶具、酒具等。

四、玻璃艺术品

玻璃艺术品主要指陈设用和装饰用的玻璃制品，以玻璃原或玻璃半成品为原料通过成形中进行美术加工或成形后进行艺术装饰，形成如：玻璃摆挂件、玻璃圣诞礼品、玻璃水果系列、玻璃花枝系列、玻璃动物系列、玻璃糖果系列、玻璃调酒棒系列、玻璃花瓶、玻璃珠、玻璃烛台、玻璃拉丝件等玻璃制品。

我国玻璃艺术品的主要产地有辽宁的大连和丹东、重庆北碚等。其中，大连以刻花晶质玻璃器皿和窑玻璃工艺品为代表；重庆北碚以刻画玻璃制品为代表；天津的玻璃喷金水具、湖南衡阳的玻璃拉丝水具、河南新乡的磨花镜也是具有地方特色的玻璃艺术品。另外，还有在玻璃上绘画，即以胶水或油调和颜料然后画于透明玻璃内表面，从外表来观看的绘画，称为玻璃画，产地以黑龙江肇源为代表。对玻璃艺术品进行艺术装饰的方法主要有彩饰、喷砂、磨刻等，成形过程中的美术加工方法有吹制法、压制法、压吹法、离心法、套色玻璃和窑玻璃法等。

五、编织工艺品

编织工艺品是指利用当地特色的各种天然植物作为原材料，通过手工编织而成的工艺品。其原材料多采用植物的茎、叶、皮或竹、藤、草编制成造型优美、风格各异的篮、盘、帽、席、鞋、包、玩具、动物等手工艺品，既实用又美观。主要产品有草编、竹编、藤编、柳编、棕编、麻编和葵编等。

（一）草编

草编是一门古老的手工技艺，在中国民间广泛流行，早在6000多年前就已经出现了民间草编。草编是用各地所产的草、玉米皮、麦秸秆为原料，经手工拧、缠、钩、编、钉、缝等几十道工序制作成各种生活用品。因原料、品种和设计要求不同，草编制品种类繁多、造型各异，形成了各地区不同的特点。主要品种有河北、河南、山东的麦草编，上海嘉定、广东、高要和东莞的黄草编，浙江的金丝草编，湖南的龙须草编及台湾省的草席等。代表产地有山东、上海、江苏吴县、湖南祁阳、贵州荔波、浙江宁波、山西潞城、甘肃陇上等。主要产品有凉席、草帽、提袋、地毯、门帘、果盒、纸篓等。

（二）竹编

竹编的生产过程比较复杂，先将竹子剖成篾，再切丝、挂纹、打光、磨细，然后编结成各种工艺品。过去只能用本色，如今可以用五彩的竹丝编织成精美的花纹图案。另外，通过包裹银胎、锡胎、瓷胎、陶胎、玻璃胎等，制作成的各种杯、盘、碗、碟等，深受国内外旅游者的喜爱。主要产地有浙江、福建、安徽、湖北、四川、云南、广东等。

景德镇的瓷胎竹编是竹编中的精品。它是用千百根细如发、软如绵的竹丝，染上美丽的颜色，均匀地编织于洁白如玉的瓷器上的一种竹编制品。因为竹丝依胎成形，随胎编织，紧扣瓷胎，形曲篾曲，编织成功后，竹丝和瓷胎浑然一体，天衣无缝，所以又称“竹丝扣瓷”。清雅莹润的竹丝和洁白如雪的名瓷相映成趣，使它在我国众多的竹编工艺品中卓然独立，别具一格。

在其他类编织工艺品中，藤编是利用表皮光滑质地坚韧的藤条编制的工艺品，以广东为代表；柳编是利用杞柳、沙柳和紫柳的枝条编制而成，以河北固安最出名；葵编是采用葵树的叶和茎加工而成，以广东新会为代表，产品有篮、椅垫、席、枕套、扇子等。

六、金属工艺品

金属工艺品是指利用金属的特性，经过精巧技术加工而制作出的各种金属装饰工艺品。按照原材料的不同，一般可分为铜器、铁器、锡器、珐琅器、金银器等。

（一）铁器工艺品

铁画是常见的铁器工艺品，又称铁花。它依据画稿，以低碳钢为原料，经过加热锻打、焊接、整形、退火、烘漆等工序，装框成画。它最初产于芜湖，是以铁为墨、以砧为砚，以锤代笔锻制而成。它将民间剪纸、雕刻、镶嵌等各种艺术的技法融为一体，采用中国画章法，黑白对比，虚实结合，别有一番情趣。铁画可以分为三类：第一类为尺幅小景，第二类为灯彩，第三类为屏风。铁画黑白分明，苍劲古朴，酷似水墨画且更具立体感。另外，还有铁字工艺品，其代表产地有安徽芜湖、北京、河北遵化等。

（二）珐琅工艺品

珐琅工艺品是以珐琅釉料为主料，经手工技艺加工而成的工艺品。可以分为景泰蓝、画珐琅等品种。景泰蓝是以蓝色为主的铜胎掐丝珐琅工艺品，多用宝石蓝和孔雀蓝等蓝色珐琅釉料，兴盛于明朝景泰年间。它具有中国传统工艺中的造型、色彩、装饰等特征，是富有中国民族传统特色的珍贵艺术品，主产地为北京。制作工艺包括制胎、掐丝、点蓝、烧蓝、打磨、镀金等37道工序。传统产品有鼎、炉、兽、烛台、各类植物造型的瓶子等，新产品有瓶、罐、碗、盘、烟缸、茶具、文具、桌、椅、壁挂、屏风、奖杯、健身球、各种动物等。珐琅器的价值评价，可以通过时代风格来比较，一般着重考查款识、胎骨、形制、纹饰图案和珐琅釉料等方面。

（三）金银器

金银器，又称花丝工艺品，是以金、银为原材料，经过复杂的花丝工艺制成的金银器。主要用于陈设，又名花丝摆件。主要分为花丝和镶嵌两大类。花丝是使用不同的金银丝，采用掐、填、攒、焊、堆、垒、编、织等技法制成的工艺品；镶嵌是把金银料轧成薄片，捶打成形，锉削雕刻出所需的花纹形状，或用锼弓锼出不同的花纹，镶嵌珠宝而成。代表产地和作品为北京的花丝镶嵌熏炉和成都的银丝制品。

花丝镶嵌为我国特种工艺之一，又被称为细金工艺，实为“花丝”和“镶嵌”两种制作技艺的结合。将黄金或纯银等贵重金属加工成丝，再经过盘曲、掐花、填丝、堆垒等手段加工成金银首饰，然后再以挫、锼、捶、闷、打、崩、挤、镶等技法，将金属片做成托和爪子形凹槽，并在金银丝上錾出花纹，再镶以珍珠、宝石。

花丝镶嵌拥有2000多年的历史，它兴起于汉代，明清时期发展至成熟巅峰。由于用料珍奇，工艺繁复，历史上花丝镶嵌一直只是皇家御用技艺，以北京为代表，集中了中国花丝镶嵌工艺最典范的宫廷特色。花丝工艺的艺术价值在于，它完好地保留了传统手工艺的用料特征、制作方法、工艺过程和特殊的审美趋向。

七、印染织绣工艺品

中国印染织绣工艺品历史悠久，种类繁多。主要有印染工艺品、刺绣工艺品、织锦和缂丝等。

（一）印染工艺品

印染工艺品是指在纺织品上用手工印花和染色而获得的艺术装饰品。按原材料的质地和工艺可以分为蓝印花布、蜡染、扎染等。

（1）蓝印花布。蓝印花布的染料以蓝草为主要原料，是传统的镂空版白浆防染印花，俗称“药斑布”。其制作方法是：把镂空花版铺在白布上，用刮浆板把防染浆剂刮入花纹空隙漏印在布面上，干后浸染靛蓝数遍，晾干后刮去防染浆粉，即显现出蓝白花纹。在东北地区，蓝印花布被称为“麻花布”。由于原料中用了黄豆，在湖北称其为“豆染布”。蓝印花布工艺上需要刻制花版，福建又称其为“型染”。因江苏是蓝印花布的发源地，故而在山东等地区至今仍称蓝印花布为“苏印”。蓝印花布有蓝底白花和白底蓝花两种，产地众多，主要有江苏、浙江桐乡、湖南邵阳等。

（2）蜡染。蜡染，又称“蜡防染”，是用蜡把花纹点绘在麻、丝、棉、毛等天然纤维织物上，然后放入适宜在低温条件下的靛蓝染料缸中浸染，有蜡的地方染不上颜色，除去蜡即现出因蜡保护而产生的美丽的白花。蜡染是流行于布依、苗、瑶、仡佬等少数民族地区的民间传统印染工艺之一，其中以贵州蜡染最具代表性。其工序有熔蜡，作画，浸染，晾干，再浸染数次、煮去蜡质，最后得到成品。贵州可以称得上“蜡染之乡”。其蜡染色彩丰富，色调以蓝白为主，简洁朴实，具有浓郁的民族风格和乡土气息。各地蜡染的代表图案有所差别，但共同点是成品上常出现蛛丝一样的晕线，俗称“冰纹”，是由蜡干裂的纹路所造成。

（3）扎染。扎染是中国一种古老的纺织品染色工艺，又称疙瘩花布、疙瘩花。始于秦汉时期，南北朝时被广泛用于妇女的衣着，北宋时在中原和北方地区流行甚广。扎染工艺分为扎结和染色两部分。它是通过纱、线、绳等工具，对织物进行扎、缝、缚、缀、夹等多种形式组合后进行染色。其目的是对织物扎结部分起到防染作用，使被扎结部分保持原色，而未被扎结部分受染，从而形成深浅不均、层次丰富的色晕和皱印。扎染工艺品在西南少数民族中甚为流行，以白族扎染为代表。它取材广泛，常以大理的山川风物作为创作素材，其图案多为山彩云、洱海浪花、塔荫蝶影、神话传说、民族风情、花鸟鱼虫等，妙趣天成，千姿百态。可根据各种图案的扎染布制作衣裙、围腰、床单、窗帘、桌椅罩等生活用品。

（二）刺绣工艺品

在棉、麻、丝纺织品上，以各色绣线借用绣针而制作的陈设性或实用性工艺品。主要品种有室内陈设装饰品、服装、手帕、围巾、床上用品、台布、沙发靠垫、窗帘、帽子、袜子、鞋等。主要产地有四大名绣：苏绣、粤绣、蜀绣、湘绣，另外还有温州瓯绣和十字绣、开封汴绣、武汉汉绣、北京京绣、烟台绒绣、上海顾绣、厦门珠绣、苗族的苗绣等。

（1）苏绣。苏绣是一种精致而高雅的民间艺术品，距今已有 2000 多年的历史了，主要产地是江苏苏州、南通。苏绣工艺是以绣针引彩线，按事先设计的花纹和色彩，由刺绣工艺师在丝绸等面料上刺缀运针，通过绣迹构成花样、图案、文字以取得艺术效果。苏绣具有图案秀丽、构思巧妙、绣工细致、针法活泼、色彩清雅的独特风格，地方特色浓郁。绣技具有“平、齐、和、光、顺、匀”的特点。苏绣有金秀和线绣之分，最具代表性的技法有双面绣、双面异色绣、双面三异绣，代表性的素材有猫、金鱼等。一件苏绣制品主要通过图案的整体构思，做工的精细程度，作品色彩的处理和艺术效果三方面来进行评价。

（2）粤绣。粤绣，又称广绣，是产于广州一带刺绣产品的总称，始于唐朝，历史悠久，多用白色绸缎为底料，也使用青底或蓝底衬托绣花。粤绣在用色以及构图上最为大胆，画面大红大绿、对比强烈，常采用金银线刺绣，绣面富丽堂皇。题材主要有百鸟朝凤、龙飞凤舞等具有地方特色的事物，具有较强的立体感，品种多为屏类以及绣衣、舞台装饰等。粤绣的绣工，过去多为男性，这是其他三大刺绣所没有的特点。

（3）蜀绣。蜀绣又称川绣，其产地主要集中于成都、重庆、温江、郫县等地。汉末三国时期蜀绣已经驰名天下，在晋代被称为蜀中之宝，清代时蜀绣已形成专业生产。蜀绣的针法和技巧独特而复杂，仅针法就有 12 大类、132 种，是四大名绣中最为丰富的。蜀绣的题材丰富品种繁多，有被面、枕套、靠垫、绣画等，其中以龙凤软缎被面最为出名。

（4）湘绣。湘绣是以湖南长沙为中心的带有鲜明湘楚文化特色的湖南刺绣产品的总称，其历史源远流长，可追溯到 2000 多年前的春秋战国时期。湘绣主要以纯丝、硬缎、软缎、透明纱和各种颜色的丝线、绒线绣制而成。其特点是：构图严谨，色彩鲜明，各种针法富于表现力，通过丰富的色线和千变万化的针法，使绣出的人物、动物、山水、花鸟等具有特殊的艺术效果。品种以各种屏类为主，其中的花鸟和山水条屏为传统产品。

（三）织锦

织锦是中国传统的用彩色经纬提花织成各种图案花纹的熟丝织品。以南京云锦、成都蜀锦、苏州宋锦以及少数民族地区的壮锦和土锦为代表。

（1）云锦。南京云锦因其灿若云霞、美若绮云而得名。它产生于六朝时期，发展于清朝，具有整体艺术造型华美、彰显晕色和谐艳美、织造技艺创新后的精美、吉祥如意纹样奇美的特点。云锦可分为库缎、织金、织锦、妆花四个种类，尤以织金与妆花两种工艺成就最高。从素材上看，南京云锦图案囊括了动物、植物、人物、乐器以及传统吉祥内容等写实的或几何形式的纹样。产品主要有台毯、靠垫、家具装饰锦以及艺术挂屏等。

（2）宋锦。宋锦始于北宋，主要可分为大锦、合锦、小锦。大锦包括全真丝宋锦、交织宋锦、真丝古锦、仿古宋锦等品种。常用于装裱名贵书画和装潢高级礼品盒。合锦，常用于装裱一般书画的立轴、屏条等。小锦，包括月华锦、万字锦和水浪锦三种，多用于装饰小件工艺品的包装盒。宋锦风格独特，纹样上，精密细致，质地坚柔，平伏挺括；在图案花纹上，对称严谨而有变化，丰富而又流畅生动；在色彩运用上，艳而不火，繁而不乱，富有明丽古雅的韵味。宋锦产品多样，包括商务礼品、家庭装饰、工程装饰、家纺系列、男女服饰及仿古艺术品等。

（3）蜀锦。蜀锦是指中国四川省成都市所出产的锦类丝织品，其历史悠久，起源于春秋战国时期，汉朝就很发达，宋元时期已闻名全国。其特点是质地紧密坚韧，色调艳丽，图案古朴。蜀锦图案的取材十分广泛、丰富，诸如神话传说、历史故事、吉祥铭文、山水人物、花鸟禽兽等。

（四）缂丝

缂丝产于苏州，是最高级的工艺丝织品。缂丝的织法繁复，有调经、牵经、接经、嵌经、画样、织纬、整理等十多道工序。它以生丝作为经线，熟丝作为纬线，通经断纬，即纬线的各色线沿图案花纹需要的地方与经线交织，纬线不贯穿全幅。织纬时的配色复杂精细，富有装饰性，达到双面绣的效果。缂丝织品有色彩和谐、浑朴高雅、优美耐看等特点，已经成为艺术精品。

八、工艺画

工艺画是指在不同质地的原料上作画、刻画，或者用其他材料拼画、织画，嵌画等。主要品种有羽毛画、麦秆画、年画、剪纸、纸织画、内画、烙画、软木画、棉花画、水印画、树皮贴画、牛角画、骨角画、丝绢贴画、竹帘画、彩蛋画等。

（一）羽毛画

羽毛画是用质感柔顺、色彩鲜艳的羽毛作为材料制成的工艺画，具有柔、丽、俏、巧等特点。早在春秋战国时期，中国就有平贴羽毛装饰画，目前主要产地有沈阳和济南。沈阳羽毛画擅长人物、花鸟，它吸取国画、雕塑和装饰艺术之长，创作出既有水墨情趣，又有双面绣和壁毯等装饰效果的各式作品。济南羽毛画以山水、动物画闻名于世，也有各种工艺小挂件。制作方式有平贴、半立体浮雕和立体三大类，具有中国画和水彩画的特点。

（二）麦秆画

麦秆画是将麦秆染色，剪裁成各种图案，再粘贴上屏风、挂件、画片等物品，制作而成的工艺品。它以麦秆为原材料，经过熏、蒸、漂、烫等十几道工序过程，然后经过绘画构图、手工制作，吸收了国画、版画、剪纸、浮雕等诸多艺术的表现手法。由于取材独特，工艺别致，画面立体感强，且保持了麦秆的光泽和烘烤烫熨出的本色不退，古朴典雅，富丽堂皇，表现出艺术品的高雅品质以及东方文明古国的独特艺术魅力，产地主要有广东潮州以及河南、浙江、陕西等地。

（三）年画

年画是中国民间为庆贺新年而制作的传统画，具有淳朴、健康的民间特色，表现了娱乐性、寓意性、时代性和教育性等特点。其制作程序有创稿、分版、刻版、套印、彩绘和装裱等。天津杨柳青、苏州桃花坞、潍坊杨家埠为中国的三大木版年画产地。其他年画产地还有河南朱仙镇、山西太原、陕西凤翔、广东佛山、四川夹江和绵竹、河北武强、安徽阜阳、福建漳州等。年画题材多反映农民对美好生活的愿望。常张贴于大门、居室、影壁、粮囤、面缸、灶厨、井台等处。

（四）剪纸

剪纸是用剪刀或刻刀在纸上剪刻各种图案造型的手工艺品，具有很强的装饰性、趣味性和民间文化性。民间剪纸的题材有幸福安乐和喜庆吉祥、民间传说和历史故事、民俗风情和传统习惯等。按风格分为北方剪纸和南方剪纸，前者淳朴浑厚、豪放粗犷、线条简练、富于夸张，主要以生产劳动以及瓜果、蔬菜等为题材，产地以山东青岛、陕西延安、山西浮山、河北蔚县、甘肃庆阳等为代表；后者又分成中部地区剪纸和南部地区剪纸。中部地区剪纸秀丽纤巧，典雅清新，多以细腻线条进行合理穿插，具有很强的装饰性和工艺性，代表产地有扬州、武汉、豫西等；南部地区剪纸加工复杂，注重写实，代表产地为广东、福建、广西、云南等。产品有窗户、墙花、门楣花、顶棚花等各种花饰，枕套、鞋样、门帘、桌布的绣样。

（五）其他

（1）纸织画。纸织画是用宣纸经过绘画、裁剪和经纬编织而成的工艺品，以福建永春为代表。

（2）内画。内画是在透明的玻璃瓶内壁，用特制的竹笔或毛笔作画而形成的袖珍艺术品，主要产地有北京、河北衡水和山东淄博。

（3）烙画。烙画是用不同形式的铁笔，在冬青木上烧烙各种图案的艺术，产地以河南南阳为代笔。

（4）软木画。软木画是利用栓栎树树皮为主要原理加工雕刻而成，产地以福州为代表。它将传统建筑物和自然景观雕刻成纤巧的薄雕或半立体景物，组成富有情趣的园林景致。

（5）棉花画。棉花画是用脱脂棉、树胶、金丝绒等材料，配以丝绸山水景色为背景，堆塑成各种图案和造型，再镶于镜框中的艺术品，产地有福建漳州等。

（6）木版水印画。木版水印画是依据活版印刷的原理，将绘画、木刻和印刷艺术三者相结合的艺术品。通过将绘画原作勾描成底稿，分成若干块刻版，以水调色印制而成。代表产家有北京荣宝斋和上海朵云轩。

九、地毯和壁毯

毯是以优质羊毛、蚕丝、丙纶、锦纶等为主要原料编织而成的精美工艺品。依用途分为地毯和壁毯两种，地毯重实用，壁毯重欣赏，其审美价值主要通过工艺和图案来实现。

（一）地毯

地毯在我国有3000多年的历史，最初在我国西北地区发展起来，汉唐时期，在上层社会，毯、毡等被广泛用作铺地、壁挂、坐具、舟马车饰等。目前主要产地在我国西北（以新疆、宁夏为代表）、北京、天津等。一般来说，地毯分为手工编织地毯、机器编织地毯、羊毛地毯、丝织地毯、化纤地毯等。手工地毯质地挺实、厚密、平整、耐用，通过对图案的剪片处理，采用润色工艺，给人一种浮雕的美感，是一种高档工艺品。羊毛地毯是以羊毛为主要原料所织，具有耐气候性好、弹性好、经久耐用等特点。主要产自京津地区和西北、西南地区，各地的风格差异明显。丝织地毯，又称丝毯，以桑蚕丝或柞蚕丝为原料，手工精制而成，质地薄细紧密、图案丰满、色调高雅，是地毯中的极品。按原料科分为绢丝毯和高档丝毯，主要产地为河南、四川、河北、上海等。化纤地毯用合成纤维织造而成，分丙纶地毯和尼龙地毯等，是中低档地毯品种。

（二）壁毯

壁毯是挂在墙壁、廊柱上作装饰用的毯类工艺品。原料和编织方法与地毯相同，作室内壁面装饰用。我国壁毯历史悠久，自古以来，新疆、西藏和内蒙古等地就善于用羊毛编织壁毯。壁毯装饰以山水、花卉、鸟兽、人物、建筑风光等为题材，国画、油画、装饰画、摄影等艺术形式均可表现。大型壁毯多用于礼堂、俱乐部等公共场所，小型壁毯多用于住宅、卧室等。天津、北京、内蒙古、上海、河北、江苏等地生产的壁毯均很著名。

十、漆器

漆器是以木或其他材料造型，经髹漆而成的器物。生漆是从漆树割取的天然液汁，主要由漆酚、漆酶、树胶质及水分构成。用它做涂料，有耐潮、耐高温、耐腐蚀等特殊功能，又可以配制出不同颜色，光彩照人，具有实用功能和欣赏价值。中国漆器在国际上一向享受盛誉，按产地和特色来分类，著名的有福州脱胎漆器、成都雕花填彩、北京雕漆和金漆镶嵌漆器、扬州螺钿漆器和多宝嵌漆器、贵州大方马皮胎漆器等。出名的漆器工艺品有屏风、台屏、磨漆画、瓶、盒等陈设品，还有各式漆器家具、文化用品、烟酒具、馈赠礼品等。

十一、玩具

我国的玩具生产历史悠久，春秋时期出现了风筝，汉朝出现竹马，唐朝出现三彩玩具虎，另有许多动物造型的瓷玩具，宋朝的玩具增多，有毽子、陀螺、不倒翁、泥模等，特色玩具是泥孩儿，明清时期的泥质玩具增多，如惠山的大阿福和大花猫，虎丘泥婴孩、泥美人，凤翔泥挂虎、泥狮子，河南浚县的泥战马，潍坊的泥娃娃等；而南方各地盛行竹木玩具，如浙江的白木雕刻和竹编玩具等。

以前的玩具主要有风筝、空竹、风车、积木、小铜鼓、升降猴等。如今的玩具种类繁多，依原料可分为竹木、泥塑、金属、布绒、塑料等玩具，按动力可分为惯性、发条、电动、声控、遥控等玩具。在当代社会里，成人玩具特别是银发玩具是一个非常具有开发潜力的领域。

除了上列的旅游工艺品种类之外，在旅游市场上还有一些工艺品深受旅游者喜爱，如扇子、梳篦、箫笛、宫灯、绸伞、手杖等。其中，梳篦以常州梳篦最负盛名，曾享有“宫廷名篦”的美称。它选材严格，工艺独特，制作精良，齿尖润滑，下水不脱，既是日用品，又是工艺品。其中有融艺术欣赏与保健功能于一体的“长寿梳”，有“四大美女”、“红楼十二钗”等造型的欣赏梳，有蝴蝶、龙凤、脸谱、民族娃等旅游纪念梳，以及如琮似玉、玲珑剔透的各式梳篦。

第三节　仿古制品

仿古制品是指不属于国家严禁出口的古玩、文房四宝，以及按传世、馆藏或出土文物原状复制或缩放仿制的文物制品，如仿制古字画、出土文物及复制品、仿古模型等。

目前具体的仿古制品有：秦始皇兵马俑复制、仿制品，秦铜车马仿制品，仿莫高窟壁画，莫高窟彩绘菩萨小仿制品，复制、仿制的古建筑装饰瓦当、花纹砖，仿古青铜器，仿唐三彩，端砚、徽墨、宣纸、湖笔等文房四宝，各种年代的碑帖、拓片，还有许多漆器、丝织品等文物复制、仿制品等。

一、文房四宝

文房四宝，自古以来被人们称为文人书房必备的四样宝贝，是中华民族几千年来流传至今的珍品。文房四宝通常指笔、墨、纸、砚，广义上还包括其他辅助的书画工具和材料。例如：笔筒、笔架、墨床、墨盒、臂搁、笔洗、书镇、水丞、水勺、砚滴、砚匣、印泥、印盒、裁刀、图章、卷筒等。

现在人们学习工作中的传统书写逐渐被信息社会的电脑所取代，毛笔，甚至是钢笔可以说与现代普通大众的生活的距离越来越远了。然而，在原有书写功能逐渐弱化的同时，书法作为一种爱好却正在被更多的普通民众所青睐，“书法热”也逐渐兴起。与此同时，作为书法媒介的“文房四宝”，其独特的文化内涵和特殊的收藏价值也逐渐引起收藏者的广泛关注，尤其已经成为欧美旅游者重要的购买对象。

（一）笔

笔的产生还可以追溯到5000多年以前，到春秋战国时期，各国都已经制作和使用书写用笔了。那时笔的名称繁多：吴国叫“不律”，燕国叫“弗”，楚国叫“幸”，秦国叫“笔”。秦始皇统一全国以后，“笔”就成了定名，一直沿用至今。

毛笔的笔杆一般用竹管制，讲究些的用斑竹管制，也有用犀牛角、象牙或金银制的。笔头所用兽毫分为柔（软）、健（硬）两类，柔毫主要是山羊毛所制；健毫则用兔脊毛和黄鼠狼尾毛等制成。柔毫和健毫混杂在一起称为兼毫。笔头的中间一簇长毫称为锋，即笔尖可分为长锋、中锋、短锋三种；四周包着稍短的毫称为副毫。好的毛笔具有尖、齐、圆、健四大优点。尖，指笔锋如针；齐，指笔毫齐崭；圆，指笔头吸水饱圆；健，指富有弹性。毛笔的型号有多种，写多大的字就要用与之相适应的笔。用大笔写小字，用小笔写大字，都无法取得良好效果。产毛笔的地区，唐代至宋代，以安徽宣州最出名，其所产紫毫笔十分珍贵。明清时期，为浙江湖州善琏镇所产的选料严格、制作精良的湖笔所取代，并且相沿至今。其他出名的产地还有山东莱州、河北衡水、江西李渡等。

相关链接　搜索

湖笔

湖笔是我国传统工艺书画工艺品，历史悠久，工艺精湛，素有“毛颖之技甲天下”之称，自古以来一直为文房四宝之首。湖笔发源于浙江省湖州市的善琏镇，秦代大将军蒙恬始创湖笔。湖笔选料精细，制作精湛，被书画家誉为“笔颖之冠”。笔头的主要原料是山羊毛、野兔毛、黄鼬尾毛。湖笔在选料时要求毛质干净、纯正，并要选择过了冬的兽毛。湖笔种类繁多，大致分为羊毫、紫豪、狼毫、兼毫四大类。

目前湖笔已达200多个品种。湖笔是馈赠亲友的艺术佳品，甚而作为“国礼”赠送国际友人。现在湖笔中的“兰亭”、“鹅池”、“右年书法”、“金不换”、“翠亨春”等品牌都是礼品中的上乘之作。其笔杆用红木、湘妃竹、紫竹等制成，上面镌刻相应的款识或文句，高雅堂皇，成为国内外人士选购的佳品。

——资料来源：中国网.

（二）墨

墨是用油或树枝烧出的烟末调入胶和药材等制成。墨的使用在西周已经出现，随着技术的不断积累和改进，到宋代已经使用松烟、油烟来制墨，明代以后油料烧烟制墨的技术得到推广。油烟墨是用桐油、菜油、麻油或猪油烧烟，加入皮胶、麝香、冰片和香料等制成的，可分为五石漆烟、超贡烟、贡烟、顶烟四种。按照墨的用途不同，可分为实用墨和观赏墨两种。实用墨注重实用性，观赏墨则注重形状、色彩和装潢。好的观赏墨集诗、书、画、雕刻、造型艺术和制墨工艺于一身。按照制墨的原料不同，可分为松烟墨、桐烟墨、油松墨、朱砂墨、选烟墨等。好墨应具有“质细、胶轻、色黑、声清”的特点。按照墨的用途不同，可划分为普通墨、贡墨、御墨、自制墨、礼品墨、药墨等。

墨以产于安徽歙县、休宁等地的徽墨为代表，其制作最早可追溯到唐代，至今已有1000多年的历史。徽墨素有“拈来轻、磨来清、嗅来馨、坚如玉、研无声、一点如漆、万载存真”的美誉。徽墨的制作工艺非常讲究，常常有制墨的大师在墨上雕刻了名人的书画，更增加了它的艺术价值。可以说，徽墨的制作囊括了绘画、书法、造型等艺术，是一种综合性的艺术珍品。

（三）纸

纸是我国古代四大发明之一，西汉墓出土的文物中，已出现了麻制的纸，但很粗糙。东汉蔡伦采用多种原料并改进制纸方法，使纸的质量和产量都大为提高。由于纸的广泛使用，晋安帝才下令废除了自古沿用下来的竹木简，把历史推进到全面用纸的时代。唐代的造纸业非常发达，宣州出宣纸，江西临川出薄滑纸，扬州出六合笺，广州出竹笺等，都是上等品。

宣纸产自宣州府（今安徽泾县），自唐以来，历代相沿。起初用青檀树皮制纸，后逐渐扩大到用堵、桑、竹、麻等十几种原料。宣纸的特点是：质地绵韧，纹理美观，洁白细密，经久不坏，并善于表现笔墨的浓淡润湿，变化无穷。古代诗人赞其："滑如春冰密如茧"，并称其为"纸中之王"和"纸寿千年"。宣纸的品种多达五六十种，分为生宣和熟宣。写字和作画均可以使用生宣。生宣上矾后即为熟宣，因其着水不洇，经得起多次皴染，适宜于画工笔重彩。

（四）砚

砚，在西汉时期即已使用，湖北荆州凤凰山西汉墓出土了砚。我国传统有四大砚，即端砚、歙砚、洮河砚、澄泥砚。端砚产于广东端州（肇庆市）东郊端溪，唐代时就极其出名。李贺有诗曰："端州石工巧如神，踏天磨刀割紫云"，称赞石工攀登高处凿取紫色岩石来制砚。端砚有"群砚之首"的美誉，石质细腻、坚实、幼嫩、滋润，扪之若婴儿之肤，温润如玉，磨之无声，发墨光润，石上且有鸲鹆眼等自然纹理。歙砚产于徽州，徽州是府治，歙县是县治，同在一地，所以歙砚与徽墨乃是"文房四宝"中同产一地的姐妹。歙砚的特点，据《洞天清禄集》说："细润如玉，发墨如饥油，并无声，久用不退锋。或有隐隐白纹成山水、星斗、云月异象。"端砚资源缺乏，名贵者已不多；歙县地处黄山之阳，取材广泛，近年仍有镂刻极细致的艺术大砚出产。洮河砚的石材产于甘肃临洮大河深水之底，取之极难。澄泥砚产于山西绛州。其原材料的制作方法是：将装满特种胶泥的绢袋沉到汾河里，一年后取出。之后胶泥经过加工烧制，就形成了泥砚。另有，鲁砚，产于山东；盘谷砚，产于河南；罗纹砚，产于江西。一般来说，凡石质细密，能保持湿润，磨墨无声，发墨光润的，都是较好的砚台。

二、字画

我国的文字，有一个漫长的孕育发展过程，起源于新石器时代的陶器划纹符号。

商朝的甲骨文是我国最早的可识文字，是书写或镌刻在龟甲、兽骨上的卜辞，也有少许的记事文。特点是细瘦扁长，先横后竖，方折转角，结构明朗，大小不一。甲骨文已具备“六书”（即象形、指事、会意、形声、转注、假借）的汉字结构法则。甲骨文已包含着书法艺术中的诸多因素，从其点画、结字、行气、章法来看，浑然一体又富于变化，体现了商代人的艺术技巧和艺术素养。商朝甲骨文在清光绪年间由王懿荣发现。

金文是铜器铭文的通称，笔画比甲骨文粗壮，结构呼应，长形字体，形款整齐。金文一般是铸，少数是刻。周代的书法点画圆浑，而战国书法则简洁活泼。秦统一全国后，定小篆为正字，同时认定 8 种字体，分别是大篆、小篆、刻符、虫书、摹印、署书、殳书、隶书。

到了汉代，隶书渐成主流，同时章草在使用过程中也促进了隶书的楷体化。汉隶的特点为字形扁方，上下紧密，左右舒展，横笔蚕头燕尾。西汉隶书运用藏锋、中锋、露锋和侧锋等笔法，东汉隶书在笔画上无波势和有波势并存，形宽气紧，映照抱合。三国隶书方笔直势居多，横笔不做蚕头燕尾。三国隶书开始向楷体过渡，同时出现其他书体。西晋时期，篆、隶、草、正四体齐备。东晋的王羲之的正、行、草书对后世影响巨大。南北朝的书法笔画方正，有隶意，书风粗犷豪放，逐渐向文雅精美演进。隋代出现了练习书法的法帖。唐朝书法取得了辉煌的成就，其中唐楷为最，结构简直，接让巧妙，结构严谨，布局规整。行书发展，草书名家有孙过庭、张旭、怀素等。宋代书法有追求传统和复古的趋势，追求晋唐书法神情，在楷书、行书上的成就比较突出，篆书、隶书和章草等书体也得到相应的恢复和发展。明朝在发展优雅风尚和迎合实用两方面并进。明永乐年间出现台阁体，横平竖直，顿挫规矩，结构匀称，字体工整。清朝由于嘉庆、道光以后汉魏碑志的发现渐多，金石研究有新进展，如包世臣、康有为等提倡六朝书法，形成新的潮流。

书画同源，中国绘画历代名家流派众多，就内容可分为山水、人物、花鸟、写生等。独立的山水画始于六朝，盛于唐朝，分南、北二宗。南朝以王维为祖，即人文画，以柔取韵，在实处得虚神，重于用笔，如“五日一山，十日一水”。北宗以刚取势，借虚处见实，重于用墨，兼工人物和楼台。汉以前，已有人物画，多见于彩漆画、壁画和绢画。过去画工所作的肖像画，以存形为主，工笔重彩，画出人物的正面形象。元代王铎以来，文人肖像画家渐多，黄慎、金农和罗聘是其中的代表画家。金农的肖像画追求人物的神形酷肖，罗聘画人物用笔厚重，面部刻画，造型准确，略带夸张。画家通过绘画花鸟，寓意清高、绝俗、幽独、孤傲等思想感情。汪士慎、高翔、金农、罗聘擅长画梅、竹，李方膺擅长画兰、竹。郑燮的兰、竹，寓意画家自己的看法，如画竹夹以荆棘，寓意“万物同胞”的思想。花鸟与人文相结合，扩大了花鸟画的审美范围。写生画是中国绘画中的一个重要流派。历代名家众多，流派不同，技巧笔法各异。代表人物有恽寿平、蒋廷锡、邹一桂等，如邹一桂强调理性认识，坚持宋元画法，认为“未有形不似而反得其神者”。

三、仿古青铜器

中国古代青铜器源远流长，绽放着绚丽璀璨的光芒，不仅在中国是价值连城的瑰宝，而且在世界上也享有盛名。它代表的是中国的光辉，也见证了历史留给泱泱大国的鼎盛。青铜是红铜和锡或铅按一定比例熔铸而成的合金，以铜为主，颜色呈青，因而将青铜铸成的器物称为青铜器。中国青铜时代最初起源于黄河流域，始于公元前 21 世纪，止于公元前 5 世纪，经历 1500 多年，大体与中国古代奴隶社会相始终。而仿制青铜器最早出现于春秋时期，宋代开始大量出现并且制作工艺也达到顶峰。

目前仿古青铜器产量较大的地方主要有河南、河北、陕西等，产品主要有炊器、食器、酒器、水器、乐器、车马饰、铜镜、带钩、兵器、工具和度量衡器等，同时也出现了许多工艺流派，例如“苏州造”、“潍县造”、“西安造”和“北京造”。它们的主要特点为：“苏州造”用材较好，冶铜浇铸时往往加些银，使铜器的底子发亮见银白色，仿制对象以商和西周器为主，生坑、熟坑无所不能，刻工精细，纹饰流畅，铭文逼真，作品流传甚广。“潍县造”的艺匠高手层出不穷，刻纹饰、铭文比较擅长，作器多呈熟坑状，但铸出的器物壁厚，重而压手。“西安造”也注重铭文，不仅是假器造假铭，就连一些无铭文的真器上，也后刻铭文，以抬高其价值，作品多见度量衡器物，如秦诏版、秦量等。“北京造”以商周器为主，比较讲究纹饰华丽，器型精巧，锈斑逼真，特别是“黑漆古”、“绿漆古”等，都能准确无误地表现出来。

第四节 旅游食品及土特产

旅游食品是指旅游者在旅途中购买的供自己食用或作为礼品馈赠他人食用的原料、半成品和成品。旅游者在旅途中除了自己吃饱、品尝具有旅游地特色的食品外，还习惯购买一些具有旅游地文化特色的食品赠送亲朋好友或孝敬长辈。旅游食品主要有餐饮产品、休闲食品和土特产品。我国餐饮产品十分丰富，流派众多，先后出现了“四大菜系”、“八大菜系”等。另外，还有相当数量的宗教菜、宫廷菜、祭奠菜、滋补菜、食疗菜等。休闲食品是休闲时的必需品，是与人们旅游有着紧密联系的食品。目前我国的一些传统休闲食品主要表现在谷物膨化类食品、油炸食品、油炸薯类、油炸谷物、非油炸果仁类、糖食类、肉禽鱼类、干制果蔬类等食品上。土特产品是土产和特产的并称，是一处独有，而其他处没有，具有独特的风味、品质、风格的农副业产品和部分手工业产品。中国是个地大物博的多民族国家，山川纵横，土特产品十分丰富，如：贵州茅台酒、东北人参、云南白药、各地茶叶、西藏红花、西北裘皮等是游人心目中赠送贵客的最好礼物。

一、茶

中国是世界上最早发现和利用茶叶的国家。茶在中国已有数千年的历史。茶圣陆羽在《茶经》中写道“茶之为饮，发乎于神农氏，闻于鲁周公”。我国是茶的发祥地，寻根溯源，世界各国最初所饮的茶叶、引种的茶种、栽培技术、加工工艺、品饮习俗等，多为直接或间接从我国传播出去的。

茶是用茶树鲜叶加工制成，含有咖啡碱、茶碱、茶多酚、茶氨酸等物质。它不仅具有提神清心、清热解暑、消食化痰、去腻减肥、清心除烦、解毒醒酒、生津止渴、降火明目、止痢除湿等药理作用，而且对现代疾病，如辐射病、心脑血管病、癌症等疾病，有一定的药理功效。

（一）茶的分类

安徽农业大学陈椽教授所提出的“六大茶类分类系统”中，以茶多酚氧化程度为序，把初制茶分为绿茶、黄茶、黑茶、白茶、青茶、红茶六大类，已为国内外广泛采用。另外，再加工茶类是以基本茶类的茶叶做原料，进行再加工形成的各种各样的茶，如花茶、紧压茶、萃取茶、果味茶和含茶饮料等。

（1）绿茶。绿茶是一种不经发酵制成的茶，是采摘的新叶，经杀青、揉拧、干燥等制茶工艺，茶叶、茶汤呈绿色，故名，有帮助消化、去油腻、解酒的作用。中国绿茶十大名茶是西湖龙井、太湖碧螺春、黄山毛峰、六安瓜片、君山银针、信阳毛尖、太平猴魁、庐山云雾、四川蒙顶、顾渚紫笋茶。

（2）红茶。红茶是经过采摘、萎凋、揉捻、发酵、干燥等步骤生产出来的，茶叶呈黑色，或黑色中掺杂着橙黄色的嫩芽，茶汤呈深红色，因此得名。红茶品性温和、香味醇厚，具有强健骨骼和防治流感、心肌梗死、脑中风和皮肤病等功效，很受西方人的欢迎。中国著名的红茶有安徽祁红、云南滇红、湖北宜红、四川川红等。

（3）白茶。白茶是一种不经发酵，亦不经揉捻的茶。具有天然香味，分大白、水仙白、山白等类。其中，以银针白毫最为名贵，其特点是遍披白色茸毛，并带银色花泽，汤色略黄而滋味甘醇。其主要产地在福建省的福鼎县和政和县。

（4）青茶。青茶，亦称乌龙茶，属半发酵茶，是经过杀青、萎凋、摇青、半发酵、烘焙等工序后制出的品质优异的茶类。其代表性名品有：安溪铁观音、凤凰单枞、武夷岩茶等。

（5）黄茶。黄茶是我国特产。其按鲜叶老嫩又分为黄小茶和黄大茶。黄茶的基本制作工艺近似绿茶，但在制茶过程中加以闪黄，因此具有“黄叶黄汤”的特点。其代表性名品有湖南的君山银针、温州黄汤、皖西黄大茶、广东大叶青等。

（6）黑茶。黑茶是我国特产茶叶，生产历史悠久，其制作工艺为杀青、揉捻、渥堆、干燥。黑茶主要供边区少数民族饮用，所以又称边销茶。它具有减肥、助消化、降三高、护肝肾等功效，名品有云南的普洱茶、广西的六堡茶及安徽的安茶等。

（二）茶叶的鉴别方法

一般而言，茶叶质量的感官鉴别可分为两个阶段，即按照先“干看”（即冲泡前的鉴别）后“湿看”（即冲泡后鉴别）的顺序进行。“干看”包括了对茶叶的形态、嫩度、色泽、净度、香气滋味五方面指标的体察与目测。不同种类的茶叶外形各异，但一般都是以细密、紧固、光滑等的程度作为衡量标准，这是共性。接着，观察茶叶的油润程度、芽尖和白毫的多寡以及茶梗、子、片、末的含量，并由此来判断茶叶的色泽、嫩度和净度。最后，通过鼻嗅和口嚼来评价茶香是否浓郁，有无苦、涩、霉、焦等异味。“湿看”则包括了对茶叶冲泡成茶汤后的气味、汤色、滋味、叶底四项内容的鉴别。即闻一闻茶汤的香气是否醇厚浓郁，观察其色度、亮度和清浊度，品尝其味道是否醇香甘甜，观察叶底的色泽、薄厚与软硬程度等。归纳以上所有各项识别结果来综合评价茶叶的质量。

二、酒

酒是用粮食、水果等淀粉或糖的物质为原料经糖化、发酵制成的含食用酒精等成分的饮料。酒是人类生活中的重要饮料之一。中国制酒历史源远流长，品种繁多，名酒荟萃，享誉海内外。中国是世界上最早的酿酒国家之一，早在5000多年前就已经开始酿酒。商周时期，出现了制曲方法、酿酒官职和酿酒工艺。南北朝时，贾思勰在《齐民要术》中记录了9种酒曲的制作法、39种酒的酿造法和两种药酒的配制法。宋代出现了较全面的酿酒专著《北山酒经》，详细记述了制曲酿酒的方法。

我国是产酒大国，各地生产出工艺、口味和品位各异的酒品，为不少旅游者喜爱和选购。按商业习惯，酒可分为白酒、黄酒、果酒、配制酒和啤酒五大类。

（1）白酒。白酒是以高粱等粮谷为主要原料，以大曲、小曲、麸曲及酒母等为糖化发酵剂，经蒸煮、糖化、发酵、蒸馏、陈酿、勾兑而制成的蒸馏酒。国家级名牌白酒有：茅台、汾酒、五粮液、洋河大曲、剑南春、古井贡酒、董酒、西凤酒、泸州老窖特曲酒、全兴大曲、双沟大曲、特制黄鹤楼酒、郎酒、武陵酒、宝丰酒等。

（2）黄酒。黄酒是以稻米、玉米、黍米、小米、小麦等为主要原料经蒸煮、加曲、糖化、发酵、压榨、过滤、煎酒、储存、勾兑而成的酿造酒。作为一种用各种米为原料的酿造酒，黄酒分为甜型、半甜型和不甜型 3 种。著名的黄酒有绍兴酒、龙岩陈缸酒、即墨老酒、大连黄酒、福建老酒、丹阳封缸酒等。

（3）果酒。果酒是用葡萄、苹果等水果经破碎、发酵而成的酒。优质果酒有各类葡萄酒、黑龙江的梅酒、吉林的五味子酒、沈阳的山楂酒、山枣酒、苹果酒、橙酒、红橘酒、猕猴桃酒、红豆酒。

（4）配制酒。配制酒，又称露酒，是以食用酒精、蒸馏酒和各种酿造原酒为酒基，加入一定的香料、色料、糖料、果汁、药材等配制而成的一大类饮料酒。著名的配制酒有山西的竹叶青、湖北的园林青酒、烟台的金奖白兰地等。

（5）啤酒。啤酒主要用大麦芽为主要原料加酒花，经酵母发酵而成的，含二氧化碳的、起泡的、低酒精度的发酵酒。它富含氨基酸和维生素。著名的啤酒有青岛啤酒、燕京啤酒、华润啤酒、雪花啤酒等。

课堂思考

中国传统的茶文化和酒文化都有哪些内涵？

三、中药

中药，顾名思义就是指中国所产的药材，是在中医上用以治病防病和保健养生的药物，在中国古籍上通称“本草”。我国最早的一部中药学专著是汉代的《神农本草经》，唐代由政府颁布的《新修本草》可算是世界上最早的药典。唐、宋、明的药书又不断增加中药新品种，丰富中药应用经验，尤其是明代的李时珍的《本草纲目》，总结了 16 世纪以前的药物经验，对后世药物学的发展做出了重大贡献。

中药是历代中国医药学家临床实践的经验总结，具有很好的疗效，在中国的土特产中占有重要地位，同时它们体积小，储存、携带和服用方便，已经成为部分国家旅游者所喜爱的旅游商品。中药按加工工艺分为中药材、中成药。中药材是指经过粗加工可直接供药房配剂使用的半成品药。按自然属性和亲缘关系，中药材又可分为植物药、动物药和矿物药。中成药是指经精加工可直接使用的成品药。按照形状，中成药可分为丸、散、膏、丹，另有片剂、冲剂、糖浆、酒剂、注射剂、胶囊、气雾、滴丸等。

中药资源显著的地域性决定了我国各地生产的药材种类不同，各地用药习惯不同，所经营的中药材种类和数量亦不同。整体而言，我国黄河以北的广大地区，以耐寒、耐旱、耐盐碱的根及根茎类药材居多，果实类药材次之。长江流域及我国南部广大地区以喜暖、喜湿润种类为多，叶类、全草类、花类、藤木类、皮类和动物类药材所占比重较大。在东北地区，栽培种类以人参、鹿茸、细辛为代表，野生种类则以黄柏、防风、龙胆、蛤蟆油等为代表。华北地区的栽培种类以党参、黄芪、地黄、山药、金银花为代表，野生种类则以黄芩、柴胡、远志、知母、酸枣仁、连翘等为代表。在华东地区，栽培种类以贝母、金银花、延胡索、白芍、厚朴、白术、牡丹皮为代表，野生种类则以蝎子、蛇类、夏枯草、蟾酥、柏子仁等为代表。在华中地区，栽培种类以茯苓、山茱萸、辛夷、独活、续断、枳壳等为代表，野生种类则以蜈蚣、龟板、鳖甲、半夏、射干为代表。在华南地区，栽培种类以砂仁、槟榔、益智、佛手、广藿香为代表，野生种类则以何首乌、防己、草果、石斛、穿山甲、蛤蚧等为代表。在西南地区，栽培种类以黄连、杜仲、川芎、附子、三七、郁金、麦冬等为代表，野生种类则以麝香、川贝母、冬虫夏草、羌活为代表。在西北地区，栽培种类以天麻、杜仲、当归、党参、枸杞子等为代表，野生种类则以甘草、麻黄、大黄、秦艽、肉苁蓉、锁阳等为代表。

中国著名的中成药有云南白药、东阿阿胶、蛇胆川贝枇杷膏、仁丹、六味地黄丸、山西龟龄集、安宫牛黄丸、人参鹿茸丸、人参再造丸、牛黄清心丸、天麻丸、片仔癀等。另外，还有藏药、蒙药、维药等民族药品等和海洋药品等。

四、旅游食品

我国的旅游食品主要有干鲜果品、干鲜菜及调味品、糕点、糖及糖果、水产品、食用畜肉及其制品、食用禽肉、蛋及其制品、面点（表4－1）。从旅游者角度来说，一般旅游中所携带的食品应包括提供能量物质的淀粉类主食以及富含蛋白质、维生素B、维生素C的食物。这样不仅能为旅游者提供必需的能量，而且能保证营养的均衡。

表4－1　主要的旅游食品列举

序号	旅游食品种类	代表性食品
1	干鲜果品	北京鸭梨、京白梨、上海水蜜桃、天津红果、兰州白兰瓜、福建龙眼、萧山杨梅、塘栖枇杷、乐陵金丝小枣、泰安板栗、四川柑橘、新疆哈密瓜等
2	干鲜菜及调味品	北京酸菜、城隍庙五香豆、永川牌豆豉、桂林花桥牌辣椒、桂花鲜姜酱菜、四川泡菜、龙口粉丝、大同黄花、扬州酱菜等

续表

序号	旅游食品种类	代表性食品
3	糕点	耳朵眼炸糕、鼎丰真糕点、广式点心、透明马蹄糕、圣府糕点、承德丝糕、桂花糕、滇八件点心等
4	糖及糖果	北京果脯、酥糖、玫瑰牌油酥米花糕、福建蜜饯、韩城南糖等
5	水产品	天津对虾、松江回鳃鲈、辽宁鲍鱼、扇贝、潮汕膏蟹、黄河鲤鱼等
6	食用畜肉及其制品	哈尔滨红肠、南京香肚、福建肉松、四川牛肉干、平遥牛肉、桂林烧乳猪、东莞腊肠、金华火腿、东乡羊肉、长春轩五香兔肉、宣威火腿、攀记腊汁肉、自贡牦牛肉等
7	食用禽肉	北京烤鸭、稻香村鸭肫肝、道口烧鸡、溆浦鹅、香芋草烤鸡、五胖鸭、元宝鸡等
8	蛋及其制品	重庆双鸭牌永川松花皮蛋、无铅松花蛋，沙湖盐蛋、松花皮蛋，北京松花蛋，江苏高邮松花蛋，山东微山湖松花蛋，四川宜宾漕蛋，浙江平湖漕蛋等
9	面点	天津“狗不理”包子、桂发祥麻花、南翔小笼馒头、菊花牌冰糖麻饼、李连贵熏肉大饼、都匀太师饼、周村烧饼等

课堂思考

旅游食品应具有哪些特点?

第五节　旅游日用品与纪念品

一、旅游日用品

旅游日用品主要指为旅游者旅途生活需要服务的实用性小商品，主要包括：各种旅行用轻工产品，主要有旅行保温杯、水杯，旅行餐具器皿，旅行小电器用品，旅行娱乐体育产品，旅行文具等；各种旅行用纺织用品，如内衣、睡衣、浴衣、手套、袜子、头巾、手帕等各种针棉及丝绸纺织品，羊毛衫、兔毛衫、羊毛毯等毛纺织品；个性化的小商品如洗漱用具、防寒防暑用品、化妆品以及常用的急救药品等。

准备旅游生活用品，应以简为原则。可根据旅程时间长短、目的地气候、生活条件，有选择地携带一部分，如：供换洗的内衣裤、袜子、巾帕；洗漱用品、剃须刀、香皂、护肤用品；雨具（南方多雨，可带塑料雨衣和折叠伞）、晴雨两用鞋。在外时间长的话，最好带一双拖鞋或布鞋，便于夜间使用。此外，也可准备旅行剪、水果刀、手电筒、卫生纸、钢精饭盒、小勺、网兜、针线包、衣夹、绳子、备用药品、糕点等。

近年来，随着人们生活水平的提高，又出现了一些新的旅游形式，如自驾游、自助游。自助游的游客，又被称为“驴族”，是指那种背着背包，带着帐篷、睡袋穿越、宿营的户外爱好者。在我国开展的主要户外运动包括远足、穿越、登山、攀岩、漂流、越野等。这种运动多数具有探险性，属于极限和亚极限运动，有很大的挑战性和刺激性。因为通过这种运动可以拥抱自然，挑战自我，锻炼意志以及培养团队合作精神，提高野外生存能力，所以深受青年人的喜爱。

二、旅游纪念品

（一）旅游纪念品的概念

旅游纪念品是以旅游区点的文化景观或自然风光为题材，利用当地原材料制作而成，体现当地传统工艺和风格，反映当地民俗风情、名胜古迹及各种旅游活动特色，富有纪念意义的中小型纪念品。传统的概念中，一般是把旅游纪念品定位在景区景点的自然风光或文物古迹，体现当地的传统工艺和风格上。其实，任何东西，只要是旅游者喜欢，认为有价值，有纪念意义的东西都可以纳入旅游纪念品的范畴，而不仅仅是花钱购买的物品。这不是从经济学、商品学的角度而言的，而是以旅游者为主体延伸出来的一种概念，即凡是被旅游者认为有纪念意义、有收藏价值的物品都可以成为旅游纪念品。例如，在旅游地购买的报纸、街头的宣传册，甚至是餐馆中使用的餐巾纸等，只要是有自己的特色，得到旅游者的青睐都会被旅游者当作纪念品收藏，作为游览此地的信物。各式各样的旅游纪念品都体现了旅游风景区独特的文化内涵，具有较高的工艺水平，旅游者购买后保存了旅游者对一次愉快旅游经历的纪念，具有欣赏价值、使用价值和收藏价值。

（二）旅游纪念品的分类

（1）就形式来说，旅游纪念品可以分为：仿制复制品类、音像制品类、图书资料类、字画类、工艺品类。

（2）从产品的价值来说，旅游纪念品可以分为：偏重于欣赏价值的，偏重于使用价值的，偏重于收藏价值的，以及欣赏价值、使用价值、收藏价值相结合的。

（3）从功能方面说，还可以分为：主要面向入境旅游者，以创汇为目的的产品；主要面向中等收入阶层，为景区创造经济效益的产品；主要目的不是为景区增加经济收入，而是为景区做宣传、打广告的产品。

（4）另外，有学者将旅游纪念品分为可做陈设的旅游纪念品、具有日用功能的旅游纪念品和收藏旅游商品三大类。另有学者认为能使人回忆起某地、某事、某次旅游或经历，具有地方特色、富含纪念意义，便于旅游者携带的旅游商品称为旅游纪念品，其中包括地方特产类纪念品，旅游纪念图片类纪念品，旅游纪念章和吉祥物类纪念品，雕塑类纪念品，文物复制品、绘画、拓片类纪念品，工艺美术纪念品六类。

复习与思考

一、单项选择题

1. 菊花石雕以（　　）所产的最为有名。

A. 湖南衡阳　　B. 湖南邵阳　　C. 湖南浏阳　　D. 湖南岳阳

2. 雕漆以（　　）所产为代表。

A. 天津　　B. 北京　　C. 上海　　D. 广州

3. 我国的“蜡染之乡”指的是（　　）。

A. 云南　　B. 四川　　C. 广西　　D. 贵州

4. 我国最早的一部中药学专著是（　　）。

A. 《神农本草经》　　B. 《黄帝内经》　　C. 《千金方》　　D. 《伤寒杂病论》

二、多项选择题

1. 我国木雕三大产地是（　　）。

A. 浙江东阳　　B. 福建福州　　C. 广东潮州　　D. 福建漳州

2. 中国的三大木版年画产地是（　　）。

A. 天津杨柳青　　B. 苏州桃花坞　　C. 开封朱仙镇　　D. 潍坊杨家埠

3. 羽毛画的代表产地有（　　）。

A. 石家庄　　B. 郑州　　C. 沈阳　　D. 济南

三、简答题

1. 旅游商品分类的意义有哪些？

2. 评价珍珠的价值有哪些标准？

3. 宣纸的特点有哪些？

四、 案例分析

到泰国普吉岛能买什么

普吉岛的物品真的是物美价廉，有的走的是传统范儿，有的走的是时尚范儿，但不管哪种，都会让你爱不释手。在吉普岛镇上，你可以买到很多你喜欢的纪念品。

极具当地特色，在纪念品店里到处都有的，相信就是蜡染了，这些蜡染图案精致，有着独特的异国风情。但是，如果不是去蜡染工厂里面去买的话，很可能会买到一些假的。所以，购买蜡染时一定要认真挑选。

您知道普吉岛最著名的特产是什么吗？当然是腰果了，腰果的加工程序较多。在这里，你可以吃到十几种口味的腰果，椰香，蒜香，甜的，甚至还有辣的，咖啡的等，每种口味都会带给你不同的享受，挑选几种自己喜欢的口味带回去真的是一种不错的选择。

泰国具有热带风情，所以普吉岛上面的热带水果更是数不胜数。水果水分较多，不易携带，而且还容易变质。所以，把水果干带回家真是一种不错的选择。这里就盛产各式各样的热带水果干，绝对让你大开眼界。享受完新鲜的水果，再将水果干带回去慢慢体会普吉岛带给你的热带风情。

普吉岛的海产品也是不错的选择，尤其是丁香鱼，味道真是美极了。

普吉岛不仅是旅游胜地，而且盛产锡。所以，锡制品也是不容错过的。各种各样的锡制品，有项链、戒指甚至还有居家用的花瓶酒器等，都会使你有全部放入囊中的冲动。

泰国闻名世界的特产恐怕就要数得上泰丝了，泰丝是一种手工艺品，表面光滑，泰丝的价格可是比较昂贵的，但是还是非常值得购买的纪念品。

还有一些其他的纪念品在泰国的其他地方也可以买到，比如皮革、黄金、宝石以及木雕等。还有泰国的香米，那种在舌尖上的美味真的是无法描述。如果你喜欢，这些也是可以作为普吉岛纪念品带回家的。

——资料来源：泰格旅游网

根据以上案例，回答如下问题：

从普吉岛的旅游商品种类并结合自己家乡的实际情况谈谈如何更加多元化地开发家乡的旅游商品。

推荐阅读

1. 方百寿．旅游商品学［M］．北京：机械工业出版社，2008.
2. 钟志平．旅游商品学［M］．北京：中国旅游出版社，2005.

第五章 旅游商品市场开发

随着旅游市场的不断发展和壮大，特色旅游商品的市场需求已逐渐凸显。旅游商品市场的发展是旅游购物的基础，同时旅游商品市场的开发创新也是旅游业经济效益可持续增长的关键环节。

本章介绍了旅游商品市场的基本特征、供求关系、开发创新的策略、原则以及我国目前旅游商品市场发展的现状，未来发展的前景等。通过本章内容的学习，学生可以较为全面地了解旅游商品市场的现状、发展趋势及开发方法，并为后续章节的学习打好基础。

学习目标

知识目标

1. 了解我国旅游商品市场。
2. 了解旅游商品市场的供求关系。
3. 了解旅游商品开发产权保护的必要性。

能力目标

1. 掌握旅游商品市场开发的原则和方法。
2. 熟悉我国旅游商品开发创新存在的问题。
3. 熟悉旅游商品开发产权保护的手段。

案　例

旅游商品与景点文化特色不相符

28岁的王楠是一名旅游爱好者，也是一名旅游商品收藏迷。然而，随着购买旅游商品的日益增多，他发现这些商品的重复率越来越高。“我希望在某处旅游景点能买到在别的地方买不到的商品。北京到处是零散的饰品、佛珠、仿古艺术品和各类小玩具，毫无创意，让人产生审美疲劳，而且，制作精良的太贵，便宜的又太粗糙。有一次，我好不容易看中了一套非常精美的青铜酒器，结果一问价格就傻眼了，23500元！”

像王楠这样苦恼的游客有很多，想在旅游景点买到既有文化内涵又有特色且物美价廉的旅游商品太难了。据颐和园商品服务部门的工作人员介绍，现在旅游景点卖得比较好的商品是土特产和各种地图、书籍和资料，其中销量最大的是图书。但不管是土特产还是图书，其附加值都很低，无法成为赚钱的利器；而高端旅游商品由于制作成本较高，售价也相应较高，超出了一般游客的承受能力，仅靠少部分国外游客苦苦支撑。

北京旅游商品的开发与国外相比相对滞后。据有关部门调查显示，在京游客旅游商品消费只占其旅游总消费的25%左右，但是“小商品，大市场”的特点决定了其具有巨大的升值空间。目前的主要问题是文化旅游景点缺乏与自身文化特色相符的商品，无法吸引游客消费。

——资料来源：北京商报，2007.

案例分析

1. 在西方发达国家，旅游购物收入已占到游客消费总量的60%以上，世界旅游商品消费占旅游总消费的比例平均已达40%。为什么在中国旅游商品的消费一直无法成为旅游收入的支柱环节？

2. 为什么我国旅游商品市场的商品设计粗陋、单调，趋于同质化，缺乏特色的创新？

第一节　旅游商品市场开发概述

一、旅游市场与旅游商品市场的关系

市场是商品交换的场所，是以商品交换为内容的经济联系形式。它是社会分工和商品生产的产物。我国古代的“赶集”或“集市”、“赶场”或“赶圩”，是简单的物资商品市场。后来发展为庙会、店铺、物资交流会、贸易货栈，现在有交易所、百货商场以及超级市场和连锁商店等。物资商品市场是物资商品的供求关系的总和。

第二次世界大战结束以后，世界旅游业发展很快，尤其是20世纪60年代，旅游业进入了发展的高峰时期，旅游企业的竞争日趋激烈。于是，旅游业也像其他服务业一样引入了市场的开发、营销理论。市场，不仅指具体的交易场所，而且指销售者和购买者实现商品交换以及供需状况的总和。旅游市场由食、住、行、游、购、娱六个生产力要素构成。每一个生产力要素，都是一个特定的旅游消费市场。

旅游商品，是指供给者为满足旅游者的旅游需求，以出卖交换为目的而提供的具有使用价值和价值的有形旅游物品和无形服务的总和。研究、开发旅游商品，对搞好旅游商品的生产和经营，提高旅游业的经济效益，扩大就业机会，增加外汇收入，促进地区经济繁荣，有着深远的意义。旅游商品市场是指旅游商品交换过程中所反映的各种经济行为和经济关系的总和。旅游商品市场是伴随着旅游市场的产生而产生的。旅游商品与旅游商品市场的关系可以从以下几方面进行分析：

（1）旅游市场是旅游商品存在的前提，为其提供了一个生产、流通和消费的场所。旅游商品进行交换的场所即旅游市场，同时也是由于旅游消费者对旅游商品生理、心理的正常需求，才促使旅游商品生产、流通和消费的产生。人们进行旅游活动，是为了满足自己一些生理和心理的需要才进行各种商品消费活动。

（2）旅游市场的多样性，带动了旅游商品的多元化。近年来，新型的旅游方式越来越多，个性化的旅游产品也层出不穷，一定程度上丰富了旅游市场的多样性，极大地满足了旅游消费者的需求，同时也带动了旅游商品市场的发展。例如探险旅游，人们在出游前就要准备必需的户外探险装备；海边休闲度假自助旅游，人们需要准备游泳、戏水装备等。

（3）旅游者的消费行为极易受到旅游市场环境影响并呈现出攀高倾向。在旅游途中，由于环境等多因素的影响，旅游者总是对当地特色商品有一种购买的冲动。冲动型购买行为与计划型购买行为是相对的，是一种自发的、无意识的非计划性的购物行为，而且具有一定的复杂性和情感因素，一般具有异地性、攀比性的特征。旅游者的消费特点恰恰满足了这两个先决条件，因此游客的冲动性购买占的比重往往高于其他消费群体。若旅游目的地的商品有价格和品种优势，如开封的汴绣、苏杭的丝绸等，旅游者在到达之前，就会产生购物计划和欲望。而有些商品可能在居住地也有，但由于没有相适应的购物环境，很难产生购买欲望。

（4）旅游商品市场效益是旅游市场效益的重要组成部分。在许多旅游业发达的地区和国家，旅游商品的消费是旅游市场经济效益的重要支柱。这是符合旅游消费者出游心理和生理的产物。旅游市场的外延延伸包括许多子市场，这些市场是因为旅游的发生而产生的效益，都应是旅游市场效益的组成部分。旅游商品市场是旅游市场的一个重要的子市场。

二、旅游商品市场需求与供给

（一）旅游商品市场需求

旅游商品市场需求是指旅游者购物时对旅游商品的数量、质量和品种的购买和消费倾向。旅游商品需求是旅游商品市场形成的基础。没有旅游商品需求，旅游商品市场就无法存在。旅游商品生产经营企业只有在调查和了解旅游商品需求的基础上去开展经营活动，针对市场需求开发生产旅游商品，才能实现较好的经济效益和社会效益。

1. 旅游商品市场需求的概念和层次划分

在经济学上，需求指的是人们通过支付货币而获得某种商品的欲求。而旅游需求的实现不仅需要支付一定的货币，而且必须拥有必要的余暇时间。因此，在一定意义上，旅游商品市场需求是指具有支付能力和余暇时间的人们支付一定的货币购买一定时间内的旅游商品的欲求。

根据马斯洛的需要层次论，可以将需要从低到高分为五个层次，即生理需要、安全需要、归属需要、尊重需要和自我实现。它们构成了一种“金字塔”结构。旅游者在旅游过程中，需要衣、食、住、行、医药等生存基本条件的支持；在旅游过程中关注安全，参加一些专项的探险旅游和刺激性旅游项目时需要购买专项的旅游设备和用品；同样，人们的社会交往、人际关系等在旅游购物中表现为购买礼品，以馈赠亲朋好友；以收藏、纪念为目的的购买，既能体现自我价值，又能陶冶自己的情操。旅游是一种较高层次的消费活动，与人们日常生活对于商品的消费需求是有区别的。旅游商品的需求层次可以划分为以下三个层次，即基本需要、探新求异需要和纪念、收藏需要。

（1）*基本需要*。这是保证旅游能够顺利进行的基本物质需要。旅游活动是人们日常的基本生活需要满足之后，拿出部分收入和时间进行的较高层次消费，是人们精神文化生活的追求和享受的需要。因此，旅游过程中对于商品消费的基本需要比日常生活中对商品消费需要的要求更高。这些商品，有些是在旅游前准备的，有些是在旅游过程中购买的。基本需要包括生理需要、生活需要、安全需要和旅游用品需要。

（2）*探新求异需要*。探新求异是指人们暂时变换原来熟悉的生活环境和生活内容而对新生活环境和生活内容的一种追求。表现在旅游商品上，一是品味尝新的需要。品尝旅游地的特色食品，购买当地的土特产，带回家让亲朋好友品尝，共享旅游地风情。二是体验异国他乡的商品消费的新的方式和氛围的需要。各地商品消费的习俗不同，商品消费的环境不同，在旅游过程中旅游者可以体验一下商品消费新方式和环境，以满足自己的好奇心和对新事物的渴望。三是追求新、奇、特商品的需要。求新、求奇、求特是人们出外旅游的共同心理。对于旅游商品而言，其功能和效用与普通市场上的商品一样，不可能创造一种新的使用价值。因此，旅游者在购买时，往往对其外形有特别的需求，外形与日常生活中常用的商品相比越是奇特的商品，越会引起旅游者的购买欲望。

（3）纪念、收藏需要。旅游者在旅游过程中购买商品，一个重要的动机就是为了让自己的旅游经历通过旅游商品进行物化。通常旅游者对具有特定文化内涵、具有明显纪念意义的商品的购买欲望很强。旅游者纪念的需要有两个目的，一是在时过境迁之后，通过物化的形式能够引起自己美好的回忆；二是为了收藏，能够满足这种需要的旅游商品要求制作工艺精湛，主题明确，所用材料储藏期长。

旅游商品市场，首先，要保证旅游者基本的需求，这是进行旅游的前提；否则，旅游难以进行。其次，要把当地的民风民俗、传统的商品生产方式和商品的形式，作为旅游资源进行开发，尽力保持和营造具有当地特色的商品消费方式和环境，以满足旅游者探新求异的商品消费的需求。最后，对于具有本地特色、具有纪念和收藏价值的商品要进行多种形式和系列化开发，以满足旅游者纪念和收藏的需求。

2. 旅游商品市场需求的特点

随着旅游市场的不断发展，旅游产业也在进行着转型升级，旅游消费者对旅游商品的需求无论是内容还是形式都发生了很大的变化。总体来说，旅游消费者对旅游商品的需求呈现出整体性、季节性和文化性三大特点。

（1）整体性。旅游业是关联度极高的一项产业，是融合了餐饮、酒店、景点景区、交通、娱乐等产业相关部门共同协作的产物，因此游客对旅游商品的需求可以说涉及食、住、行、游、购、娱各个方面，任何一方面的欠缺，都可能导致旅游活动的失败。因此，较之普通商品市场需求，旅游商品需求呈现出明显的整体性特征。

（2）季节性。季节性是指由于旅游目的地国家和地区气候对环境的影响，以及旅游客源国的带薪假期分布、气候条件和传统习惯等原因，旅游商品需求具有明显的季节性特点。

（3）文化性。旅游本身就是一种社会文化活动。它是人类物质文化生活和精神文化生活最基本的组成部分。可以说，在广览博闻中追求享受美观和愉悦感受是每个旅游者的最低要求。在已进入知识经济的今天，旅游活动将会被赋予更浓厚的文化内涵，旅游商品从最初较低层次的观光游览，发展到参与性较强的各种特色的专项旅游，都蕴含了极其丰富的社会文化内容。这也恰恰是旅游者对旅游商品文化精神需求的反映。

案 例

拉萨市旅游纪念品市场：唐卡畅销

笔者在拉萨市旅游商品市场调查时采访了唐卡销售情况。由于极富浓郁的藏民族风情，拉萨市场上唐卡销量很好。

在北京中路一家工艺品超市里，销售人员龙青对笔者说："游客愿意买唐卡回去，送给亲朋好友或者挂在自己家里，作为西藏旅游的纪念品。一些在拉萨工作的人，回家乡时也会购买唐卡回去送人。"龙青分析，唐卡销量持续走高主要是因为消费者买唐卡作为礼物送人，既有地方民族特色，又显得比较上档次。

在八廓街开店的卓嘎告诉笔者，目前拉萨市面上出售的大多是印刷唐卡与绘制唐卡。印刷唐卡有两种，一种是满幅套色印刷后装裱的，还有一种是先将画好的图像刻成雕版，用墨印于薄绢或细布上，然后着色装裱而成。

据来自甘肃的经营旅游纪念品的商人马武德介绍，唐卡的价格一般都是由唐卡的画工、内容、大小、材料等因素决定，这些因素也是彼此联系的。精细的唐卡一般都在万元左右，有的好几万甚至能上十万、百万，即使是一般画工的唐卡也要几百到一千元左右。

——资料来源：阿里巴巴资讯，2011.

案例分析

1. 试从市场需求的角度分析为什么唐卡在拉萨市场上销量很好。
2. 为什么唐卡在北京市场也十分受欢迎？

（二）旅游商品市场供给

1. 旅游商品市场供给的概念

在经济学中，供给是指在一定时间内，商品供给者在一定价格下，对某种商品愿意并能够供应的商品的数量。它包括两个方面的含义，就是既要有供给商品的欲望，又要有提供商品数量的能力。因此，旅游商品市场供给，是指旅游目的地国家或地区在一定时期内以一定价格向旅游市场提供的旅游商品的数量。

2. 旅游商品市场供给的构成

按照是否直接为旅游者服务，旅游商品市场供给可分为基本旅游商品市场供给和辅助性旅游商品供给两部分。

（1）基本旅游商品市场供给。基本旅游商品市场供给，是指旅游商品经营者针对来访旅游者最基本的旅游需求而开发和供应的旅游商品。主要包括旅游资源景观、旅游设施、旅游服务和旅游购物品。它是旅游商品供给的主要内容，反映了一个国家或地区旅游综合接待能力的大小。①旅游资源景观。旅游资源景观，是旅游者选择旅游目的地的首选因素，一个国家或地区旅游景观的知名度、美誉度、开发程度、吸引力大小，直接影响旅游者对该国或地区的旅游商品需求的数量和质量。它包括自然景观旅游商品和人文景观旅游商品。②旅游设施。旅游设施，是为了保证旅游者旅游活动的顺利进行而建立起来的，是连接旅游主体和旅游客体的媒介。它包括旅游交通运输、旅游食宿接待、游览娱乐、旅游购物设施。一个国家或地区旅游设施的完善程度和规模的大小决定了其接待能力与接待质量。③旅游服务。旅游服务，是指旅游从业人员借助旅游景观、旅游设施和旅游者开展的各项旅游活动时，为使旅游者获得方便、舒适而提供的劳务。旅游服务是直接对游客的服务，它反映了对游客的友善程度和真诚的服务精神。因此，热情、礼貌和效率是旅游服务商品质量的直接体现。旅游服务始终贯穿于旅游活动的食、住、行、游、购、娱的始终。它包括客房服务、餐饮服务、导游服务、交通服务、购物服务、翻译服务等。④旅游购物品。旅游购物品，是指旅游者在旅游活动中，购买的具有实用性、工艺性、礼品性和纪念意义的物质形态的商品。它包括旅游工艺品、旅游纪念品、文物古玩、土特产品、旅游日用品。

（2）辅助性旅游商品供给。辅助性旅游商品供给，是指旅游国家或地区公用事业设施和满足现代社会生活需要的基本设施，其主要供给对象是当地居民，而不是旅游者，但旅游者在旅游活动中不可避免地要使用这些设施。它包括供水、供电、供气、供热、污水处理、电信和医疗系统，以及旅游区地上和地下建筑，如机场、码头、道路、桥梁、铁路、航线等配套工程。同时，还有专门满足旅游者上述类似需求的设施，如饭店、旅行社、交通、景观等各类设施。

课堂思考

你认为有必要在旅游中设置“购物”环节吗？为何现在的旅游商品无法满足游客的购物需求？

（三）旅游商品需求与供给的关系

旅游商品需求与旅游商品供给，是旅游经济活动不可缺少的两个侧面。一方面，旅游商品需求决定着旅游商品的供给，没有旅游商品需求，旅游商品供给就失去了意义，旅游商品的价值也就无从实现。旅游商品供给受很多因素影响和制约，但决定性的影响因素是旅游需求，旅游商品供给的质量和结构，都要以需求预测为前提，否则旅游商品供给将是盲目的；另一方面，旅游商品供给又是旅游商品需求得以实现的保证。如果没有旅游商品供给，旅游商品需求将无法实现，需求虽然决定供给，但供给反过来又能激发需求，促使旅游商品需求不断扩大。所以，二者是相互对立、相互制约，又相互联系、相互依存的。

三、旅游商品市场的特点

（1）异地性。旅游是非定居者的旅行和暂时居留引起的现象和关系的活动。人们的旅游大部分是离开自己居住地进行的活动。统计数据显示，在旅游活动中除了少数为旅游做前期准备的居住地的购物外，大部分旅游购物的场所处于旅游目的地或旅游途中。因而，从旅游者消费行为的角度来看，旅游商品市场呈现出异地性的特点。旅游购物的数量与旅游目的地的旅游商品供给状况、经济发展水平和人文环境等因素密切相关。

（2）信息不对称。信息不对称主要表现为两个方面，一是文化的差异性，二是地域的差异性。与普通消费品不同，一般的消费品主要体现的是使用价值，而旅游商品除了实用性之外，更主要的是体现它的文化特色。地方性、民族性等决定了一般旅游者对商品的了解程度比较低，特别是对于收藏及艺术价值较直观的使用价值来讲，其真实价值更加难以估计。又由于旅游者购物空间的异地性，使得旅游购物的时间安排较为仓促，导致旅游者与供给者之间存在信息不对称的现象。这种信息的不对称，更多地体现在旅游商品的价值上。旅游商品的地方性和民族性使一般旅游者对旅游商品并不十分了解。旅游者从见到旅游商品、产生购买欲望到决定是否购买的整个过程，往往只有短短的几分钟到几十分钟。加之，他们对许多旅游商品的性能、特点、用途和质量等又常常了解不多。这可能会导致旅游商品市场中的欺诈行为的产生。

（3）无边界性。旅游商品的供给和旅游商品的需求都是以全球为范围的，世界各旅游地的商品都可作为旅游商品进行销售，旅游购物已成为世界各地旅游创汇的主要手段。无边界性是旅游商品经济发展的一个必然趋势。一方面，它表现在旅游者购物选择的无边界性，除了传统的旅游纪念品和工艺品之外，还包括日用品和旅游装备；另一方面，无边界性表现在商品流动的世界性。在当今物流产业蓬勃发展的社会里，许多商品一经面世，就会很快流传开来，所以旅游者可以在许多地方购买到相同的旅游商品。许多国家和地区对旅游商品的发展给予了高度的重视，有的国家或地区甚至将旅游购物作为专项旅游，以提高旅游者的旅游商品消费水平，从而达到增加外汇收入、加快货币回笼、带动相关产业、扩大就业机会以及促进贫困地区脱贫等目的。这种旅游商品流通的无边界性，导致旅游者购买对象的可替代性以及供求失衡。相关数据显示，全球旅游商品普遍存在供大于求的状况，商品的无边界性增加了旅游商品经营的难度。

(4) 波动性。旅游消费是人们在满足了基本生活消费之后才产生的，作为非基本性旅游消费，旅游者购物消费的弹性很大，这导致了旅游商品市场的波动性。从狭义来看，旅游购物支出可有可无，可大可小，波动性大。品种丰富而且具有特色的旅游商品必然会增加旅游者的购买力，而品种有限且没有地方特色的旅游商品，也会抑制旅游者的购物消费。同时，旅游商品市场受到旅游大市场的影响，随着旅游淡、旺季的变化，旅游商品的消费市场也会呈现季节性的波动。这在旅游商品专卖店中表现得尤其明显；而在兼营旅游商品的商店里，因客流的季节性变化而带来的商品波动性相对较小。因此，旅游商品市场的发达程度和购物环境，对于旅游购物消费的波动，具有决定性作用。

(5) 区域间竞争弱化。虽然旅游商品市场是一个统一的大市场，但从旅游商品文化性特色来看，如果各地都形成自己的特色，就都具有特色旅游商品的独占性。就同一旅游地而言，生产经营者之间具有较强的竞争性；而就不同的旅游地而言，市场竞争弱化。例如西安兵马俑的仿制品，在该地市场的竞争性很强，而与西安以外的其他旅游地的竞争就不像一般商品那样具有竞争性。

四、旅游商品开发的现状与发展前景

(一) 目前国内旅游商品开发存在的主要问题

(1) 品种单一。就整体状况而言，中国的旅游商品类别多样，品种花色丰富，但就旅游者在购物场所可选择的旅游商品而言，丰富程度仍显不足。许多没有景区特色的大众化旅游商品充斥于大小景点。同时，不少购物场所内的旅游商品质量良莠不齐，粗制滥造的现象比较严重，导致不少旅游者在购物后发现商品存在严重质量问题，引起投诉和不满。这不仅影响了旅游市场的声誉，而且降低了旅游者的旅行质量。旅游商品品种不丰富，与缺乏新产品的创新机制有关。由于新产品研发成本相对较高，且市场前景难以预料，因此企业对新产品的研发热情不高。一些有志于创新研发的企业，又常常受到资金短缺的困扰，使不少好的创意难以成为产品且无缘进入市场。对经销者而言，低成本、大批量的旅游商品才有盈利空间，他们对旅游商品的创新同样不积极。

(2) 价格混乱。一些旅游商品定价太高，价格虚高现象比较严重，且不实行明码标价，针对旅游者随意定价，导致旅游商品市场的价格混乱。价格混乱是导致旅游购物相关投诉的直接原因。

(3) 消费者信息缺乏。目前旅游者的消费信息和资讯，已经比过去丰富很多了。政府组织进行的抽样统计以及专门的调查机构公布的调查结果，可以为旅游商品相关企业决策提供相关的依据。但是，分类的消费者信息相对不足，例如国内旅游者的购物统计、区域内旅游者的购物统计甚至经营企业接待购物者的相关统计资讯等。这必然影响到对旅游市场的全面认识和正确把握。旅游者来到异国他乡，不太了解旅游商品的价格、当地土特产品的种类和优劣、当地市场管理部门的运作机制。

(4) 宣传促销乏力。除了在一些专题的节庆会展中进行相关的旅游商品展示和宣传外，没有专门的宣传促销行为，既没有专门的宣传经费，也没有相应的组织人才。中国旅游的对外宣传多集中于景区点和住宿设施的介绍上，而忽略了旅游商品资源的介绍和促销推广。

(5) 销售方式单一。旅游商品的销售多采用柜台式、自选式销售，尽管一些旅游商品采用了参与式销售，但整体上旅游商品的销售方式显得单一，与发达国家相比还有一定的差距。我国旅游商品销售可以借鉴国外的成功方法，针对不同的商品形态和品质要求，选择旅游者乐于接受的销售方式。

相关链接　搜索

高技术含量的旅游饭店商品

当今的住客，不再满足于饭店简单的住宿和就餐服务，还有工作、商务、健身、保健、娱乐、美容等多元化需要。因此，饭店在研究开发新的商品时，力图使之具有更多的附加功能，以便为消费者提供更多的方便，满足现代消费者对饭店多元化的需要。以电子信息、生物工程、新材料、新能源和宇航太空技术为核心的世界新技术革命对人类社会的影响，已深入到现代饭店商品市场的开发中。传统饭店的改造要重视高新技术的应用，21 世纪饭店商品的开发更加离不开高新技术的支持。例如，许多饭店正在大力进行设备自动化、消防自动化、保安自动化、办公自动化、通信自动化建设，即“五 A”功能和良好服务的“智能酒店”，具有极高的科技含量。又如，希尔顿集团计划在月球建造第一个月球宾馆——“月球希尔顿”，将拥有 5000 个房间，两个巨型太阳能电池板为它提供能源，还将拥有人造海洋和海滩，建成一个蔬菜种植场，更是集中了当今世界的最新技术。

——资料来源：刘敦荣．旅游商品学［M］．天津：南开大学出版社，2005.

(二) 我国旅游商品开发的前景展望

1. 旅游商品市场需求在不断扩大

随着旅游活动的大众化、普及化，人们对旅游商品的市场需求在不断扩大。其原因主要有以下四方面：

（1）这是人们可自由支配收入不断提高的结果。随着社会生产力的发展，社会经济水平不断提高，人们的可自由支配收入在满足了衣、食、住这些基本需求后，用于旅游、教育方面的比重就不断增加。受教育水平的不断提高，也使得人们的消费层次和消费结构不断发生变化。旅游消费作为满足人们发展和享受的需求逐渐为人们所看重。

（2）余暇时间是旅游需求产生的必要条件。社会劳动生产率的不断提高，使得用于满足基本需求的社会必要劳动时间不断减少，从而让人们拥有更多的余暇时间外出旅游。"周末双休"和"带薪假期"的普遍实行，也为人们外出旅游创造了更有利的条件。人们不仅有时间去参加短途旅游，而且有机会参加国际长途旅游。

（3）现代化的交通运输是旅游商品需求不断扩大的"催化剂"。现代交通条件的不断进步，交通设施的不断完善，使得人们外出旅游的空间距离缩短，也让旅游活动变得更加舒适、方便、快捷、安全，从而为中长途旅游创造了更有利的条件。

（4）从主观上讲，人们所处环境的变化也使得旅游商品需求不断增加。人们回归自然的旅游、向往都市的旅游欲望越来越强烈，旅游商品的市场需求也越来越大。

2. 旅游商品市场开发多样化，形成商品体系

现代旅游业因旅游需求日益多样化，旅游商品也日益多样化。新的观光度假地和新的商品不断涌现，为特定的客源层和特种需求设计的专项旅游商品，如探险、体育、文化、商务、会议、保健、奖励旅游等层出不穷。欧洲大陆上具有百年历史的"东方快车"仍在行驶，而打网球、高尔夫球和潜水正在成为新的旅游度假吸引物。近年来，度假旅游与商务旅游的增长领先于其他类型的旅游，非观光旅游商品比重高于观光旅游商品比重，都说明了旅游商品市场开发多样化的趋势。

由于旅游业经营者对旅游需求市场的细分，产生了不同系列的品种丰富的旅游商品。既有针对不同目的、兴趣设计的旅游商品，又有针对不同客源国设计的商品，还有根据不同职业、不同年龄、不同家庭设计的各种商品。例如，新婚蜜月游，携带儿童的夫妇，无子女的夫妇或老年人旅游等。

3. 旅游商品市场开发大型化、集中化

旅游商品竞争以国际竞争为主，越来越趋向于国与国之间的竞争。为适应这一竞争态势，各国纷纷根据旅游资源的特点，选择本国的旅游主导商品或拳头商品，突出特点，扬长避短，树立鲜明的整体形象。为适应国与国之间的竞争，近年来几乎所有重要的旅游接待国、地区都举办旅游年。旅游年反映了旅游商品市场开发大型化、集中化的发展趋势。旅游年除了组织大型宣传促销活动外，还会举办一系列民族文化节庆、琳琅

满目的旅游节目，使旅游者获得特殊的新鲜感受。

4. **旅游商品市场开发结构的优化**

目前我国观光旅游、度假旅游和特种旅游这三大商品结构还不尽合理。中国旅游业现在还是以文化性的观光旅游为主，一个旅游发达国家只靠这一条腿是站不住的。现在度假旅游刚刚兴起，特种旅游已经开发了一段时间，积累了一些经验，但是从规模来说还不够大。下一步就是观光旅游、度假旅游、特种旅游之间的平衡和协调发展，度假旅游和特种旅游的比重会逐步上升，观光旅游的比重会逐步下降。但中国最大的旅游资源优势就是文化性的观光资源，所以，观光旅游作为主体的局面，从长远来看不会动摇，但是在结构上应逐步优化。

从质量的角度来说，应该形成四类旅游产品。第一类是普品，即大众化的旅游商品；第二类是精品，这种精品实际上市场的适应面是比较大的，而且精品更多地不完全体现在硬件建设上，应该体现在文化的含量上；第三类是特品，即唯我独有，这样的特品才能形成地方的旅游发展特色，才能真正形成拳头性的旅游商品；第四类是绝品，绝品不可能太多，绝品实际上是国家的标志和拳头性商品。现在是普品比较多，精品不多，特品、绝品有一些，应在特和绝的基础上再加一个精字，使旅游商品市场的结构更加优化。

第二节　旅游商品市场开发的策略

旅游商品市场开发，是指旅游商品经营者为了使旅游资源或旅游企业的潜在价值转化为现实的价值，而进行设计、组合和创新或重新设计、组合创新、策划运作的过程。随着当今经济、社会、科技的发展，社会上产品更新的速度非常快，社会需求不断提高，旅游需求也在不断发生变化。例如，国际旅游发展之初，旅游者热衷于包价旅游商品，随着旅游者旅游知识面的扩大、旅游阅历的丰富和经济水平的提高，旅游者逐渐趋向于部分包价的旅游商品，甚至自助旅游商品。同时，旅游者对旅游商品质量的要求也越来越高。所以，旅游企业只有不断进行旅游商品市场的开发，才能适应世界旅游的发展，而不断开发新的旅游商品也是旅游企业在市场上求得生存和发展的重要条件之一。

一、旅游商品市场开发的依据及原则

（一）旅游商品市场开发的依据

（1）法律依据。与旅游商品开发相关的法律依据包括两部分：一是有关商品和消费管理的法律；二是有关旅游规划和管理方面的法律。主要的法律、法规有：《中华人民共和国产品质量法》《中华人民共和国消费者权益保护法》《中华人民共和国标准化法》《中华人民共和国价格管理条例》《中华人民共和国专利法》《中华人民共和国税收征收管理法》《中华人民共和国商标法》《中国名牌产品管理办法》《货物进出口管理条例》《对外贸易法》《中华人民共和国文物保护法》《中华人民共和国环境保护法》《旅游发展规划管理办法》《风景名胜区管理暂行条例》《风景名胜区管理暂行条例实施办法》《旅游标准化工作管理办法》等。

（2）国家与地方标准。与旅游商品有关的国家标准主要有：《旅游规划通则》《旅游资源分类、调查与评价》《旅游景区质量等级的划分和评定》（修订）《风景名胜区规划规范》《中国优秀旅游城市检查标准（修订本）》等。

（3）政策依据。主要指旅游职能部门和相关部门下达的日常管理文件和政策指导等。例如，2001 年为落实国务院《关于进一步加快旅游业发展的通知》中“大力开发旅游纪念品、手上艺品和特色商品，努力提高质量，促进产销紧密结合。建立多渠道、多形式的产销体系，增加旅游创收创汇”的要求，国家旅游局下发了相应的指导性文件；又如，《中国旅游业“十一五”人才规划纲要》等。

（4）行业公约。旅游商品行业（同业）协会是国家和地方旅游商品管理的自助组织，相应地该组织形成了一定的行业公约，如《诚信公约》《山东省旅游协会旅游商品分会章程》《山东省旅游商品研发基地实施细则》《旅游休闲购物街区评定管理办法》《旅游购物商店等级评定管理办法》等。这些同样成为旅游商品开发和规划时的参考依据。

（二）旅游商品市场开发的原则

旅游商品开发是旅游商品经营发展和管理的重要基础。旅游目的地要充分认识到“开发即经营”的重要性。在开发旅游商品的过程中，应该遵循如下原则：

1. 市场导向原则

开发规划符合旅游者真正需求的旅游商品，是旅游商品开发过程中必须遵循的总原则。这里所说的市场导向原则，也叫作市场需求原则，是指以旅游者的需求变化为依据，以最大限度地满足旅游者的需求为标准去开发旅游商品的原则。因此，要遵循这个原则，必须加强对商品市场和旅游者心理的研究，重视市场调查，通过系统深入的实地调研，旅游商品生产企业和管理部门要了解国内外不同阶层、不同年龄段旅游者的需求和习惯偏好。然后将市场调查作为旅游商品开发的出发点和落脚点，及时调整旅游商品结构，并对原有商品进行改进、完善和提高，积极开发出适应国内外旅游者需求的旅游商品，以销定产，也可以把地方特色商品转化为富有市场竞争力的旅游商品。旅游业经营者在市场分析和市场定位时，应遵循市场经济规律，注重市场调查和预测，根据市场的变化而选择开发重点，减少开发的盲目性。要考虑商品的升级换代，以新的商品去迎合和满足旅游者的需求变化。例如，目前很多国家进入老龄化社会，旅游商品开发者应该分析和适应老龄化的需求变化，设计、开发、组合适应这种变化的旅游商品。

2. 突出特色原则

特色，是指独占性、不可替代性、权威性。开发旅游商品，应充分体现当地的文化底蕴。鲜明的地方特色能使旅游者产生深刻的印象，是旅游商品吸引旅游者消费的重要因素。要以地方文化背景为依托，开发出独具特色的旅游商品。突出特色、发展个性已成为现代旅游竞争中获胜的“法宝”。因此，在资源开发、设施建设、商品组合、服务提供方面，都要有鲜明的特色，即做到“你无我有，你有我优，你优我新，你新我奇”。突出特色的旅游商品能真正代表、表现当地的文化特征，这样的商品具有不可替代性，才具有纪念意义和收藏价值，游客才会买。对旅游商品的文化含量的要求，是旅游者在进行旅游商品购物时更深层次的需求。实践证明，文化特征越鲜明、文化品位越高的旅游商品，其价值越高，也越受欢迎。以非洲木雕为例，其形象很怪，独特而神秘，不仅被世界各国博物馆所收藏，而且成为最受世界旅游者欢迎的商品之一。突出特色原则除了意味着独特和个性外，也蕴含着创新的色彩。旅游者在购物过程中具有求新求异的心理。旅游商品在开发过程中应该抓住旅游者的这种心理，不断开发新产品，刺激旅游者产生新的购买需求。旅游商品的开发创新包括观念创新、设计创新、技术创新和机制创新等。

3. 可持续发展原则

1987 年世界环境与发展委员会提出可持续发展的总原则是：“今天的人类不应以牺牲今后几代人的幸福而满足其需要。”这个原则为经济、社会、环境协调发展确立了总体原则。中国的可持续发展战略，首先，要保证人民生产、生活的基本需要；其次，在这个基础上建立资源节约型的国民经济体系，从掠夺性开发向集约性经营转变，合理开发利用资源，合理保护资源，提高资源的利用率，维持生态平衡和持续发展能力；最后，实现社会、政治、经济、技术、管理等方面的全方位转变，建立有效、协调、创新的持续发展机制。旅游商品开发可持续发展，是指旅游商品开发能够长期延续地发展。其核心是在经济发展的同时，保护环境和改善环境，使商品项目始终持续进行下去。旅游商品要跟上时代的步伐、获得广大旅游者的青睐，必须与当代人们关心的主题相结合，其中就包括生态化。就旅游商品而言，可以涉及用材的生态保护，如木质或藤制品，系列产品要求节约材料和反复使用，如生态型“绿色”手帕。生态化还涉及人们的生态意识和行动的修正，比如当旅游纪念品被弃置不用时，可以用适当的方式提醒人们再利用，以期获得更大的使用价值。开发旅游商品，要在原料来源、设计加工、运输、使用等方面达到生态和环保的要求，体现出可持续发展的原则。

（1）自然生态可持续发展。自然生态可持续发展，是指在旅游市场开发中要保证自然生态能够延续发展和永续利用，要把保护生态环境放在第一位。目前我国已采取的措施有：普及生态环境知识，提高旅游者和旅游管理者的生态环境意识；坚持保护与开发并重的方针，制止“建设性”破坏；掌握合理的旅游区承载量。绿化是保护环境的积极措施。据一些专家研究，城市人均绿地应达 9 平方米以上，绿地面积应占城市面积的 30% ~50%，才能形成良好的生态环境。风景区绿地面积应在 70% 以上，才能形成高质量的旅游环境。重点加强对生态环境敏感地带的保护。生态环境是经济、社会发展的基础。实现自然生态可持续发展，讲究生态效益才能带来经济效益和社会效益。旅游的主要卖点之一就是环境，没有一个好的环境，旅游业就是无源之水，无本之木。例如，如果泰山上没有那么多绿树，只有光秃秃的几块碑是没有卖点的。

（2）经济运转可持续发展。经济运转可持续发展，是指在旅游市场开发中，在坚持自然生态可持续发展的同时，要研究如何使所开发的商品项目在经济上能持续运转，自我滚动发展。这是旅游商品能否自我发展的经济基础。生态的可持续发展和经济的可持续发展是相辅相成、互相促进的，是构成可持续发展的不可分割的组成部分。

案　例

张家界建世界最高观光电梯惹争议

据英国《每日邮报》2013 年 1 月 12 日报道，世界上最高的户外电梯百龙观光电梯落户中国湖南省张家界风景区。这项浩大工程自 1999 年开始建设，2002 年完工并投入使用，但是随后因安全考虑暂时关闭，2003 年再次开放。

百龙观光电梯总造价 1.2 亿元人民币，高达 330 米。电梯一次可运载 50 人，每小时运载量达 1380 人。游客步行登顶通常需要花费 2.5 小时，但乘坐观光电梯只需 1 分钟。游客可以在电梯里俯瞰张家界全貌及这里的石灰岩砂岩地质景观。不过，恐高的游客最好选择步行。

外界对百龙观光电梯褒贬不一。支持者认为，百龙电梯的容量是世界上最大的，一定程度上可以减缓景区超载压力。反对者称，张家界景区每年已经有约500万人次参观，已经达到景区承载量，不必再吸引更多的消费者。环保人士抨击电梯不该建在世界遗产保护区的核心地带。

——资料来源：环球网，2013.

案例分析

1. 你认为张家界应该建世界最高观光电梯吗？为什么？

2. 你认为张家界建世界最高观光电梯是否会影响当地旅游业的可持续发展？会对旅游资源产生什么影响？

4. 效益兼顾原则

效益兼顾原则，是指旅游商品开发要以效益为导向，要考虑生态效益、社会效益和经济效益。旅游商品的开发必须做到三大效益兼顾，即突出经济效益，注重社会效益，强化生态效益。在旅游商品开发之前就要考虑投入和产出率，考虑旅游产品的市场竞争力和可能获得的经济效益，旅游商品开发也要着眼于社会效益。因为有相当多种类的旅游商品开发属于人文旅游资源开发，其在社会文化上的影响是显著的。旅游商品文化价值种类的开发是中华民族博大精深的历史文化的一个方面，开发时应考虑发扬中华民族优秀传统文化，促进社会主义精神文明建设。旅游商品开发的生态效益更是需要强调的原则，旅游商品开发不能以破坏自然环境和人文环境为代价，而应当实现旅游业与环境的和谐共生，促进环境发展。更应该从旅游商品的开发中看到自然环境与人居环境的和谐统一。

5. 扶优扶强原则

旅游商品开发与规划，不能遍地开花，应该坚持重点开发、扶优扶强的原则。扶优，就是围绕“专、精、特、新”，突出自己的特色和优势，使商品开发走优质、高效的路子。在传统的行业产业中培育商品开发龙头骨干企业，在新兴的商品开发企业中培育潜力大、产品科技含量高、成长性强的企业，做到“人无我有、人有我优、人优我特”，为做大做强骨干商品开发企业奠定基础。扶强，就是坚持用产业集群的思路指导旅游商品开发企业发展，通过兼并、联合、重组等方式，以市场为导向，以资本为纽带，集中高效资产，重组低效资产，消除无效资产，加强同业联合，做大做强一批“拳头”企业和企业集团，充分发挥规模效应和集中效应，形成旅游商品开发产业集群和产业规模，带动产业链条，开发名牌、精品旅游商品，振兴旅游商品经济。扶优是基础，扶强是目的，只有扶优才能扶强，只有扶强才能带大基地、兴大产业、占大市场，才能拉动旅游商品经济的快速发展，才能促进旅游产业经济又快又好的发展。

6. 连锁销售原则

成熟的商业布局不在于地域的集中性，而在于合理的分散性。因此，连锁经营方式在购物的方便性、成本控制的有效性、有效管理资源输出的协同性等方面的优势便显露出来。这同样适用于旅游商品的开发与规划。

旅游商品开发要树立竞争的观念，采取竞争的措施，坚持竞争的原则，树立商品形象，保证商品质量，在旅游的各个环节注入新的科技含量，使企业在市场经济的竞争中立于不败之地。当一个企业在日趋激烈的竞争中处于较强的优势地位时，企业主观上有进一步扩大经营规模的愿望，市场客观上也要求企业进一步扩大规模，从而促进市场规模的扩张。因此，在旅游目的地的不同空间进行多种形式的连锁销售，是优势旅游商品企业进行规模化经营的唯一选择。可通过建立整个旅游商品销售网络，统一价格，创立自己的企业形象识别系统等形式来实现。

7. 政府主导原则

政府主导原则体现在政策扶持和组织协调上。在进行旅游商品开发时，一方面，政府部门要进行宏观引导，对旅游商品开发标准进行科学论证，力求突出特色，同时给予开发企业和单位在资金、政策、税收、组织、人力等方面的扶持和帮助；另一方面，由于旅游商品的开发与规划涉及相关的许多行业和部门，旅游主管部门需要进行协调和沟通。只有通过政府主导，才有可能在旅游商品开发中实现单位间、区域间的合作，共同促进地方旅游业的发展。

课堂思考

你认为哪种类型的旅游商品最吸引人？最能满足游客旅游购物需求的旅游商品有哪些特征？

二、旅游商品市场开发的内容

旅游商品开发是以旅游商品资源为基础，以商品设计生产企业为主体，以商品销售为依托，涉及旅游商品的市场调查、设计、生产、运输、销售等诸多环节的一个系统工程。

（一）建立旅游商品市场调查与信息反馈体系

旅游商品以实物为载体，它的开发也需要以实物商品作为基础。因此，对旅游商品的现状进行了解和分析，把握市场的需求是进行旅游商品开发的首要工作。然而，目前对旅游商品的概念理解、分类、调查和评价，还没有规范性的标准可以执行，这显然对旅游商品的开发是一个关键性的制约因素。

检验旅游商品开发是否成功的唯一途径就是投放市场。因此，应该通过对旅游商品的类型划分以及性质、结构、功能、规模、分布、开发条件的市场评价和反馈，确定旅游商品的数量与质量水平，评估各种旅游商品在旅游地所处的地位。对旅游商品资源的调查和评价，涉及价值、规模、特色、利用等评价指标，可以借鉴《旅游资源分类、调查与评价》标准，对旅游商品进行评价因子赋值和分级评价，在定量评价的同时进行定性评价。

（二）旅游商品生产开发

旅游商品生产是旅游商品市场开发的中心环节，主要从旅游商品的研制开发力量和旅游商品种类上加强开发力度与生产能力。例如，强化旅游商品研制和生产的力度，通过成立旅游商品研制机构，充分发挥民间工匠和艺人的潜能；对旅游商品的开发进行大力扶持，创立名牌旅游商品。

（三）旅游商品营销开发

旅游商品的营销包括三个步骤：第一，确定待售商品的特性，例如旅游商品的发展历史与现状、优势与制约因素。第二，分析客源市场需求总量、消费结构及其他结构，预测规划期内客源市场的需求等市场特征。第三，选择一种或几种设计、包装、营销方法获取较高的效益。

就旅游商品营销而言，商品营销者要特别注意以下几个问题：第一，要确定拥有特色的地方拳头商品。根据旅游商品现状调查与分析，对旅游商品资源进行科学评价。第二，对旅游者进行抽样调查，了解他们购物的特点，及时调整营销策略，进而调整产品结构，以适应旅游购物市场的变化。第三，要采取有效措施，利用多种媒介进行旅游目的地和旅游商品的促销，建立旅游商品销售网络，增加旅游商品的销售量。

另外，在价格和服务质量等方面制定统一的行业标准，以保护旅游购物者的合法权益，保证地方旅游商品产业的可持续发展。

三、旅游商品市场开发的意义

（1）*旅游商品市场开发是旅游业发展的根本问题*。旅游问题是解决旅游者旅行游览经历过程的问题。这就涉及旅游者的需求和如何满足其需求，即供给和需求的问题，而供给和需求问题正是市场问题的主体内容，所以旅游问题就是市场问题。市场问题的主体内容是供给和需求，供给是为了满足需求，需求决定着供给。所以，需求是市场的中心。市场需求越多，则要求供给越多。市场的需求是客源的需求，所以旅游的市场问题就是旅游客源问题。有了旅游客源，才有旅游需求，才有旅游供给，才有旅游市场，才有旅游开发问题。即旅游业经营者研究如何开发适销对路的旅游商品，满足旅游者不断变化的需求，才能吸引更多的客源。没有客源就没有市场需求和供给，市场便无法形成，所以客源问题就是市场开发问题。综上所述，旅游商品市场开发是旅游业发展的根本问题。只有抓好市场开发，才能抓好旅游业的发展。

（2）*旅游资源的潜在价值转化为现实价值，可以取得最佳的社会效益和经济效益*。旅游资源包括现实旅游资源和潜在旅游资源。现实的旅游资源，是指具有魅力、已经开发并正在接待游客前往观光游览的旅游资源。潜在的旅游资源，是指具有某种诱人的魅力，但目前尚未开发的旅游资源。毫无疑问，潜在的旅游资源需要经过开发转变为现实的旅游资源，而现实的旅游资源同样也需要巩固、改善和提高。旅游资源通过旅游商品经营者投入一定的经济技术活动，使旅游资源的潜在价值转化为现实价值，便可创造最佳的社会效益和经济效益。例如一座民宅，年代久远，规模较大，建筑风格独特，艺术价值和观赏价值很高。经过开发，使民宅由潜在的旅游资源转化为现实的旅游资源，成为旅游商品，成为一个新的旅游点，从而取得了社会效益和经济效益。

（3）*促进旅游资源所在地区经济的繁荣和发展*。各地自然条件、社会条件、经济条件和科学技术发展水平的巨大差异，使得我国区域经济发展水平差异很大。在已经具备发展旅游业条件的地区，通过旅游商品市场的开发，促进和推动该地经济的发展。例如，旅游业对加速我国东部沿海地区外向型经济的发展起着重要的作用。现在旅游业已是沿海地区的主要产业之一，旅游商品已是沿海地区出口创汇的拳头商品，为地区经济的发展提供了更多外汇资金和大量的就业机会。

（4）*促进社会经济繁荣，带动其他行业发展*。旅游业是一项综合性的产业，它的发展依赖于国民经济各行业的综合发展。旅游者的需求与生产性和非生产性的众多行业息息相关。进行旅游商品市场的开发，有利于促进国民经济许多行业的发展，促进社会经济的繁荣，带动其他行业的发展。例如世界著名的西班牙“太阳海岸”，在被辟为旅游区之前，是仅有十多户人家居住的海边小村落。被开辟为旅游区后，如今旅馆林立，商业兴旺，成为了繁华的现代化旅游城。美国夏威夷瓦胡岛旅游区，开发前是一片荒凉的海滩；20 世纪 50 年代被辟为旅游区后，建立了旅馆群、商业街，人口达 90 万，每年接待来自世界的旅游者近 400 万人次，成为世界著名的旅游区。在当今社会化大生产的条件下，国民经济各部门、各行业有机地联系在一起。一个新兴旅游商品市场的兴起和发展，其影响所及决不会只是与这个行业本身直接有关的行业和部门。它几乎涉及国民经济的各个部门和行业，可以促进和带动其他有关行业的发展，从而也间接地扩大了劳动就业。

相关链接　搜索

新加坡的旅游商品

新加坡素有“花园城市”的美称，虽然只有 500 多万人口，但是旅游业却搞得红红火火。旅游商品在促进狮城旅游业发展中功不可没。作为旅游业的一个重要组成部分，琳琅满目的旅游商品浓缩了游客在狮城的美好经历与回忆。旅游商品多以旅游目的地的景点和文化为题材，是旅游目的地形象的艺术表现。在来新加坡的外国游客眼里，鱼尾狮、胡姬花、蜡染和皮革制品等都是必购的商品。

（1）鱼尾狮。鱼尾狮是新加坡的标志与象征。以鱼尾狮形象制作的旅游商品有水果叉、温度计、闹钟、铅锡盘子、杯子、烟灰缸、名片夹、打火机、钥匙扣、茶叶筒等。

（2）胡姬花。胡姬花是一种十分珍贵的花种，其中的卓锦万黛兰是新加坡的国花。新加坡商家生产了一种很独特的商品，就是把胡姬花浸在 18K 或 22K 金液里制成胸花、小夹扣、耳环、盘子等饰物。胡姬花是天然生长的原材料，每一朵花不可能完全一样，因此每一个镀金胡姬花首饰也不一样。此外，胡姬花还被放入一种特别的蜡中，制成小闹钟、笔筒等各种各样的商品。

（3）蜡染。蜡染是一种用蜡染制作的印花布，有新加坡产品、马来西亚产品、印尼产品。它们各具特色，其中新加坡的产品花色较多，价格相对较低。

（4）皮革制品。鳄鱼皮和爬虫类的皮革制品，由于其从养殖鳄鱼到加工皮革都在新加坡国内进行，所以价格便宜，具有吸引力，也确立了其在新加坡特产中的地位。其中有鳄鱼皮的皮包、鞋子、小装饰品等，种类丰富。

新加坡是一个多元种族的国家，因此纪念品也呈多样化。在新加坡还可以买到丝织的马来纱笼、尼泊尔的珠宝、象牙项链、印度绸、泰国丝、具有华人特色的小纪念品等，在“荷兰村”则出售欧美纪念品，如荷兰木屐等。除了用于观赏与穿戴的旅游商品外，新加坡现在也将一些高质量的食品制成旅游商品，以供游客们选择。例如新加坡特产猪肉干、冰糖燕窝等，都深受游客们的喜爱。

——资料来源：阿里巴巴资讯网，2012.

四、旅游商品市场开发的策略

（一）培养旅游商品开发意识，加强人才队伍建设

一个国家或地区旅游商品发展水平的高低，与领导的旅游商品意识有着密切的关系。长期以来，中国人的旅游商品意识比较淡薄，表现在有关旅游产品结构政策偏斜，重旅行社、酒店建设，轻旅游商品生产、销售，致使旅行社、酒店超常发展，而旅游购物赶不上旅游业的发展步伐。因此，应首先聘请旅游专家，对地方各级领导进行旅游商品意识、观念和基本行业知识的培训，并使其对旅游商品的种类和范围有较为科学的认识。

由于种种原因，各地旅游商品从业人员的整体专业水平及综合素质不够理想。具体表现在：旅游商品从业人员经营管理运作欠科学规范，服务态度生硬，服务水平不高等。这一状况若得不到有效改善，地方旅游业的整体形象和发展后劲将受到严重影响。所以，旅游商品人才开发要在稳步扩大旅游商品人才队伍数量的同时，把提高现有旅游人才素质特别是创新精神、职业道德水准、实践能力和外语水平放在首位，优化旅游商品人才的素质结构、能力结构和专业结构，提高旅游商品人才的整体质量。

（二）开发创新型旅游商品

多年来，我国工艺品销售创汇始终是旅游商品创汇的主体，约占旅游商品创汇的60%。如不突破这种产品结构失衡状态，我国旅游商品创汇的总体水平也难有大幅度的提高。因此，今后应大力发展服装、丝绸、陶瓷、皮革以及反映当地旅游资源风貌的纪念品、旅游用品等旅游商品。在进行旅游商品开发时，主要在新材料、新工艺上进行探索和改进，积极采用高新技术，改造和提升现有旅游商品。通过将传统的民间工艺与现代的科学技术相结合，形成丰富多样的旅游商品品种，同时做到物美价廉，适应中低层消费者的需要。例如中国传统的剪纸，是一种镂空的艺术。镂空的方法多种多样，除了剪以外，还可以采用刻凿、割划、撕扯、烧钻等；在材料的选择上，除了纸以外，凡薄质的箔、膜均可使用。对传统的民间工艺进行创新，是将传统手工艺品推向市场的必由之路。

将农副产品通过注册商标、精包装后转化为旅游商品，是不少地方进行旅游商品开发的一条路径。例如，郑州新郑的大枣，新郑市委、市政府利用该农副产品独特的外形和口感对其进行精包装，并注册了“好想你”等知名商标，投放旅游市场，大受游客喜爱，产品供不应求。把农副产品转化为旅游商品，不仅加快了农业结构调整的步伐，而

且使地方旅游商品的开发生产有了新路子。通过发挥旅游地的资源优势，进行旅游商品的开发和生产。如在青岛，京华饰品有限公司将青岛的精华景点浓缩到旅游商品中，开发出具有青岛景区景点特征的珠宝首饰。例如青岛的栈桥，被微缩成一枚胸针，回澜阁一端做胸针的外观，长长的桥体做别针；青岛的标志性雕塑“五月的风”被变形微缩成一枚戒指，在保留雕塑形状的同时，去掉了雕塑本身的刻板与单一感，获得了旅游者的喜爱。

（三）开发不同消费档次的旅游商品

推出不同消费档次的旅游商品，既可以适应不同消费者的需求，又给低价旅游商品以平等竞争的机会。为满足不同经济收入、不同社会地位和不同购买用途的旅游者的需求，旅游商品可以采用不同的包装材料和不同的装潢设计的包装。高档的旅游商品突出其名贵豪华，低档的旅游商品力求经济实惠。比如陶瓷和茶具，高档的采用丝织锦面、丝绒做衬垫的包装，中档的配以塑料硬盒附海绵防震包装，低档的采用瓦楞纸盒加碎纸防震的包装。为有助于消费者识别、记忆和形成品牌意识，可将同一企业生产的用途相似或同一旅游地经营的品质相近的旅游纪念品，采用相似的图案、色彩、形状包装甚至可以形成套装礼盒。

（四）保证旅游商品流通渠道畅通

强化旅游商品与旅游业的结合，利用巨大的游客流带动对旅游商品的认知度。打破传统的商品宣传观念，在旅游项目、旅游线路、旅游资源的开发中，将旅游商品作为营销对象，同时在旅途和宾馆酒店中加大对旅游商品的宣传和使用，突出旅游商品的纪念性、艺术性和实用性，逐步使旅游商品成为游客衣、食、住、行的必要因素，逐步形成旅游服务业和旅游商品零售业双赢的局面。

为了保证旅游商品流通渠道的畅通，第一，要在流动人口多、商店林立的地区，建立专营旅游商品的商店或商场，或者在综合性商场内设立旅游商品专柜。第二，要重点扶持旅游商品产、供、销一体化的公司，在商业中心和景区点设立该公司的联营店或连锁店。在这些店里做到统一品牌、统一价格、统一服务规范，做到“货不二价，童叟无欺”。建立这种连锁店最大的好处是能使旅游者放心地在此购物和消费。第三，建立一到两个地方乃至全国优质旅游商品的大市场。这样既可以节约游客的购物时间，又可以使供应商通过良性竞争，向游客提供质优价廉的旅游商品；同时供应点的相对集中，又便于主管部门的规范管理，打击销售假冒伪劣商品的行为，维护游客的消费权益。与此同时，还必须规范与整顿已有的旅游商品市场，与工商部门联合对景点景区中商业摊点过多过滥的问题予以整顿，帮助各个景点规划、规范好商业网点布局。

（五）完善购物环境

良好的购物环境会促发购买冲动。有学者将购物经历分成疲劳购物和娱乐购物两种，前者是有意的行为，以产品为导向，讲究效率和实效价值；而后者是冲动的行为，对购物环境很敏感，追求美学和享受价值。多数旅游者更愿意进入第二种状态。可以探索一种实现购物方式由被动式向主动式转变的新思路，即针对目前游客在旅行中由导游安排购物、即兴购物等被动式购物比较多的情况，导购服务还满足不了游客的需求等问题，可考虑把旅游商品的品种、价格、销售地点等信息公布在地方旅游网上。这样游客可以从网络中获取信息，自主地有针对性地购物。

通过分期分批对旅游区（点）的旅游商品销售摊点进行整顿，规划旅游区（点）内外商品销售点的规模和数量。采取有效措施，引导旅游区（点）销售体现本景区（点）特色的旅游商品，增加旅游商品的创收、创汇。

第三节 旅游商品的开发创新

改革开放至今，旅游业已成为我国国民经济发展的重要产业，我国现已成为世界旅游大国，并在逐渐向世界旅游强国迈进。据世界旅游组织预测，到2020年，中国将成为世界最大的旅游目的地国和第四大客源国。尽管如此，中国旅游业目前的发展水平与世界旅游强国还有很大差距。2001年，中国正式加入世贸组织后，我国旅游业正面临融入全球经济一体浪潮的冲击，可谓机遇和挑战并存，竞争会更加激烈。如何能抓住机遇，迎风弄潮，争取由旅游大国跃升为旅游强国，一个至关重要的前提就是要不断创新。旅游业的发展只有在旅游商品的不断创新下才能迅速持久，旅游商品的创新是旅游业发展的不竭动力。

一、我国旅游商品开发创新的发展阶段及现状

旅游业自从在我国兴起发展至今，在很多方面都表现出了很强的规律性。这在一些专家学者的研究成果及旅游业界约定俗成的见解中都有充分展示。例如，旅游产品开发的规律表现为“依托资源—模仿他人—市场导向—引导市场”。旅游商品开发包含于旅游产品开发之内，从整体的发展走向来看也遵循了旅游产品开发的规律。但若将旅游产品开发看成一个整体，依据系统科学的思想：一旦一些事物构成了一个整体，整体就会“突现”出一种原来事物所不具有的新的属性，通常称为整体属性。因此，旅游商品开

发在整体的发展层面上符合旅游产品开发的总体性规律的同时，构成整体的部分还存在个性化的发展规律。

此外，从全国范围来看，由于受经济发展水平差异的影响，各区域内旅游业的发展水平也存在很大差异，直接导致旅游商品的供给和需求影响因素处在不同的发展层次，即各区域的旅游商品开发并不处于同一阶段。但从各个单体区域范围内来看，旅游商品开发的发展必然会随着经济的发展而经历并完成一个共同的过程，只不过受各区域的经济发展速度不同的影响，发展阶段过渡的快慢也存在差异。

（一）简单开发阶段

在我国旅游业发展初期，旅游地的政府、居民和企业缺乏旅游商品意识，只销售一些游客感兴趣并有纪念意义的物品。市场需求也因为游客知识结构、年龄结构、旅游动机和地域范围的单一而呈现简单化。总体特征是旅游商品供给量少，加工简单，种类单一，但地方特色强；旅游商品需求量小，质量要求不高，仅关注其表层的纪念性。

在此阶段，由于市场环境和市场意识等条件的限制，旅游纪念品的开发存在以下问题：①开发仅限于对当地的物品资源进行简单的加工或直接出售。②旅游商品缺乏文化性、礼品性、艺术性。

（二）混乱开发阶段

一方面，旅游业不断发展，旅游地的政府和企业商品意识不断增强，旅游商品的开发工作有了进一步的发展。不仅对本地的物产资源进行了进一步的加工和包装，增强了其礼品性和艺术性等特征，而且从其他地区成功推出的旅游商品上吸取经验，学习运用，还广泛地引进了各地比较成功的旅游商品直接销售；另一方面，社会经济的发展和国家政策的完善，使人民可供支配的资金和休闲时间逐步增多，旅游逐渐大众化，直接导致了游客知识结构和年龄结构复杂化、游客职业结构和地域来源结构复杂化、旅游动机复杂化。上述两方面的系列变化，促使旅游商品的供给和需求对应复杂化，大大提高了旅游商品阶段性的经济效益。

这一阶段旅游商品发展的总体特征是：旅游纪念品的供给量大幅度增加，种类繁多但杂乱，商品质量层次不一，部分产品加工精细，部分产品粗制滥造，存在重视短期效益而忽略地方特色的发展趋势；旅游商品的需求量增大，商品种类款式需求日益繁杂，质量要求提升，并具有越来越多的个性化需求。

在此阶段，旅游业的整体发展规范还不完善，市场秩序比较混乱，旅游商品开发存在以下问题：①众多旅游地在开发旅游商品，互相学习引用的同时，忽略了旅游商品的地域独特性和对应纪念性，造成各旅游地的商品“千篇一律”。大部分景区都销售手链、项链、钥匙扣、玉石雕刻、中国结等旅游商品。②一处旅游地/景区同时销售多处旅游地/景区的商品。例如，在很多旅游地/景区都能买到蒙古刀、藏饰品、景泰蓝等地域性较强的旅游商品。③更严重的是，存在一些以次充好、以假乱真销售伪劣商品的现象。例如，许多景区都销售的一种价格便宜的“雨花石”，都是廉价的塑料仿制品。

（三）规范开发阶段

一方面，很多旅游地在经过了沉痛的教训后开始反思，逐步确立了旅游商品开发的市场导向原则，即以市场需求为导向，结合本地自然与文化资源开发适合市场需求的产品。关注发展一些中国传统的手工工艺，积极寻找民间的独特加工工艺和恢复已经失传的特色工艺，并结合高科技手段提升产品的现代气息；另一方面，旅游成为一种大众消费，使游客需求呈现出高度的复杂化特点；客源地域空前广泛；大众及学生旅游群体日益庞大；探险、科考、商务、购物等旅游动机兴起；“五一”、“十一”、春节等法定假期成为旅游消费沸点等。

本阶段的总体特征是：产品供给重新重视地方特色，充分考虑市场需求，注重民间工艺和科技手段的利用；需求的个性化因素非常繁杂，重视商品的文化性、礼品性、艺术性、时尚性、便携性及实用性等。

旅游商品开发注重市场引导是目前主流的指导思想，但发展还不成熟、不完善，存在以下问题：①部分地区效益短视现象仍然存在，市场上的旅游纪念品良莠不齐。②缺乏对客源地自然与人文环境背景的分析及与自身地域文化的差异对比，无法准确定位市场需求的基本影响点。③盲目并妄求广泛追随市场需求，忽视根据本地区主次客源地的特征而进行细分市场，导致投入产出效益低。

我国发展旅游商品，首先要开发适销对路的旅游商品，树立现代旅游商品形象。我国旅游商品长期存在“三多三少”的不合理格局，即“大路货”多，有地方特色、工艺精的商品少；外地产品多，本地产品少；销售数量多，经济回报少。目前国内大多数传统旅游商品面临着同样的问题，即产品老化、内容单一、主题重复、缺乏变化。虽然其中有的旅游资源品位很高，也不乏世界级的精品资源，但是资源的高级性却被开发的低级性所抹杀。我们必须认识到，当今旅游业发展是置于激烈的国际国内旅游市场竞争之中的，要想使我国旅游业继续保持飞速发展的势头，冲击世界旅游强国之位，进行旅游商品的创新是迫在眉睫的任务。

课堂思考

你见过的旅游商品有哪些？列举让你印象深刻的旅游商品。

二、我国旅游商品开发创新存在的问题

（一）观念方面的问题

在观念上，重旅游景区的开发建设，轻旅游商品开发创新。从我国旅游发展的过程来看，各地在开发旅游项目中没有真正树立大旅游的观念，重旅游景区的规划建设，没有把旅游商品的开发创新列入旅游业重要内容来研究落实，甚至没有纳入当地旅游发展建设规划，因而缺乏具体的旅游商品开发创新的观念和生产组织配合，以及成型的销售渠道，造成旅游商品研发、生产、销售脱节，乃至组织失调、自生自灭等恶性循环。许多旅游景区在建成后，旅游商品往往就是一些当地历史上形成的土特产，或者是当地的资源的简单转化。由于缺乏长远的开发创新的规划，旅游购物品逐步丧失了自己所在景点、区域、所属文化、习俗的特色，造成我国旅游商品几十年品种单一、各地雷同的现象。

（二）开发模式方面的问题

在开发模式上，重传统的生产工艺技术，缺少独立的技术创新系统。目前国内许多旅游商品生产厂家依旧停留在传统的工艺作坊式的经营模式中，技术设备开发不足，生产水平落后，使许多地方开发的纪念性、特色性旅游商品呈现出新产品老模式的状况，已难以适应旅游者的需要。在知识经济时代，创新已经成为社会的热点，决定着商品市场成败的关键。对旅游商品而言同样重要。旅游商品在开发设计上的新颖性往往可以将同一种文化反映在不同产品上，也可以把不同文化反映在同一产品上。但是目前国内的部分旅游商品的设计却明显落后于旅游业的整体发展，缺乏独立的创新体系，造成产品设计单一、缺乏新意、产品设计开发没有系统化。目前，我国市场上的旅游商品普遍存在着“品位俗、档次低、易仿冒、无特色”的特点。

（三）经营方面的问题

在经营上，重市场开发，轻商品开发创新。目前我国经营旅游商品的企业，由于科研技术力量先天不足，造成具有地方特色、沉淀历史文化底蕴、有新意、有纪念价值的

旅游商品的佳品比重极少。由于旅游商品的产权保护的问题在我国尚没有很好地解决，而旅游商品极易被稍加改动后仿制，其合法权益很难得到真正的保护。这样，企业开发的积极性很难得到保护，也就不愿意在旅游商品的开发创新上下功夫，为了追求短期的市场利益，只能进行抄袭、仿造来谋求市场利润。相互抄袭、仿造，造成旅游商品开发的恶性循环。最后导致企业都不愿意在旅游商品的开发上进行投入。

（四）管理方面的问题

在管理上，我国旅游商品发展的管理体制没有理顺。我国长期以来缺乏旅游商品生产的专门管理部门和研究机构。随着经济体制改革，商品产销结构发生较大变化，过去以主管部门为主导形成的产销格局被多渠道、分散型的产销格局所替代。原来内贸、外贸、轻工、纺织等部门形成的多头管理体制，在机构改革后，却没有设立与旅游商品发展相适应的专门管理和研究机构，名义上由各地旅游局进行协调管理，实际上现在各地旅游局很难进行有效的管理，企业各行其是，国家制定的旅游商品发展政策很难落实。

（五）市场定位方面的问题

在市场定位上，重国外市场开发，轻国内市场开发。目前，许多从事旅游商品开发工作的企业经营决策者将旅游商品开发的重点放在了海外来华旅游者的身上，忽视了国内旅游者的消费潜力。在我国许多旅游点，大多数定点旅游商店中所经营的主要是价格高昂的高档旅游商品，其目标消费群定位在国外顾客，而针对国内游客的消费水平和审美情趣设计，价格适中而又具有地方特色的旅游商品却少之又少。应区别出国内旅游商品与国际旅游商品两者之间的不同，分析国内旅游者的购物模式以及国内旅游商品的市场特征，探讨国内旅游商品的开发策略，这对于促进国内旅游业的发展，改善旅游地区的经济条件都有重要的意义。另外，对出境旅游者的购物市场也要进行必要的关注和市场调查，共同促进中国旅游业的健康和持续发展。

（六）功能方面的问题

在功能上，传统旅游商品的功能弱化。我国一些传统的地方特色的商品，由于时代变迁，科技的发展，新材料、新工艺、新产品的不断涌现，其实用功能越来越弱。例如，杭州传统旅游商品的扇子、绸伞，湖南的湘绣等，其过去的那种实用功能已经弱化。如果不搞创新，无论如何进行促销，其购买量也很难提升。

案 例

吉林省：七大资源打造特色旅游商品

2013 吉林省旅游商品博览会暨旅游购物节，于9月1~5日在长春市文化广场举行。参展商品种类有旅游纪念品、旅游食品、旅游保健品、酒店用品、户外用品、冬季旅游商品及旅游装备用品等。

“吉林省通过打造土特产、农产品等七大特色资源，培育出吉林地域特色旅游标志性产品，开拓了旅游商品销售渠道，增加了旅游商品消费在旅游总收入中的比重。”吉林省旅游局副局长高飞在2013 吉林省旅游商品博览会新闻发布会上说。

高飞表示，目前吉林省旅游商品是旅游业发展中的“短板”，旅游商品消费占旅游总收入的10%~13%，与发达地区的30%相比仍有较大差距。对此，专家认为，吉林省应挖掘吉林历史文化，通过创新设计，融入新工艺、新技术以及时尚元素，开发出文化内涵丰富、品牌形象明显、创意灵魂突出的“吉林制造”地标性旅游商品。

高飞说：“吉林省将大力培育依托长白山脉森林资源以‘吉林三宝’为龙头的旅游商品品牌；开发依托农业大省、生态环境大省生产的农副土特产品、绿色生态食品、饮品系列品牌；开发研制以通化、白山等地松花石、长白石为代表的特色旅游艺术名品。”此外，还将积极扶持以朝鲜族、满族、蒙古族民俗文化历史渊源的民族特色旅游商品；培育拓展以黑土地文化、冰雪文化、城市雕塑、汽车文化、历史遗迹为载体的旅游文化纪念品；开发以长白山、伪满皇宫、净月潭等重点景区为载体的标志性旅游商品；开发极具吉林特点的滑雪、登山、漂流、自驾游、野营探险等户外装备用品。

——资料来源：阿里巴巴资讯网，2013.

案例分析

1. 为什么说吉林省旅游商品是旅游业发展中的“短板”？
2. 你认为当地有哪些旅游资源可以打造特色旅游商品？

三、旅游商品开发创新的原则和方法

（一）旅游商品开发创新的原则

旅游商品开发创新的总原则是把地域文化特色、民族风格、传统工艺与现代科技有机地结合起来，充分满足旅游商品市场需求。

1. 特色性原则

从旅游商品的产地与销售地的不可分性这一特性来看，旅游商品实现其本质价值的唯一途径就是充分体现地域特色，进而才能实现其纪念及宣传等功能。俗语说，物以稀为贵。这句话同样适用于旅游商品的开发。这也是旅游商品能够对旅游者产生吸引力的根本所在。因此，在旅游商品的开发中，应把融合地区资源与环境，凸现地域特色放在首位，在此前提下考虑市场的一些产品外延要求，即弱化市场需求，如顾客的颜色喜好和禁忌、包装的精致华丽、携带的方便性等。另外，应充分关注并利用产地与销售地的近距离优势，旅游商品的生产企业与景点、景区销售点及其他的销售点应及时沟通有关的有效市场信息，在产品的投资发展战略上做出最合理的决策。

综合来说，旅游商品的开发应更注重制定整体的发展战略导向，并以此为依据开展工作，将市场需求放在辅助地位，来帮助进一步完善战略的实施。这是由旅游纪念品的产地与销售地的不可分性所决定的。

2. 品牌化、精品化原则

从旅游商品的供给广泛性与需求狭窄性来看，旅游商品在供给与需求这个矛盾层面上来讲处于买方市场。过多的低价劣质的旅游商品充斥市场，使旅游者的购买决策行为越来越小心谨慎，购买力度也大打折扣。因此，旅游商品的出路在于开发出优质的精品，不仅从材质、设计及加工工艺上力求精良，而且要注重提高旅游商品的文化价值，注重品牌开发，增强其艺术性和纪念性，使其成为真正的名副其实的旅游纪念品、旅游商品。

各地的旅游商品开发工作要做到“深挖掘、广积累、精提炼、造品牌”这条准则。深挖掘，有两层含义。一是深入了解旅游地的历史文化背景；二是深入民间及景区，调查实际情况，避免道听途说，瞎子摸象。广积累，指广泛地整合自然要素和人文要素，使旅游纪念品的内涵更丰富多彩，同时广泛地征求并积累各界人士的意见，做到博采众长。精提炼，指在深挖掘、广积累的基础上，提炼出最能代表和象征旅游纪念品依托物的部分要素，做到底蕴厚重、表象凝练。造品牌，在前面几道工序的基础上，注重选材与加工设计，并严抓质量，以质造牌，以牌扬名，以名夺市。

3. 主题突出、艺术性和实用性相结合原则

旅游商品对它的依托物具有象征性及宣传性。这一特性决定了旅游商品重在体现不同层次的旅游地或景点景区的旅游形象，进而实现其纪念和宣传的功能。然而在某一区域范围内的旅游地具有高低不同层次的旅游资源，形成了一个旅游资源体系，相应地也形成了该旅游地的旅游形象体系。在旅游商品的开发创新工作中，应注意对应各个层次

的旅游形象与旅游纪念品的象征和宣传对象，突出主题，避免交叉混淆，力求准确明白地体现它的象征性和宣传性。同时，随着生活水平的提高，人们的生活品位也越来越高。现在人们在购买旅游商品时，已不再像以前那样只注重旅游商品的实用性，而是更强调实用性与艺术性的结合。在开发旅游商品中可利用人们的这一心理，融艺术性与实用性于同一种旅游商品中。例如，在中山陵，除了可销售多年的"天下为公"、"博爱"纪念章外，也可以推出"中山杯"、"中山包"、"中山服"等融艺术性和实用性于一体的特色旅游商品。

4. 旅游商品开发创新体系化原则

旅游商品具有跨时间与空间及社会层次的联系性，这是就客观的自然界与人类社会发展的既成现实而言，如果再加上人为的主观能动性对旅游资源的整合，旅游商品的这一跨时间与空间及社会层次的联系性会更加丰富广泛，例如举世公认的五岳名山、四大佛教名山、三大名楼、关外三陵等整合资源。如果在开发相应的旅游商品时，依照这种人为主观的整合联系性就形成了相应的产品体系。这种产品体系更有利于拓宽宣传的范围，加强宣传的力度，也有利于增多产品种类，打造系列品牌。上述举例的这几种产品体系，有的已经形成并开发创新，有的还尚未形成。这就需要在我们今后的旅游商品开发创新工作中，更加关注这种跨时间与空间及社会层次的联系性，通过实际调查可行性后，开发形成配套的产品体系。

5. 环境保护原则

保护环境是人类共同的职责，旅游商品生产企业在开发设计新产品时应注重环保问题。对于那些对环境有破坏的传统的旅游商品，要进行工艺改造，选择无污染燃料，消除或减轻其对环境的污染。对于旅游商品的开发创新，要有环境评价体系，坚决杜绝因旅游商品的开发创新造成对环境新的污染。

6. 标准化原则

旅游商品的开发创新必须遵循标准化原则，符合相应的标准化规定，按照标准化的要求进行设计生产。这样有利于扩大生产规模，提高旅游商品质量，降低成本。

（二）旅游商品开发创新的方法

旅游商品开发创新的途径很多，归纳起来主要有以下几种：

1. 利用资源优势，仿制特色旅游商品

这是对已有的特色物品进行仿制而成为旅游商品的开发创新方法。根据旅游商品的模仿物的不同，它又可分为历史文化名人的古字画的仿制品或微缩品、出土文物的仿制品或微缩品以及著名古建筑或具典型民族特色的民居的微缩品或残存古遗迹的微缩复原模型。

仿制旅游商品的开发与设计必须遵循一定原则，即充分尊重原物原貌，以尽量相近的材料来制作，这样才能收到较好的效果。还必须提到的一类仿制型旅游商品，是对其他省份或地区已有旅游商品在外观和加工工艺上稍做修改或适当加入本地元素而生产出的商品。这类商品过于“大众化”，因此尽管它的开发设计成本较小，但因吸引力不够，无法带来较高的经济效益。但是仿制型的旅游商品一般制作都比较精致，价格比较贵。购买这类商品的旅游者多具有一定的经济实力和文化品位。很多地区具备了开发优秀的旅游商品的资源优势，开发比较容易。但在开发工作中，应注意以下几个问题：第一，应该精益求精，提高工艺水平，保证质量，打造名牌。第二，应该开拓更广泛的市场，加大宣传力度。第三，注重与现代文化相结合，增强实用性、时尚性、礼品性等。第四，关注顾客需求，注意携带的方便性等。第五，避免一味地模仿，故步自封，应该不断加强图案和形状的合理化创新。

2. 功能创新，增加旅游商品的使用价值

该方法的宗旨就是在充分突出旅游商品特色、体现其纪念性的同时，增加其使用价值，使游客的消费更加物有所值，从而达到吸引消费的目的。我国具有丰富的民族文化资源，且传统工艺及民间工艺实力较为深厚，通过功能创新开发旅游商品有较大的资源与技术优势。这种方法在开发设计中，通常保留其原有功能，同时还考虑了增加为多功能性旅游商品。一般有以下两种方法：

（1）*功能改进*。经功能改进后的旅游商品不仅仅是一件具有纪念价值的旅游商品，还可以作为礼品馈赠。它不是一般意义上的摆设、挂饰，在日常生活中也具有使用价值。例如，少数民族地区特有的民族服装、民族挂饰等，在保留部分典型的民族风格外，稍做改进，使之更生活化、更大众化，成为日常生活中可以穿着的服饰。再如，湘西地区的银饰品、蜡染布或扎染布制成的衣裙等，在湘西风景旅游区内可随处看到，现在甚至在各大商场的柜台上都可以购买到。

（2）*加工改革*。充分利用现有资源及技术，对传统商品在加工上进行改革，加入新的设计理念，使商品焕发新的面貌。例如，湖南益阳地区竹资源十分丰富，传统的竹编织物主要是席子等生活用品，经技术改进，水竹地毯、篾编女式手袋及挎包、竹编挂件等，可以成为特色的旅游商品。

3. 多因素创新组合方法

这种方法主要是将日常生活中较为常见且常用的器皿、服饰等，在生产时继续保持其原状，但增加一些特有的民族特色的服饰或以正宗纯粹的民间工艺对其进行加工，使其具有地方特色或传统风格。例如，湖南的菊花石、醴陵釉下瓷器，古朴的铜官陶器等都可以进行多因素组合成为湖南新的旅游商品。

4. 主题创新方法

这种开发创新方法一般依托于影响较大的国内、国际大型旅游活动、节庆活动，例如2008年北京奥运会、2010年上海世博会等，将活动内容及主题融入旅游商品之中，使其变成具有纪念意义的旅游商品。这类旅游商品不仅可以收藏或使用，而且可以作为礼品馈赠。例如，帽子、T恤、明信片、宣传画、景点门票、邮票等都可以融入主题活动的内容而成为旅游商品。

5. 工艺改革方法

通过工艺的改进，可以改变原来的生产方法、消费条件和原有品质。例如，湖南益阳皮蛋，传统的生产方法使产品含有对人体有害的铅，通过无铅化工艺改造，可以生产无铅皮蛋；北京烤鸭世界闻名，但其传统的生产方法对环境污染较为严重，通过工艺的改造，使用新的绿色燃料，既可保持原有风味，又可消除或减轻对环境的污染。在我国，许多土特农副产品储存期短，只能在当地消费。如果我们进行特殊包装，使其改头换面，便于保存和携带，游客既可以在当地品尝，也可以带回家，馈赠亲朋好友，将大大提高其销售量。例如，用真空无菌包装长沙特色小吃火宫殿臭豆腐、槟榔等，既提高了它们的产业化程度，又可以使其进行异地销售和消费，还改善了其外观形象。

6. 过程透明方法

许多传统商品和民间工艺，一直是一些能工巧匠谋生的手段，其生产工艺具有保密性。正因为这样，其生产过程对旅游者具有强烈的吸引力。生产过程透明化，既可以满足旅游者旅游的需要，将旅游商品的生产和销售联系起来，又可以展示商品的品质，提高旅游者的购买欲望。例如，法国旅游商品的代表之一是葡萄酒，可以先带领旅游者参观葡萄园及酒窖，然后再为其提供买酒的机会；泰国鳄鱼皮具极具地方特色，采取参观鳄鱼表演、鳄鱼皮的制作工艺后再引导旅游者购物的方式，可以增加旅游者的购物量；韩国将水晶加工厂外观设计成“溶洞”，这里既有丰富的矿产展示厅，又有透明玻璃房内的加工车间厅。

相关链接　搜索

绿色旅游商品

随着绿色旅游在国外的走俏，中国与国际旅游业的逐步接轨，以及中国人环保意识的增强，绿色旅游必然会在中国走俏。

一方面，绿色旅游将成为中国旅游业发展的必然趋势。目前生态旅游是现代世界上非常流行的旅游方式，尤其是欧美等发达国家的生态旅游已经发展得非常成熟。它所提倡的“认识自然、享受自然、保护自然”的旅游概念将会是新世纪旅游业的发展趋势。近两年来生态旅游概念也引入了中国并逐步推广开来，很多旅游者开始愿意尝试这种新时尚的旅游方式。随着对环境保护的大力宣传，人们关心生存环境、生态养生的意识也在不断地增强。走进大森林，回归大自然，到青山绿水中去休闲度假、猎奇览胜、陶冶性情的绿色旅游将尾随着生态旅游的热浪冲击，成为人们新的选择。

另一方面，随着绿色营销、绿色消费浪潮的来临，绿色旅游将得到进一步发展。绿色是生命之色，生命呼唤着绿色。它是和谐健康、安全和幸福的象征，它是人们选购高科技产品的向导，它是知识经济的助动力。总之，从某种意义上说，绿色是现代人类文明的重要标志。当今世界，人们都把绿色作为对人类与环境均有益无害的代名词。绿色生活浪潮正成为国际环保高水准国家或地区的社会热点。绿色营销也成为当前全球蓬勃开展的环保运动的产物。随着环保意识的增强，绿色生活行动在中国也日益深入人心，成为越来越多市民追求的时尚潮流。市场上各大超市中热卖的绿色食品，中国联通推出并正热销中的CDMA绿色环保手机受到消费者的追捧，还有各式的绿色环保家用电器也纷纷进入市场并受到消费者的欢迎。一个绿色产品的销售新热点正在形成。在旅游方面，以贴近大自然为主旨的绿色旅游也将在绿色经济的带动下迅速兴起和发展。

——资料来源：辛建荣，路科，魏丽英．旅游商品概论［M］．哈尔滨：哈尔滨工程大学出版社，2012.

四、旅游商品开发创新的意义

尽管庞大的旅游市场的存在和发展，对旅游商品产生了巨大的需求拉力，但由于目前旅游商品研发过程中受体制、创新能力等众多因素的制约，产品开发与市场需求脱节等现象严重，传统的观光旅游产品显然已无法满足旅游者诸多方面的需求。旅游企业要创造出尽可能多的新的使用价值、新的功能、新的有用性的旅游商品，以满足旅游者各种不断变化的旅游购物需求。据有关方面的调查显示，目前尚有30%的入境旅游者买不到满意的旅游商品。近几年我国旅游商品创汇年增长速度低于我国旅游创汇速度，并且我国旅游商品创汇收入占旅游外汇总收入的比重一直在低水平徘徊。要改变这种现状必须加强对旅游商品的开发创新。

（1）*旅游商品创新开发是市场经济发展的趋势。*市场竞争已经进入到了战略竞争的阶段，“先营销市场，后进行生产”已经成了新时期市场经济的战略信条。市场经济下的任何一种商品，在经历了追随市场的疲惫期后，都已从由生产到销售的低级发展过程过渡到先“销售”（宣传企业及产品的形象和文化，打造品牌）后生产的高级发展过程，即制定发展战略，引导市场，促进消费。因此，新的发展趋势是：制订品牌发展计划，宣传产品的空间依托区域即旅游地的形象及生产企业的企业文化及形象，引导旅游商品的市场需求，促进旅游商品的消费水平及额度的提高，实现经济和社会效益的提高。

（2）*旅游商品开发创新是区域旅游发展总体规划的要求。*区域旅游发展总体规划是指导地区旅游业发展的依据。它的制定是建立在对区域内自然环境、经济状况和社会文化等各种实际情况的综合科学分析的基础之上，包括区域旅游发展整体目标、下属各方面的发展方案以及旅游商品的开发创新。依据总体规划的要求才能做到因地制宜，量力而行。相反，若盲目地追求大干快上、规模化发展，一方面由于不实事求是，造成资金和资源的浪费、环境的破坏、低质低速的发展；另一方面也从整体上影响区域发展规划的执行。

（3）*旅游商品的创新可以促进对旅游地的宣传。*旅游商品的创新不仅能为旅游地创造巨大的经济效益，而且能对旅游地起到很大的宣传作用。旅游商品代表着某特定区域范围内的旅游地形象，如北京的景泰蓝、天津的杨柳青年画、内蒙古的蒙古族角雕、江苏的苏绣等。旅游商品的创新可以更加有效地吸引旅游者，在被购买—携带—收藏—馈赠的一系列流通过程中，辗转扩散到极广泛的空间领域，是旅游地最经济、最直接有效、最持久的移动广告。

因此，旅游商品的开发创新更要力求实现其对旅游地地方文化的对应宣传功能。旅游商品开发应对照旅游地的旅游形象体系形成旅游商品的产品体系，这样做有利于加大市场开发力度和宣传功能强度，进一步发挥旅游商品的宣传功能。

第四节 旅游商品开发的产权保护和保障

一、旅游商品开发产权保护的必要性

旅游商品的知识产权保护是政府运用法律手段矫正市场功能失灵的必要机制，能够使市场正常地发挥调配资源的功能。知识产权具有无形性、专有性、地域性、时间性、可复制性的特点。保护知识产权的目的在于维护知识产权人的利益，鼓励创作和创新。目前旅游商品市场的侵权行为，已经大大地挫伤了企业开发创新的积极性。建立旅游商品知识产权保护制度将有利于旅游商品市场的健康发展。

我国许多旅游商品是将旅游目的地的文化艺术、工艺技巧和物质资源结合起来的创造性劳动成果。因此，旅游商品上包含了较多的知识产权内容。旅游商品创新的根本目的是市场化，将知识产权制度贯穿于创新的全过程，对解决我国旅游商品雷同化问题具有重要的作用。

二、旅游商品开发产权保护的种类

旅游商品的知识产权主要有著作权、专利权和商标专用权。

（一）著作权

著作权是指文学、艺术和科学作品的创作人根据法律规定所享有的以对其作品的支配权为内容的民事权利。现行《著作权法》规定，著作权包括著作人身权和财产权，著作人身权是维护作者的人格利益和人格价值为内容的权利，主要包括作品的发表权、署名权、修改权和保护作品完整权。著作财产权是著作权人依法通过各种方式利用其作品的权利，由于利用作品通常可以给著作权人带来经济权利，因此称作著作财产权。主要包括作品的复制权、发行权、出租权、展览权、表演权、放映权、广播权、信息网络传播权、摄制权、改编权、翻译权、汇编权。

在这些权利中，作者的发表权是一次性权利，作品一旦发表该权利即已用尽，其他著作人身权则随作品的存在而无限期地受到保护。大多数旅游商品具有艺术性特征，有些直接表现为艺术品。它们是通过作者的独立构思，运用自己的能力和技巧，借助一定的材料表达自己的思想或情感，从而产生的许多艺术性的特色商品或作品，体现了作者的创作性劳动，如工艺美术品、字画等。按照我国《著作权法》的规定，作品一旦完成即依法产生著作权，作者可以享受著作权法所规定的各项权利。

（二）专利权

专利是法律授予发明创造的一项独占权，它既可以是一项产品，也可以是一种生产方法，还可以是解决某个问题的技术方案，由于专利权是被一定的人所专有的，所以只要有未经许可的行为，就构成了侵权。

1. 专利权范围

中国专利法规定保护三种专利：发明专利、实用新型专利和外观设计专利。发明是指对产品、方法或者其改进所提出的新的技术方案。实用新型是指对产品的形状、构造或者其结合所提出的适于实用的新的技术方案。外观设计是指对产品的形状、图案、色彩或者其结合所做出的富有美感并适于工业上应用的新设计。

发明专利权的期限为20年，实用新型专利权和外观设计专利权的期限为10年，均自申请日起计算。由于专利权是被一定的人所专有的，所以只要未经许可的以生产经营为目的的行为，就构成了侵权。专利权人有权决定谁可以或不可以实施其发明创造，专利权人亦可以通过订立协议的办法将他的专利技术许可给别人实施，专利权人也可以将其专利权卖给别人，买下该专利权的人就成了新的专利权人。但一旦该专利保护期满，该发明创造就可以被任何人以生产经营目的实施，原专利权人不再享有独占权。

2. 授予专利权的条件

（1）*发明和实用新型的要求*。授予专利权的发明和实用新型，应当具备新颖性、创造性和实用性。第一，新颖性。新颖性是指在申请日以前没有同样的发明或者实用新型在国内外出版物上公开发表过、在国内公开使用过或者以其他方式为公众所知，也没有同样的发明或者实用新型由他人向专利局提出过申请并且记载在申请日以后公布的专利申请文件中。第二，创造性。创造性是指同申请日以前已有的技术相比，该发明有突出的实质性特点和显著的进步，该实用新型有实质性特点和进步。实用新型要取得专利权必须具备创造性，但其创造性要比发明的创造性低一些。我国《专利法》规定，实用新型的创造性，是指同申请日以前已有的技术相比，该实用新型有实质性特点和进步。由此可见，对于创造性的要求，实用新型与发明的区别在于：发明必须满足“具有突出的实质性特点和显著的进步”这一条件，才认为具有创造性；而实用新型只要满足了“具有实质性特点和进步”这一条件，就可以认为其具有创造性。第三，实用性。实用性是指该发明或者实用新型能够制造或者使用，并且能够产生积极效果。

（2）*外观设计的要求*。应当同申请日以前在国内外出版物上公开发表过或者国内公开使用过的外观设计不相同或者不相近似。它与发明和实用新型专利不同，它不是技术性方案，而是一种关于美感的设计。因此，无法要求它具有技术上的实质性特点和进步。对外观设计的要求相应地也变成了类似于著作权法中的独创性或原创性标准了，即只要不是抄袭或模仿他人外观设计即可。

（三）商标专用权

1. 注册商标专用权

商标是商品的专用的特定标记，是区别不同商品生产者和经营者的商品的标记。包括文字、图形、字母、数字、三维标记和颜色要素，以及各要素的组合。商品生产者或经营者可以将商标附在自己生产或经营的商品上或商品包装上的显著位置，以示区别和说明商品来源和质量特征。因此，可以把商标看成是商品的特征、特性及企业经营信誉的象征。

商标是一种工业产权，为了强化商标的区别功能，保护商标所有人的合法权益，各国都制定了有关商标法律，实行商标注册制度。我国对使用中的商标是否注册实行自愿原则。所谓商标注册是指商标持有人将其使用的商标图案向国家商标局申请注册，经审查合格后，对于不违反法律的禁止性规定和具有显著特征的商标，发给《商标注册证》。凡依法批准注册的商标，商标注册人便取得了该项商标的专用权，在法律上受到保护。商标使用人排除他人在同类商品上使用相同的商标。我国《商标法》规定了商标注册范围、商标注册程序、注册商标的转让和续展、商标使用与管理等内容。

2. 原产地证明商标

我国目前已经实行了原产地证明商标，以保护地方特色商品。所谓原产地证明商标，是将地理标志和原产地名称纳入证明商标制度中，而在《商标法》之下加以保护的一种类型。注册原产地证明商标是保护原产地名称的有效方式，可以是县级以上行政区划名，这并不违背《商标法》的禁用条款。理论上认为，该名称因在该使用中产生了“第二含义”，即人们由地名联想到的不仅是一个地方而是该地方出产的特定的商品，如涪陵（榨菜）、郫县（豆瓣）等。原产地证明商标强调的是该地域特定的（地理人文）环境，以及该环境对商品品质特征的本质影响。所以，在申请时要在提供的《证明商标使用管理规则》中进行详细说明，在审查时也是着重考查之处。

根据《商标法》及《商标法实施条例》和《集体商标、证明商标注册和管理办法》的规定，从证明商标的定义上看，在我国原产地名称属于证明商标的范畴。对原产地证明商标进行注册保护，可以有效地提高产品在国内、国际市场上的知名度和竞争力。按照国际惯例，在原产地名称与商标权发生冲突时，必须执行“申请在先”原则。所以，我国现在运用较成熟的商标注册、管理体系来对原产地证明商标进行保护。这样既可以发挥现有体系和人员优势，可以节省单独设立专管部门的物质和人力资源，也可以充分利用完备的注册商标档案体系，避免原产地证明商标和已注册在先商标权的冲突。

我国国家工商行政管理总局商标局自 1995 年 3 月 1 日开始受理原产地名称证明商标，到 2002 年 9 月为止，原产地名称证明商标申请量 150 多件，仅 2001 年就受理证明商标申请 49 件，核准注册 23 件，原产地证明商标的申请量呈上升的趋势。申请注册原产地证明商标的产品涉及水果、茶叶、酒、矿物、药材、陶瓷制品、传统工艺制品等十几个品种。经实质审查，多数已初步审定和注册，如：库尔勒香梨、南丰蜜橘、绍兴黄酒、景德镇瓷器等。不少地区通过注册原产地证明商标保护自己的名、特、优产品所具有的潜在价值，充分发挥本地区的旅游商品资源优势，加速旅游商品产业化进程。

课堂思考

你认为如果旅游商品产权得到有效保护可以改变旅游商品品种单一的现状吗？

三、旅游商品开发产权保护的手段

（1）建立良好的旅游商品开发创新的管理和协调体制。目前我国旅游商品开发创新之所以不尽如人意，非常重要的一个原因是管理体制没有理顺。发展旅游商品涉及方方面面，如旅游商品开发设计、生产、销售等环节，要把这些环节联系起来。但是从体制上来说我国对几个环节的管理是分割的和脱节的，不能形成一个整体而灵活转动起来。从开发设计来说，与各地科技管理部门有密切关系；从生产来说，由各地经委协调管理，属于工业范围；从销售来说，由商务部门来协调和管理；旅游商品也离不开旅游部门的参与。要使我国旅游商品发展上一个新台阶，必须下决心改变目前谁都在抓，谁都不主抓，谁都没法协调的状况，形成机构健全、齐抓共管、分工明确、协调有力的协调管理机制。政府及相关部门在政策上扶持旅游商品的发展，创造条件建立几个主要的研制、生产、销售一体化的旅游商品生产基地。旅游局可设立专门的旅游商品管理机构，对旅游商品生产、经营和销售进行统一管理和宏观调控，监督旅游商品质量，协调物价部门制定商品价格，规范市场行为。与此同时，建立社会团体性质的旅游商品协会，充分发挥社会团体和市场机制的作用。

（2）完善知识产权保护的法律体系。我国企业技术创新资金投入不足，技术水平普遍较低，技术积累先天不足，技术人才较缺乏，自主创新难度大。因此，我们要大力鼓励和保护自主创新。因为旅游商品研发过程中所创造的新技术其本身固然有一定的自然壁垒，模仿跟随者仿制创新技术成果在技术上有一定的困难，对于复杂技术和包含大量技术诀窍的新产品、新工艺，复制的困难则更大。但现代检测、分析手段在不断发展，对复杂技术的解密手段也在日益提高，特别是智能支持技术的应用，进一步加强了跟随者复制自主创新者新技术的能力。因此，要保证自主创新企业对新技术的独占性，仅仅依靠技术的自然壁垒是远远不够的，还必须求助于专门制度的法律保护，从产品的初开发阶段就积极给予保护和支持。对于传统商品的知识产权的鉴定有一定的难度，政府可以出台相应的“管理条例”明确历史旅游商品资源的所有权。例如文物复仿制品，保护其专利，从重点景区、博物馆入手，可以实行旅游商品专营制度。

（3）*企业要将创新手段多样化和知识产权保护同步*。旅游商品生产经营企业在重视自主创新的同时，要重视模仿创新、合作创新等多种形式的创新手段，实行资源共享，优势互补。企业在创新过程中要专利先行，每一阶段成果都要及时申请专利保护，再逐步过渡到拥有许多专利保护的产品，从而占领市场。对我国传统的生产技术和已成熟的生产技术，特别是一些直观性强、技术难度低的项目，更要谋求专利的保护，以防其他企业，特别是国外企业抢先申请专利。

（4）*规范市场行为，保护企业创新成果和消费者利益*。目前旅游商品市场普遍存在“假、乱、散”等问题，“假货”是一直困扰着中国旅游商品生产发展的一个顽疾。只要市场上出现一种好的产品，大批的仿制品马上会充斥整个市场。这种现象严重干扰了整个市场的有序发展，更有损中国旅游商品的形象。因此，一定要遏制假货的生产与销售。我们可以利用新闻媒体的监督功能，积极揭发假冒、伪劣产品，使其无容身之处。工商行政管理部门要加大对假冒伪劣产品的打击力度，保护旅游商品生产企业的合法权益。加大对游客的宣传，使游客对特色旅游商品有一个大致的了解，并具有一定的辨别真伪的能力，使假货没有市场。

（5）*进行旅游商品的形象策划，突出旅游商品的特色*。对旅游商品开发创新进行系统规划以及形象设计，可以通过对当地自然景观、人文景观及宗教文化的特征分析，与当地的发展文脉相协调，建立产品的理念基础，最后提炼、浓缩，确定产品的主题思路，创造旅游商品的名牌效应。第一，要以旅游地文化为主调，大力开发文化承载型的系列旅游商品。第二，要以地方资源特色为基调，以资源特色型旅游商品为开发的主体。第三，要以系列化、标准化、规范化理念开发、包装传统的旅游商品。第四，要以智能化、折叠化、微型化的理念开发、设计新、奇、特旅游商品。第五，要突破传统的旅游商品概念局限，凡是旅游者能够购买、携带或直接寄送、邮递、托运的一切商品，都能作为旅游商品来开发生产。第六，要集中力量推出若干个富有旅游地特色的著名品牌。

（6）*鼓励建立旅游商品中介服务机构*。现在旅游商品的设计机构、生产机构和销售机构已有不少，但是把这三者串在一起的中介服务机构极为少见。鼓励建立提供设计、生产、销售等多方面的信息和服务的公司，将有利于把各种优势资源按照市场经济的规律进行配置，有利于将全国、全世界在旅游商品设计、生产、销售方面的高、精、尖人才（软件）资源和资金、工艺、机器设备、销售场所等优势资源（硬件）集中在一起，拾遗补阙，取长补短，克服现有的各环节互相脱节、人才互不交流、信息互不相通的缺陷。

（7）*强化旅游商品研制、生产的开发力度*。加强与现有工艺美术研究、设计、生产单位的合作，成立旅游商品研制机构，从研制力量上加强旅游商品生产更新换代能力；提升民间工匠和艺人制作、开发传统地方特色的商品、土特产品、纪念品的能力；在资金、技术、工艺、生产、销售等各方面开展横向联合，促进旅游商品的设计、研制、生产和销售。

（8）加强与旅游发达国家的交流。采取走出去、请进来的办法，加强与旅游商品发展得较好的国家和地区的交流，学习国外先进经验和好的运行机制，使我们少走弯路，加快我国旅游商品发展的步伐。

相关链接　搜索

“幸福之城”被珠海抢注，独享10年“专利”

2011年7月，“幸福之城”作为商标被国家工商总局商标局正式授予珠海旅游业界。未来10年珠海可以通过此商标推广“幸福珠海”城市形象和相关旅游资源，项目涵盖观光旅游、旅游预订、汽车出租等9项。与此形成对照的是，广州2010年年底，曾入选“2010中国最具幸福感城市”。这就意味着，今后10年包括广州在内的其他城市尤其在旅游界推广城市形象时，不可轻易使用“幸福之城”进行推介。

有律师表示，在“幸福之城”商标涵盖范围之内的权益会被保护，其他城市在这些方面如用“幸福之城”宣传推广就属侵权。当然商标规定范围之外，其他城市照样可以宣传“幸福之城”。

这样的消息，对于关注旅游知识产权保护的有识之士来说是令人振奋的。中国社会科学院旅游研究中心副主任刘德谦表示，珠海能够将自己的城市定位或者口号进行商标注册，说明珠海的知识产权保护意识很强。珠海作为一个人居环境非常优美的城市，具有建设“幸福之城”的基础。但他同时表示，将“幸福之城”这样具有普适性的商标进行“独享性”注册可能有些不妥。

知名律师孙成则表示，珠海是否具有“幸福之城”的城市特质也许是见仁见智。但“幸福之城”不违反商标法的禁止性规定，所以注册是有效的。在它商标涵盖范围之内的权益就会被保护。

——资料来源：“幸福之城”被珠海抢注，独享10年“专利”[N]. 广州日报，2011-07-25.

四、旅游商品开发产权保护应注意的问题

（1）充分运用专利文献。世界知识产权组织的研究结果表明，全世界最新的发明创造信息，90%以上都是通过专利文献反映出来的。在旅游商品的开发创新工作的各个环节中充分运用专利文献，不仅能提高开发创新的起点，而且能节约开发创新经费和开发创新时间。

（2）充分运用知识产权保护制度。进行旅游商品开发创新，必须认真贯彻实施知识产权保护制度，充分发挥知识产权保护制度的作用，将知识产权保护工作纳入开发创新的全过程。了解知识产权的特点，适当、适时地进行知识产权保护，如知识产权地域性

的特点，使得知识产权只能依据一定国家的法律产生，又只能在其依法产生的地域内有效。只有在一项专利的有效地域内发生的行为，才可能构成对该专利的侵权。而时间性就是专利权人享有专利权的期限，专利权人在享有专利权的期限内发现任何单位或者个人未经专利权人许可，而违反了我国专利法的规定，即构成侵权，必须追究其侵权责任。在挖掘文化内涵深厚的特色旅游商品时，要谋求旅游商品的知识产权的保护，特别是一些文化产品在体外转化为旅游商品时，更应如此。例如，“香妃帽”在南京夫子庙“走红”，这种文化产品体外增值现象引起了法律界人士对我国文化产品外衍的关注。

（3）正确处理传统技术和现代技术创新的关系。旅游商品的许多生产技术是前人遗留下来的。一方面，我们必须在继承中进行创新，及时取得专利保护；另一方面，我们要引进国外一切有益于旅游商品发展的先进技术。在专利制度的保护下，将传统技术、自主创新与技术引进有机地结合起来。

（4）正确处理土特产的无形资产。我国各地有许多土特产，是旅游商品重要的组成部分。一个地方的土特产是一个笼统的地域性文化标志，是一笔具有很高市场价值的无形资产。但是，由于历史的原因，当地经营者对这个地域性特产都有着共同的经营开发权，因此无法对专门的地方性土特产进行专利保护。在市场经济条件下，进入壁垒低，地方经营者又都是自主的经营者。因此，政府很难控制经营者的经营行为。一旦有些经营者缺乏市场诚信，就会出现一荣俱荣、一损俱损的局面，会对地域性土特产造成毁灭性的打击，如金华毒火腿案、重庆的火锅底料事件等，都是如此。为了保护这种无形资产，首先，各地政府要担负起监管责任，提高这类商品经营的进入壁垒和市场的进入壁垒；其次，要倡导行业自律，对著名的土特产，要成立行业协会；再次，建立诚信制度，禁止诚信差的企业和个人从事该行业的生产经营；最后，要加强宣传教育力度，让经营者自觉地保护这种无形资产，诚信经营。

复习与思考

一、名词解释

市场　旅游商品　旅游商品市场　旅游商品市场需求　旅游商品市场供给

二、简答题

1. 简述旅游商品市场的特点。
2. 简述旅游商品市场开发的原则。

3. 简述旅游商品开发创新的原则及方法。

4. 简述旅游商品开发产权保护的手段。

三、 单项选择题

1. 旅游市场的竞争，归根到底是（　　）的竞争。

A. 商品　　B. 旅游资源　　C. 人才　　D. 旅游企业

2. 旅游商品市场需求的特点是（　　）。

A. 季节性　　B. 阶段性　　C. 单一性　　D. 参与性

3. 企业要将创新手段多样化和（　　）同步。

A. 资源共享　　B. 市场开发　　C. 申请专利　　D. 知识产权保护

四、 多项选择题

1. 旅游商品市场开发的原则包括（　　）。

A. 市场导向原则　　B. 政府主导原则

C. 可持续发展原则　　D. 效益兼顾原则

2. 旅游商品市场供给的构成包括（　　）。

A. 基本旅游商品市场供给　　B. 餐饮类商品市场供给

C. 旅游纪念品市场供给　　D. 辅助性旅游商品供给

3. 旅游商品开发创新的原则包括（　　）。

A. 特色性原则　　B. 标准化原则

C. 品牌化、精品化原则　　D. 实用性原则

五、 案例分析

蚌埠市首届旅游商品大赛

2013 年 11 月 13～14 日，安徽省蚌埠市首届旅游商品大赛将在蚌埠锦江大酒店举办，吸引了广大市民和游客的关注。有“鬼工技”之称的杨氏微雕在大赛上一亮相，就吸引了众多参观者的眼球。一同参赛的还有全市近百家旅游商品生产企业携带的 840 件商品，作品涉及旅游工艺品、日用品、纪念品等多个领域。

大赛现场，甘甜如蜜的怀远玉石籽石榴、古色古香的仿古青铜器、物趣天成的根雕作品、精美华贵的镂空玉腰带等造型独特、工艺精湛的旅游商品令人目不暇接。“看，这件彩色抛光壶构思精巧，外形独特，用石头做茶壶更是独辟蹊径。”来自安徽省旅游局的特约裁判长张振舟，托着一件固镇磬石雕向记者讲解着，不停地赞叹。

首届旅游商品大赛不仅让市民一饱眼福，而且让参赛企业满怀期待。“我们特意将主打产品和新培育的一种哈密瓜改良品种‘馨香金瓜’带来参赛，就是看准了这次市场推广的契机。”怀远县一家现代农业公司的负责人赵瑞根认为，借助大赛的平台或将为企业提供更广的销售渠道。

据悉，本届大赛将依据创意性、工艺性、特色性等评选标准，遴选出35件获奖旅游商品，并评选“蚌埠十佳特色旅游商品”和“蚌埠十佳创意旅游商品”。

——资料来源：安徽省旅游信息中心，2013.

请根据以上案例，分析如下问题：

1. 蚌埠市首届旅游商品大赛的举办，对当地旅游商品市场的开发有何影响？
2. 为什么旅游商品的开发要重视“特色”？

推荐阅读

1. 辛建荣，路科，魏丽英. 旅游商品概论［M］. 哈尔滨：哈尔滨工程大学出版社，2011.
2. 方百寿，沈丽晶，张芳芳. 旅游商品与购物管理［M］. 北京：旅游教育出版社，2011.

第六章 旅游商品设计

旅游商品作为一种以旅游文化为取向的商品，其民族性特色、地方特色文化要素突出。因此，旅游商品设计要素、原则、方法、价值取向及产品包装、图案构建都有自身的特点和要求。

本章介绍旅游商品设计的原则、商品构成要素等内容，以及如何赋予、创新旅游商品价值，构建旅游商品表现形式与旅游商品内涵相一致的产品包装理论体系。学习本章内容，可以为旅游商品市场营销的学习打下基础。本章的重点是掌握旅游商品设计的原则与元素，了解旅游商品设计的影响，熟悉旅游商品设计的创新导向。

学习目标

知识目标

1. 了解旅游商品设计的原则。
2. 了解旅游商品设计的要素。
3. 了解旅游商品设计的导向。

能力目标

1. 能够分析旅游商品文化内涵与艺术表现的内在关联，并能够将这种关联运用于旅游商品创新中。
2. 掌握旅游商品风格设计的基本要求。
3. 熟悉影响旅游商品设计的要素。

案 例

旅游商品设计应突出地方特色

在挪威的斯瓦尔巴德群岛上，旅游商品的设计因突出北极特色和当地风情而成为业界的范例。

在历史上，斯瓦尔巴德群岛上的原住居民以采煤为生。为突出这一特色，当地商店出售煤块工艺品：在拳头大的煤块下安放一个木质底座，又在煤块正面贴上一个环形纪念币。这种简单而且便携的纪念品很受游客青睐。

北纬78°是斯瓦尔巴德群岛的代表纬度。这种空间标识被设计到各种旅游商品中，例如手袋、地图标牌、纪念章以及当地的邮戳上。有些商品上的纬度标识更加精确，例如朗伊尔北纬78°13′，新奥勒松北纬78°55′，巴伦支堡北纬78°04′。

独特的地理位置成为设计旅游商品的卖点。例如，新奥勒松邮局发行的明信片上印有“这是世界最北的邮局”。朗伊尔唯一的报纸《斯瓦尔巴德邮报》，也在封面赫然注明：“地球上最北的报纸”。

——资料来源：张继民，裴剑容．斯瓦尔巴德群岛旅游商品突出北极特色［EB/OL］．新华网，2001.

案例分析

1. 斯瓦尔巴德群岛的旅游商品成功的核心要素有哪些？
2. 旅游商品设计应遵循什么样的原则？

第一节 旅游商品设计概述

一、旅游商品设计内涵

旅游商品设计是以旅游者需求为前提，通过有形的“器物”，将旅游目的地的历史文化、族群精神艺术化的再创造过程。它既主导着旅游购物的方向，又承载着传统文化的发展轨迹。它是旅游目的地文化与设计者主体价值取向的结合，是文化的再创造。

旅游商品设计需要体现出两个特点；一是最具有当地传统文化特点。旅游商品与其他工业产品有较大不同，主要体现在旅游商品含有旅游地文化、旅游经历、游客精神追求等多种因素，而这些因素往往集中在精神层面，统一于文化上。在旅游地传播文化的过程中，旅游商品实质充当了传播内容与传播媒介的角色，将旅游地文化宣传、传播给旅游者或其他消费者。它这一内在需求体现在旅游商品中，必须代表当地传统文化、体现民族特点。它也是旅游商品形成品牌的前提条件。二是旅游商品设计具有时代需求。无论是普通商品还是旅游商品，设计始终是一种文化的产物。文化往往以多样性呈现出来，设计主体在多样性的选择上往往以时代需求为导向，结合自我价值取向，选择能够满足旅游者纪念需求和生活需求的商品，加以创造设计，形成满足时代需要的旅游商品。中国首届旅游纪念品大赛中，上海市选送的木雕壁挂《上海石库门》勇摘金奖。评委们一致给予青睐的最大理由是地方性风味浓郁，上海概念突出。

旅游商品设计不是传统文化符号的简单叠加，也不是设计主体观念单纯的表现，而是传统文化与时代艺术在旅游者需求的基点上的融合与创造过程。旅游商品设计应该是一种富于创新、健康、合理与可持续发展的旅游方式，是一个与旅游相关联的各种文化整合，在此基础上实现新旅游文化体验的过程。这一体验过程，除了满足与符合一般商品设计的要求与方式、方法之外，还要遵循旅游商品设计的原则与表征。

课堂思考

结合旅游商品设计原则，分析你所在地区旅游商品开发的设想。

二、旅游商品设计的原则

（一）市场需求原则

符合市场需求是旅游商品设计应遵循的总原则。就是要根据当地的旅游资源和传统特色进行充分的市场调研与分析，确定目标市场，并针对市场需求，对各类预设产品进行筛选、加工或再造，从而设计、开发、组合成适销对路的旅游商品。市场对旅游商品的设计开发发挥着主导作用，设计开发的旅游商品必须迎合市场需要，没有市场需求的商品只会造成旅游资源和社会财富的浪费。在设计开发旅游商品之前必须认真分析和调查旅游市场。了解旅游者购买偏好、购买能力以及购物的心理需求，搞清楚游客到底喜欢什么样的旅游商品，哪些商品更符合旅游目的地的市场需求。

（二）文化需求原则

旅游商品设计的文化需求原则，主要是指旅游商品要符合地域文化特色，满足旅游者文化需求统一。地域文化是旅游商品的灵魂，旅游商品设计的关键在于研究地域文化的深层次物化表达，在于恰到好处地将地域文化融入旅游商品设计之中。旅游商品与其他普通商品的区别，就在于它是赋予了旅游文化的商品，体现了旅游地的文化，包含了民族风格、地方特色等文化内涵，应该能够反映旅游目的地自然与文化的特色，能够代表较高的审美文化价值，给旅游观光者深刻的印象，吸引游客购买、纪念和收藏。

旅游是人类较高层次的追求，在旅游购物过程中，文化需求日益凸显，文化真正成为旅游的灵魂，淡化了商品的实用性，强调实用性与艺术性的结合。著名人类学家马林洛夫斯基曾说过："在人类社会生活中，一切生物的需要已转化为文化的需要。"旅游者在购物过程中倾向于文化的享受与美好的过程记忆，而旅游商品作为这一文化的载体，要充分体现这一文化特点。旅游者旅游的目的是体验当地的人文关怀、吸收不同的文化思想，而往往具有当地特色的商品最能引起旅游者的关注。如果旅游商品不能反映当地特色，就会丧失其旅游商品的内在价值。所以，在旅游商品设计过程中要深入探究地方文化，并用艺术的手法来表现。旅游商品文化越丰富，纪念意义越大，游客的购买欲望越强烈。例如，河南浚县泥玩具是历史悠久的工艺品，在民间颇负盛名。其人物造型多取材于历史人物或戏剧人物，如程咬金、秦琼，《白蛇传》中的白素贞、小青、许仙等，《西游记》中的唐僧、孙悟空、猪八戒、沙僧等。其做工细腻精致，构思精巧，形象逼真，栩栩如生，富有浓厚的乡土气息和时代特色。

（三）绿色化、生态化原则

回归自然、向往绿色环保已成为当今世界旅游发展的主流趋势。旅游商品设计过程中要将自然、健康、绿色等生态环保因素考虑进去。构成旅游商品的材料应具有绿色特性。所用材料应是易回收、易处理、可降解、可重用的材料。

旅游商品设计既要体现浓郁的地方特色，充分利用当地资源，又要把绿色、生态因素考虑进去。这样开发出的旅游商品，不仅能够引起游客的兴趣，而且能够作为旅游地的"活广告"，宣传地域文化。例如，加拿大以枫叶为原料设计的旅游商品不计其数，枫叶已经成为整个国家的象征。再如，中国海南的椰壳，山东肥城的桃木等。自然生态型旅游商品设计日渐增多，市场前景十分广阔。如果对旅游资源过度开发不仅会导致生态失衡，而且会弱化旅游地独特的民族特色，使其丧失鲜明的个性而逐渐失去吸引力。因此，旅游商品在开发的过程中不能只重视对经济利益的追逐，还要兼顾生态环境的平衡。

（四）整合创新原则

整合创新原则是在当地旅游商品的基础上，运用新的元素将旧的旅游商品优化组合，设计出最具凝聚力的商品。旅游商品在初创时期往往以单一的形式表现出来，体现出当地文化的某一文化属性，并分散在各个狭小区域，其特点不突出、文化层次不深，产品粗糙，不易被消费者认同，但却占据了大量的当地旅游商品资源。整合优化这一资源不仅可以节约有限的旅游商品资源，而且可以带来较大的效益。这就要求旅游商设计者依据现代市场的变化和旅游者需求，对旅游老产品的文化价值与实用价值重新定位，并挖掘新资源、整合老资源、创造新效益。为此，必须树立老产品整合优化与新产品创新开发并重的设计理念。例如，上海旅游商品企业将过去的老虎灶、小朋友跳橡皮筋、弹格、路上乘风凉等旅游商品，重新设计并开发出以展现上海弄堂文化为主体的系列旅游纪念品，体现上海旅游纪念品的精细特色。再如，“好客山东”商品礼盒的设计包含能吃的阿胶，能喝的张裕红酒，能玩的黑陶、面塑，能用的鲁锦等集多种用途于一体。这样的商品不但有力地促进了品牌统一宣传，而且具有永久的生命力。

（五）品牌化原则

品牌化原则是指旅游商品设计时要以当地旅游文化特色为原则，在品牌战略下开发设计，统一标识、统一包装、统一形式、统一形象等。旅游商品市场日益丰富，市场竞争也日趋激烈。在此情况下，旅游者对于产品特色、主题以及品牌的关注和选择已成为大众旅游消费的重要影响因素。为了提高旅游商品的市场竞争力，就必须抓住当地的旅游特色，强化产品主题，打造精品。因此，旅游商品开发要注重以资源为基础，以产品特色化、品牌化为目标，科学地进行设计和开发。要深入分析市场上现有同类型旅游商品的特点，结合自身优势挖掘地域特色，在设计中注入文化因素，丰富与提升旅游商品的文化内涵。例如，河南“好想你”枣制品，天津的“泥人张”、“杨柳青”的年画都有统一的识别标示。品牌化的设计有利于与消费者进行深度沟通和争取消费者的心理认同，让消费者产生丰富的联想，更具形象化、个性化的品牌化设计又使开发者的智力成果、知识产权得到了法律保护。

课堂思考

假如你是一位旅游商品设计师，请结合你所生活的区域，构思一种旅游商品。你认为这一构思过程需要分为几个阶段？在每个阶段都需要完成哪些工作？

三、旅游商品设计的元素

旅游商品设计是一个复杂的动态过程，它由概念元素、视觉元素、关系元素及效应元素构成。这4种元素代表了旅游商品设计的过程，同时也是旅游商品设计的组成部分，共同构成旅游商品的整体。概念元素处于设计工作的核心地位，是设计工作起始与嬗变、发展的基础；视觉元素是概念元素的物质显现，是诠释概念元素的手段与方式之一；关系元素是视觉元素的组织，是概念元素在实施层面的具体反映；效应元素是对设计架构进行的分析、反馈与评价，是检验、调整设计的手段与方式。4种元素承上启下、互为因果、互为制约地贯穿旅游商品设计的全过程。

（一）概念元素

概念元素构建是设计者在进行商品设计之初完成的首要任务，是旅游商品设计的基础。旅游商品是地方文化的载体。它要求设计者首先要认识、理解当地的文化属性，而当地的文化往往以概念或符号的形式表现出来，与当地历史相关联，与民族性格相始终。设计者要结合自身的知识、阅历、背景对当地文化进行抽象与概括，并结合旅游者的文化需求进行再创造，形成具有一定“价值”与独创性的“认知”、“主旨”与“取向”，即设计理念。这一设计理念往往以概念的形式呈现出来，称之为旅游商品设计的概念元素，即设计的中心思想。

在具体的设计实施中，概念元素的获得主要来自两个领域：一方面，要对地域文化特质进行挖掘、抽象与概括，包括对地域文化的认知及其嬗变形成的现代化解读，以达成地域文化在旅游商品设计领域的传承与发展；另一方面，作为一种具有特殊属性与价值指向的商品设计，其概念元素还应兼顾一般商品设计所要解决的问题与矛盾。一件优秀的旅游商品设计，“良好”的概念元素应具有以下特征：

（1）*要有鲜明的地域和标志性特征*。概念元素应是对地域文化内涵、特质的整体认知及抽象与概括，具有一定的代表性、典型性，并彰显地域文化的造物观。例如中国的风筝，作为中国的传统文化和民间艺术，在长期发展过程中，产生出许多具有不同地域特色的种类、样式和流派，其中以北京、天津、山东潍坊、四川、广东所制的风筝最为著名。北京风筝，雍容华贵，被称为“宫廷风筝”，故其特点是华丽精美。潍坊风筝，淳厚质朴，被认为是民间风筝的代表，其特点是清新活泼，具有浓郁的生活气息。

（2）*具有文化要素*。旅游商品设计是对地方传统的继承，并在此基础上的创新与发展，具有一定的文化前瞻性、开拓性。同一种旅游商品或原材料在不同的旅游商品文化环境中会呈现不同的形态或制成不同的旅游商品。在相同的文化背景下，不同的文化层次也包含着不同的旅游商品文化的价值运用，概念元素应是以解决、平衡旅游商品设计的问题和矛盾为基点，构建的是以地域文化为思想基础与价值的文化产品。

（3）*具有时尚要素*。旅游商品设计不是文化的简单复制，而是设计的再创造。现代的制作工艺、表现方法、时代的价值取向，科学、积极、健康、可发展和创新性的生存方式等都将影响概念元素的形成，而时尚要素是旅游商品设计元素中最活跃的因素之一。例如，韩国饰品最大的特点是随意与浪漫，其设计大多散发着慵懒甜美的小女人情调，款式时尚，用料也不拘一格，成为年轻人争先抢购的旅游商品之一。

（二）视觉元素

视觉元素是设计者将概念元素，通过艺术手法物化为具体商品的过程，是商品设计由“概念”、“思想”转化为“具象”、“现实”的必要手段与方式。其主要体现在以下三个方面：

（1）概念元素的诠释。概念元素是设计者对地旅游目的地文化物质的认知、理解与概括，以抽象的形式表达出来，中心意思明确而概念外延模糊的特点。如何将这一矛盾的概念统一于物品之上，需要设计者结合自身的理解、学识素养、知识背景加以新的诠释，并结合旅游审美原则，对应特定的生产加工工艺，构建整体旅游商品的形象，通过物化的旅游商品形象传递商品、旅游目的地广泛的信息。

（2）体现旅游者的文化诉求。随着人们购物标准、消费水平、鉴赏能力和消费观念的提高，对旅游商品的文化需求越来越高。设计者要充分考虑旅游者对外观、款式、服务、审美心理等文化的诉求。满足旅游者的文化诉求是视觉元素能否体现旅游商品属性的重要保障。

（3）体现视觉元素与概念元素统一性。经过构建形成的视觉元素既要体现旅游目的地的文化特色，又要体现旅游者的文化诉求。两种不同内涵与要求的文化特质需要统一于商品之上。旅游商品是两种文化元素的体现。它要求设计者在两种文化的融合中寻求二者的一致性。

（三）关系元素

关系元素是指设计者用何种方式、手段将概念元素与视觉元素联结在一起，以形成可视、可感、可触的新整体，新整体的形成基于概念与视觉元素又高于两种元素。包含有“凭借何种关系”与“建立何种关系”双重含义。关系元素的构建需体现以下原则：

（1）旅游者的合理需求是关系元素建立的主要准则。旅游商品主要销售对象为旅游者，而旅游者的需求是多样性的。在多样需求中寻求与旅游目的地相一致的旅游商品与之对应，在某种元素间寻求结合点是设计者遵循的主要准则。例如，香港旅游纪念品上印照片的设计就突显了旅游者希望纪念旅游过程的合理需求。

（2）关系元素应符合旅游商品设计总体原则。如何构建关系元素必须建立在旅游商品设计总体原则的框架之内。对不符合总体原则的关系元素应摒弃。只有符合总体原则的关系元素，才符合现代及未来健康、可发展的旅游行为方式的价值取向。

（3）关系元素应遵从现代美学原则。旅游商品设计要符合人们的审美观，给人们带来美的享受。离开了审美的旅游商品就无价值。关系元素通过对比、协调、均衡、节奏和韵律等方式与手段组织视觉元素与概念元素整合，在审美的基础上构建二者的联系。

（四）效应元素

效应元素是对设计架构进行的分析、反馈与评价，是检验、调整设计“合目的性”的手段与方式。主要通过设计同行、大赛、旅游消费者反馈等形式，检验“概念元素”确立的科学性、创造性，“视觉元素”获取的代表性、适宜性，“关系元素”组织的合理性、合情性，是否彰显与传承旅游目的文化内涵，是否体现出了旅游者的文化需求等，更为重要的是诸元素是否做到了“字能成文、文能达意”，是否能协调、有效地完成既定的“设计目标”。

作为一个综合性、复杂性的设计活动，其诸多元素受旅游目的地文化、旅游经历、商品本身属性所影响，而以上因素往往是多样的、可变的。概念元素、视觉元素、关系元素、效应元素的内容、数量都会表现出不确定性。

第二节　旅游商品设计的内容

旅游商品设计的实质是旅游目的地产品的创新设计。旅游目的地并不缺少商品，只是缺少精品，缺少能够代表旅游目的地文化的“金牌”商品。旅游商品设计关键是要突显出旅游的文化特性，强调旅游目的地地方特色，呈现旅游者的审美观念，是一种与时代共存的综合体，是旅游目的地产品的二次创造。因此，旅游商品设计，必须在旅游商品造型、包装、空间上进行创新设计。

相关链接　搜索

河南旅游商品有点“冷”

“河南旅游商品最大的问题是雷同化、大众化，缺少设计独特的、富有创造性的、城市符号性的纪念品。”

辉县市万仙山景区：草捆的党参、桔梗，带泥土的何首乌，还有山核桃和干枣。这些“商品”很便宜，党参2元钱一把，1斤多重的何首乌，才卖20元。山下的景区入口处，几家小商店中的商品也无非是饮料、小食品、小玩具。整个万仙山景区，没有看到一件带有万仙山烙印的、真正的旅游商品。

沁阳市神农山景区：许多当地山民或摆摊或提篮，尾随着游客兜售中药材。但愿意买的游客并不多。因为包装太粗糙了，只是很薄的塑料袋，不方便携带，也难辨真伪。神农山素有“天然植物园”的美称，有中草药300余种。在神农谷里，至今还流传着“神农谷里走一遭，有病不治自己消”的俗语。

三门峡市有仰韶文化遗址、三门峡黄河白天鹅观赏区、三门峡大坝等。当地人心目中的旅游商品只是如贵妃杏、黑木耳、灵宝苹果之类的土特产品，且没有一种土特产品去“傍”仰韶文化。不会“攀龙附凤”，就难成“显贵”，其身价也只能是“土特产”，永远抹不掉“土”味。南阳烙画是“世界艺林一绝”，其生产厂家还被评为第一批“全国旅游商品定点生产企业”，其远销欧美、东南亚等50多个国家和地区且深受欢迎。有趣的是南阳烙画虽“傍”上了旅游，但当地的旅游业似乎并不买南阳烙画的账。在南阳的许多景点都难觅其踪影。南阳有人文景观武侯祠、医圣祠、汉画馆、内乡县衙、张衡墓。而旅游商品南阳地毯、南阳丝绸、南阳玉、黄石砚等也没有与上述景点很好地结合。河南省西平县的棠溪宝剑与浙江的龙泉宝剑齐名，但棠溪宝剑只会给外地景区做嫁衣，成了外地的旅游商品。

河南旅游商品的泛化和“抄袭”之风，已经引起了业界的关注。有些地方，已经有了成熟的思路。济源市的一位旅游界人士给旅游商品的开发理出了这样一个的思路：首先，要正确地进行市场和商品定位。针对不同的游客消费需求，开发适应不同层次旅游者偏爱的、适销对路的旅游商品。例如，外国人和华侨偏爱购买各种旅游纪念品和工艺品；港澳同胞则喜欢食品及茶叶；而台湾同胞喜欢中成药、保健品等。其次，应以深厚的文化背景为依托，开发、设计旅游纪念品。文化渊源是旅游商品的生命力所在，利用济源丰富的人文旅游资源，充分发挥名山、名人、名城效应，在旅游商品中融入山文化、水文化、根文化、茶文化、药文化、道教文化、中原民族文化，开发各种仿真纪念品。再次，应注重风景旅游景区、景点的特点，利用已知名的自然资源，开发出融知识性、趣味性于一体，实用又具有纪念意义的旅游商品。最后，在旅游商品的生产上，要针对游客的消费特点，处理好现代新技术与传统加工之间的结合，突出旅游商品的特色，提高旅游商品的质量，高度重视旅游商品的包装、设计，做到既具有艺术性，又方便携带，充分起到旅游纪念品的市场宣传效应。同时，该市正在围绕本地的历史文化、风土人情、山水风光、中药材和土特产等资源进行旅游商品的开发。

——资料来源：李万卿．河南旅游商品有点冷［N］．经济视点报，2005-04-28.

一、旅游商品的造型设计

（一）旅游商品造型设计要求

旅游商品的造型创新，便是对商品进行外观上的创意，用旅游地的诸多文化元素打造设计独特的产品造型，从而吸引游客，增加游客的兴趣和好奇，用特别的造型缓解其对旅游商品造型的审美疲劳，是吸引游客购买的重要手段。造型的创新设计要突出以下特点：

（1）形象新颖。旅游商品造型可以是具象也可以抽象的，不同的景点应该有不同的形象，抓住形象才能抓住实质，抓住旅游者心理，才能抓住市场。目前千品一面的传统旅游商品迫切需要创新，自然材料在创意的支撑下可以幻化出许多新奇的形象，化腐朽为神奇。设计师将无限的创意运用到不起眼的材料当中，让原本平淡无奇的商品焕发出耀眼的光芒。以全新的形象吸引旅游者，以提高他们的购买欲望。

（2）形状优美。旅游者的审美观千差万别，喜欢新奇的商品是旅游者的共性。它满足了旅游者对异域文化的追求。因此，设计者在形状的设计中，不能用自己的审美标准代替旅游者的标准。设计的商品要符合大众审美，迎合大众需求。丑陋的形状也可能吸引旅游者，但往往流于低俗平庸。没有审美品位的旅游商品缺乏生命力和灵魂。

（3）趣味性强。趣味是旅游商品的精神内涵，可令旅游者赏心悦目。目前很多商品都更加情趣化，或被赋予了有趣的故事，或带上游客自身的体验经历。例如，2010年上海世博会护照的设计，销售给游客时可以将其看成一个半成品，游客转化为一个生产者，带着自己的旅游经历去体验乐趣，创意十足而颇受欢迎。有些旅游商品趣味设计还具有实用价值，如“斗笠烟灰缸”被设计为一叶扁舟，船尾坐着一位身穿蓑衣、头戴斗笠、腰别竹篓的老者；“黛玉葬花”木雕作品中，一位飘然若仙的美人，肩上搭着一个细长的花锄，给人较强的直观感。

（4）构思巧妙。旅游商品设计强调实用性与艺术性的结合。成功的旅游商品还应该具备构思巧妙的特点，主张心物合一，使人的思想在造物上获得充分的体现。对旅游商品的设计巧妙的讲求和重视是构思设计的一贯传统。巧妙的造型能够较大程度地引起旅游者审美效应，使其产生购买动机。

（5）寓意特定。中国传统文化思想历来重视在伦理道德上的感化作用，体现在商品中表现出物用的感官愉快与审美情感满足的联系，而且要求这种联系符合传统文化内涵要求。受制于中国传统文化思想的限定，决定了旅游商品设计要含有特定的寓意，借助造型、体量、色彩、纹饰来设定一定的文化思想是旅游商品造型设计的本质要求。目前我国旅游商品造型设计有两种倾向，一是纯文化的展示，显得矫饰造作；二是物用功效突出，寓意不深。相比之下，更多以生产者自身的功利意愿为象征内涵的旅游商品则显得刚健质朴、充满生活意趣，受到旅游消费者的青睐。

（二）旅游商品造型设计方法

从固有的设计角度去开发旅游商品，往往存在内容陈旧、表现手法老套、欠缺新鲜感、缺乏吸引力等问题。多数景点的旅游商品普遍存在雷同现象。多数商品只是简单地换一换标志或者图像，到处销售，最终导致旅游商品质量低下，处处泛滥，无人购买。所以，设计者应在旅游商品造型方法上寻求突破，以耳目一新的商品吸引旅游者。

（1）体现景区特色。旅游商品设计方法要以景区或景点原材料的加工为依托，设计出反映旅游目的地景区风貌、表现出地方特色和个性的造型作品。例如，可以运用山、水、圣人等众多的文化符号，可以创新著名景点、历史人物、宗教寺院、民间风俗等众多的文化元素。要打动游客，必须要有灵活的创新、新颖的设计，提炼景区文化，重新进行外观造型的设计，设计出代表旅游目的地文化的商品。例如，洛阳的旅游商品以牡丹为主题进行设计，推出了牡丹画、牡丹雕刻、牡丹瓷器等。又如，采自三峡的名贵花草，珍稀蝴蝶、峡江红叶等野生生物标本，经脱水后塑封而成的三峡自然卡，再现了生物的自然状态，并使之永存。既为科研、教育提供了方便，也是很有价值的旅游纪念品和收藏品。

（2）满足多功能需求。旅游商品作为一件产品，功能决定了它的价值。因此，旅游商品的创新设计可以从商品的功能出发，改变以往的传统观念，设计新的功能，打造一种新的生活方式和理念。国外很多经典的旅游商品都向着简洁多功能趋势发展。例如，一个钥匙扣可以被设计为一个指甲剪同时可以作为啤酒开瓶器，一件商品集合三种功能，这种商品是非常受欢迎的。最典型的例子还有世界著名的瑞士军刀，集十几种功能于一体，方便实用，这也符合了旅游商品便捷性的特点。因此，可以试着改变旅游商品以往的纪念、使用等常规的单一功能。面对社会生活日益简约化的趋势，功能效用的创新更是为了满足游客的旅游方便，让旅游审美与实用价值充分结合起来。

（3）反映历史文化。通过造型来表现旅游目的地的历史文化信息，也是进行旅游商品造型设计的路径之一。旅游商品的根本目的在于宣传推广旅游地的历史与文化，因此反映历史与文化也是旅游商品创新设计的重要内容。无论是旅游商品，还是旅游活动，都是以旅游文化为统领的。历史的呈现与文化的表达，相对于单纯的外观、功能、材质设计，更为重要。从文化意义创新的角度出发，可以将文化融入商品，传达给游客，最终宣传旅游地，而历史文化的厚重与设计师个性化的审美如何统一是旅游商品设计的重要课题。例如，太湖“震泽神鼋”、“太湖宫扇”、“水漏”的造型设计，都蕴含着丰富的历史文化内容。太湖古称“震泽”，鼋头渚因湖中有石如鼋头而得名。“太湖宫扇”是古代宫廷中用的绢扇，扇面上绘有缠绵的历史故事或美丽的太湖美景。“水漏”是古代的一种计时器具，现设计成旅游商品，其下有木架，上有锥形玻璃球，球内装有太湖水，水面设有太湖七桅古船，风一吹，船就动，体现了动与静的完美结合。

（4）系列造型设计。设计系列造型是指将同一造型或图案应用于不同原料和商品上，或者采用不同的色彩、线条变化来形成一系列的旅游商品。旅游商品的造型需要系列化、多样化、配套化，才能满足不同旅游者的需求。旅游景点同质化的开发，使旅游商品数不胜数，但难以选出最具凝聚性的商品。这就要求在造型、包装、价格等各方面进行多样化、系列化、配套化的造型设计。例如，一块鲁锦（老粗布）可以开发为手帕、衬衣、围巾，也可以做桌布、被面等系列商品。在系列化造型设计上要借鉴国外经验。例如，在“音乐之都”的维也纳，印有莫扎特人像的纪念品非常丰富，有莫扎特盘子、莫扎特巧克力、莫扎特鼠标垫、莫扎特领带、莫扎特雪花饰品、莫扎特酒、莫扎特棒球帽等，形态各异，品类齐全。只要旅游者需要的产品都可以在旅游商店购买到。系列化造型设计提高了旅游目的文化的曝光率，加深了旅游者对旅游地文化符号的认知，促进了旅游目的地的旅游商品品牌化进程。

（三）材质和制作工艺创新

材质和制作工艺是实现旅游商品最终效果的关键。旅游商品要吸引消费者的眼球，区别于其他普通旅游商品，可以从材质及工艺上进行创新设计，如运用草柳编、丝绣、蜡染、织锦等传统民间工艺，或是运用高科技激光雕刻、磨砂水晶、撒金等现代工艺，多角度进行创新设计。早在先秦《考工记》中就有“天有时，地有气，材有美，工有巧，合此四者，然后可以为良”的论点。

旅游商品的材质不仅能体现质感，而且能够反映地域文化。例如，河南濮阳的麦秸画，以龙为题材，以当地洁白麦秸为材质；南阳有寓意独一无二的独山玉，栾川有民间传统的藤编等，这些都属于特色的地域材料。如何对地域材料进行有效的运用，对旅游商品的材质进行创新是需要不断研究探索的问题。

旅游商品材质的表现是通过制作工艺来实现的。对制作工艺进行创新，可以有效地提高商品质量和产量，并能够更好地设计生产新颖的旅游商品，提高效益。与世界发达旅游国家相比，我国的旅游商品生产工艺还相对落后。很多地区的旅游商品制作工艺滞后不前，往往有了造型和材料，但不能做出成品，费时、费力、费资金且往往达不到理想效果。因此，制作工艺的创新对于旅游商品的创新设计尤为重要。

课堂思考

旅游商品造型是表现旅游目的地文化和历史的重要信息，也是进行旅游商品造型设计的重要路径之一。请思考如何将丰富的历史文化资源浓缩在一种商品之上，可以采取何种方式将设计主体与历史文化内涵结合在一起。

二、旅游商品的包装设计

旅游商品的包装除了可以更好地保护旅游商品之外，其主要作用也是为了增加销售量。包装设计左右着消费者的决策，杜邦定律提到："63% 的消费者是根据商品的包装和装潢进行购买决策的。"一个赏心悦目的包装设计，通过优美的造型以及特殊的材质、色彩的和谐搭配、极富美感的图形，甚至是富有美感的文字，给人带来美的享受，吸引消费者的注意。因此，包装设计在旅游设计中占有重要的地位，与内在产品联系在一起，两者相得益彰。

（一）旅游商品包装的重要性

随着人们对商品包装要求的不断提高，各国各地的旅游者，在购买旅游商品时，都倾向于选择包装精良，能够很好地反映旅游地文化特色的旅游商品。其重要性主要体现在以下三个方面：

（1）有助于提高旅游商品的附加值。"好马配好鞍"，优秀的旅游商品也要有优秀的包装。虽然包装是外表形式，但包装和商品，作为形式和内容，二者是统一的。二者统一可以显示出其和谐美；二者不统一，就不和谐。包装之所以重要，就在于它作为商品的外部形式，如果能体现商品的内在质量和价值，形象鲜明，造型结构方便实用，版式、图形、色彩能够迎合不同国家游客的审美心理，使他们体会到商品包装的美，体现出商品的内涵，就会提高旅游商品的附加值。

（2）有助于促进旅游商品的销售。通常消费者购买行为的发生，表现为下面的心理过程：注意→兴趣→联想→欲望→比较→信念→决心→行动。外国游客到中国来是想要了解中国的风土人情、经济发展情况，游览壮丽的景色。在这陌生的国度里，他们在购物时首先接触到的就是商品的外部形式——包装。对商品第一印象的好与坏，感兴趣与否，往往决定着游客购买冲动的产生与否。奇特、精美、华丽、具有民族传统特色包装的旅游商品常常能够引起他们的兴趣，触发其购买行动，使商品价值最终得到实现；而那些包装色彩昏暗、陈旧，图案乏味的商品就缺乏这种魅力，对旅游商品的销售难以起到积极作用。

（3）有助于树立旅游地形象。旅游商品的包装多会以旅游地的风景名胜或民风民俗等作为设计元素，来进行设计，使旅游地的形象鲜明地呈现在游客面前，起到宣传、推广旅游地的作用。将风景名胜、民族风情等印在包装上，可以使游客进一步加深旅行的美好回忆，增加旅游生活的愉快感受。同时，这样的宣传作用具有持续性。通过旅游者在亲友面前展示、介绍或馈赠旅游商品，也将会起到宣传旅游地的作用，从而吸引更多的游客前来旅游和购物。

（二）包装设计形式

1. 品牌包装设计

旅游商品包装属于销售包装，它分为独立设计包装和通用设计包装两类。独立包装设计是指对每一种商品实行单独包装设计；通用包装设计是指对不同种类、不同层次的商品采用统一的包装设计，也称系列化设计。通用包装设计早在20世纪初就已经出现，其是针对企业的全部产品，以商标为中心，在形象、色彩、图案和文字等方面采取共同性的设计，使之与竞争企业的商品容易识别。它强调整体设计，呈现商品的整体面貌。其声势大、特点鲜明，其最大的优势就在于品牌所形成的整体效果极佳，视觉传达性强，易于识别辨认，具有记忆优势，符合现代市场营销的要求。

2. 特色包装设计

旅游商品的包装不仅要体现商品的本质属性，而且要有代表产品文化内涵的独特设计。这样才能从众多品类的商品中脱颖而出，特色包装设计要突出旅游商品文化的特征。

（1）特色包装设计体现在其蕴含的地方文化。例如，河南少林寺素饼的包装设计，不仅赏心悦目，而且颇具文化品位，其图案样式、文字形式、色彩运用无不透露着少林寺僧人吃斋念佛的文化属性，精心安排的点、线、面等元素，尽显禅宗寺院的空灵与神韵。此外，各种罗汉的造型图案、简洁的字体、素雅的色彩搭配又具有强烈的时代感。

（2）特色包装设计表现在包装材料的地方性上。目前包装材料过于西化，大多采用塑料、金属等材质。而中国文化的核心是“天人合一”，这就要求设计师在选择材料时以自然材料为主，如纸、竹、木、叶、茎等，因地而取材、因时而用料。传统的天然包装材料，包装时以原始状态、简单加工、精心装饰三种形态出现，可以体现出东方传统美学观念的取向：天然去雕饰，取法自然的和谐之美，同时也能体现现代的环保意识。例如，河南三全粽子，采用竹编为外包装。拿竹叶将粽子用自然包裹的方式来呈现其原生态特性，形体呈三角锥造型，美观大方，给人一种视觉上的稳重感。叶面再用草绳捆扎，显得既原始古朴又清新自然。

（3）特色包装设计可以通过材质的对比和自然肌理的运用来体现自然、厚重、淳朴的时代气息；还可以大量运用再生资源来构建包装的新形象。这些材料的运用，都能在一定程度上体现出包装的独特性。

3. 礼品组合包装设计

礼品组合包装设计是指将有关联的旅游商品，通过包装，将它们重新整合在一起，以便于携带和整体销售的设计。将旅游商品进行组合，以满足旅游者多种需求是提高收益的重要方式。例如开封的汴绣与官窑的组合，汴绣以绣工精致、针法细密、图案严谨、格调高雅、色彩秀丽为特点，有“国宝”之称，是开封开发较早的旅游商品之一；而开封的官窑也位列我国五大名窑，其开发较晚，销售不如汴绣，二者的组合在一定程度上可以提高官窑瓷器的销售量。还有茶叶与瓷器的组合；女式丝巾与男士领带的组合；山药与大枣的组合；信阳红茶与茶油的组合等。要实现这种组合，关键是要培育一批懂设计、会经营的整合型企业，开发品牌化、系列化商品，以专业定制、会议销售，实现设计、生产、销售的一条龙经营。例如，河南安阳鼎盛商品组合、新郑“好想你”大枣组合等，都有统一的包装设计、整体运营思路及独特的销售渠道。

4. 细节性包装设计

设计源于生活，并服务于生活。旅游商品的开发设计要重视生活，品味细节。旅游日用品是最能接近大众生活的，如设计别致的T恤、钥匙挂件、钱包、餐具、梳妆用品、头饰、书签、办公用品等，价格适中，方便实用，更有文化内涵，才能吸引更多的游客购买。开封清明上河园景区推出的“百家姓纸扇”，扇子是日用品，而在扇子之上印有不同姓氏的起源，以便游客增加对姓氏的了解，吸引了许多游客购买。

许多商品的包装设计还要考虑其便携性。有些笨重的、不便携带的商品，游客虽然喜欢但往往会放弃购买。旅游者在旅游过程中购物具有临时性和流动性的特点，如何满足这一要求是旅游商品设计者必须考虑的问题。细节体现品位，旅游商品设计应关注细节，为消费者考虑周到，传达商品包装对人性及生存环境的深度关怀，才能真正得到游客的青睐。

（三）包装视觉设计

视觉设计是视觉信息传递设计的简称，是指运用视觉语言进行旅游商品信息沟通，目的是争取更多的信息接收者，从而引起旅游者关注的设计。其构成要素有色彩、图案、文字、肌理、品牌、条码和包装形体结构等。前四者形成一个完整的画面，成为构图要素，其中，色彩依附于图案、文字和肌理，而图案、文字则需要肌理的衬托。

1. 色彩要素

在视觉设计中，色彩是影响视觉吸引力和记忆力最活跃的因素，是图案中最富吸引力、记忆力、诱惑力的无声语言，作为表达感情的视觉语言，是包装的重要设计元素。因此，在包装视觉设计中，色彩的选择尤其重要。大自然的色彩变幻无穷。人们通过长期的生活体验，有意无意之中形成了根据色彩来判断和感受商品包装的能力。包装色彩不仅可以增强消费者的审美愉悦，而且能激发消费者的购买欲望。在视觉艺术中，色彩作为第一视觉印象的艺术魅力影响深远，具有先声夺人的力量。以我国的茶叶包装为例，其颜色多为绿色，缺乏变化和创新，容易让人产生审美疲劳，也难以突出各个茶叶品种间的区别。台湾的四季春乌龙、翠玉乌龙和金萱乌龙，分别采用明快、淡雅的中黄色、淡绿的和浅金色为主色调，配以工笔花卉的装饰图形，用时尚的色调和古朴的图形一起表现优雅、悠久的韵味，探索了茶叶包装色彩发展的新方向。

2. 图形要素

图形是形、色、光等视觉语言同时作用于人眼的综合效果。在视觉设计中，图形往往以主体要素出现，其特点为信息含量大、传递能力强、最能感动人。包装图案中的商品图片、文字和背景的设计，必须以吸引旅游者注意为中心，能直接影响消费者的购买欲望，达成销售目的。需遵循以下原则：形式与内容统一；突出商品特质；文字说明要详尽；形象突出；功效设计科学。在设计手法方面，要求以简单的线条、生动的个性、搭配合理的彩色构成和谐的图案。此外，包装设计应避开各民族的文化禁忌。

3. 文字要素

文字的基本功能是信息交流的媒介，包装设计的品牌文字和说明文字都必须遵循这一规律。文字也是造型语言中最为简洁的视觉语言，它传达信息最直接、最有效。旅游商品包装设计中的文字主要起着代表产品品牌形象、广告宣传和功能说明的作用。它不仅可以传达文字本身所承载的信息，而且可以向消费者展示旅游商品的文化内涵、地域风貌和产品本身的特色。包装设计中可以没有图形，却不能没有文字。

中国汉字具有象形性，图形感突出，而书法艺术具有很高的审美价值和艺术特征。将书法艺术运用于包装设计实质就是将自然和生活中抽象的形象融会，创造出为人感知的视觉形象。艺术家把自然界中的视听感受、审美经验和情感相交融，通过笔墨把单纯的文字升华为较高的艺术境界。它表现的内涵是含蓄的、朦胧的、生动的、丰富的。能体现出图案的气韵生动之美，创造新颖的视觉效果。

4. 肌理要素

肌理是指物体表面所呈现出来的纹样，是包装原材料的低纹理，它由构图中的纹样和材料的质地、纹理构成。材料的排列组合、构造组织不同而呈现的色泽、纹样、花色，能够使人们感觉到不同的触觉质感或视觉质感。例如大理石的花纹、树木的年轮纹、毛料的柔软及绒感、水的波纹等。包装设计要尊重人们的喜爱，发挥不同材质的特性，通过加工、提炼，构成崭新形式，以其特有的质感美来达到设计的目的。

肌理分为自然肌理与印刷肌理。自然肌理是包装材料天然具有的，如木料、石材等。印刷肌理是用人工方法仿造的，通过印刷工艺制作出来的视觉效果，如木纹纸、无纺布等。印刷肌理能适应大批量生产的要求，成本低，视觉效果明显。较多旅游商品企业采用这一要素。

三、旅游商品的空间设计

空间设计包括四要素：空间的使用、空间的营造、空间的美感和空间的意义。主要的空间设计对象包括空间的出入口设计、通道设计、色彩设计、通风设计、声音设计和气味设计等。

（一）旅游商品空间类型设计

（1）专营商店的设计。专营商店的设计要与附近景点在主题上保持一致性，体现经营商品的专业性，特色性，档次要求要高。例如，西藏拉萨大昭寺前的八廓街上有一家藏族纪念品专营店，名为八廓唐卡艺术村。它是拉萨最大的唐卡店，其设计以唐卡布局墙面，突显了藏传佛教浓重的神秘色彩。

（2）附属商店的设计。附属商店分为两类：一是店内商店，多设于饭店或庭院内的大厅或底层。它的空间设计应与饭店的整体格调相一致，不应过于突出自身形象，以达到为饭店服务的目的。二是店外商店，主要售卖当地土特产、纪念品和即食类食物。其设计突出地方特色文化标志。

（3）兼营商店的设计。兼营商店的设计要体现配套功能，强调统一性和整体性，体现现代时尚要素与地方文化元素的融合，展现多姿多彩的魅力，让地方多元文化要素在格局中都有所体现。设计还突显价格及服务因素，要考虑如何尽量降低旅游者的寻找成本，减少不必要的购物时间，让他们很容易找到所需要的商品。

（4）商业街区的设计。商业街区是建立多渠道、多形式的销售区域，要设计不同的标示，以体现区域内不同产品属性。个性化的设计在商业街区要有不同的体现。例如，大理古城南门外有珠宝玉石一条街和南诏文化城旅游商品一条街，在三塔寺有大理石工艺品一条街，其个性化设计都很鲜明。

（5）旅游商品专业村的设计。旅游商品专业村之所以吸引人，不仅仅在于旅游商品本身，更多的是由于旅游商品所承载的传统文化及地方文化。因此在设计时不能故步自封，也不能失掉地方文化，它是休闲与文化结合的典范。

旅游商品类型设计还包括精品店、摩尔、路边摊、机场、火车站及港口商店等，在设计时也要充分考虑位置、商品文化特色、周边购物环境而有所侧重。

（二）旅游商品空间设计的内容

旅游商品空间设计要主题明晰、特色鲜明，内容表达准确，就内容而言可以分为外部设计和内部设计。

1. 外部设计

外部设计内容主要包括门头、橱窗、灯光、标志、门廊、入口等。精心巧妙的外部设计，一方面可以突显旅游商品文化的内涵，另一方面可以成为重要的促销工具。

（1）门头设计。时尚、有品位的门头设计可以吸引旅游者驻足观望，甚至古怪的样子、色调和迥异的材质也能引起旅游者的关注。而过于奢华的门头，会给人以“主大欺客”之感，让游人望而却步。有学者认为，大多数人通过观察商店外观来判断它的层次，而并不会走进去看其中的商品是否真的在他们的承受范围之内。门头设计在材料与制作工艺的选择上要注意天气的因素，不可使用容易褪色变形的材质，色彩的设计要与周边环境、左邻右舍的门头保持一致性，在视觉上营造与环境的和谐。

（2）橱窗设计。橱窗也是商店外部的一个重要组成部分，是旅游者了解商品的窗口。设计时要有分类性，将旅游商品分类做介绍，还要突现旅游商品的个性。

（3）灯光设计。灯光是为了配合门头、橱窗、入口的设计效果而附加的一种手段，起到美化的作用。在灯光的选择上要突出商品的自然属性，以建立旅游者与商品经营者之间的信任感，提示入口和停车位等所在位置。灯光设计不可太过刺眼。

（4）标志设计。标志设计是旅游者最先看到的外观设计要素之一，要主题醒目、信息准确。醒目是为了吸引旅游者的注意，引导旅游者关注的方向，引起旅游购买认知，设计要素体现在标志的大小、位置、灯光等。

（5）门廊和入口设计。门廊与入口是外部环境到内部环境的过渡地带。设计时要考虑游客的安全，营造一种温馨、轻松、愉悦的文化情调。

2. 内部设计

内部设计主要是指商店内对旅游商品陈列、布局、摆放等。内部设计的主要目的是为旅游者创造一个愉快的购物氛围。一般来讲，旅游者在店内时间越长，成交量就越大。因此，创造舒适的、令人享受的店内环境是增加销量的基础，内部设计要体现以下三个因素：

（1）旅游商品的布局。良好的内部设计应首先考虑能否容纳丰富的产品。旅游商品多而杂，这些商品的布局对旅游者在店内的行走路线有较大影响。旅游商品的布局要符合购物心理的发展过程，不能一览无余，这不符合商店的最大利益。在布局中要突出过程，在过程中让游客享受购物之旅的愉快，并发现一个一个的兴奋点。具有吸引力的布局能使旅游者长时间逗留在商店之内，这是开心购物的标志。

（2）休闲环境的创造。旅游者的目的是游，是文化享受，是休闲娱乐。购物从属于旅游，在内部设计中要创造舒适度。有专家指出，一个旅游者在商店中花费的时间，取决于这次购物经历的舒适程度和享受程度。另外，大多旅游者购物是在旅游结束之后进行的，这就要求购物商店提供一个休闲区间，在休闲的过程中达成商品的交易行为。

（3）陈列方式的刺激。旅游商品经营成功的关键是创造一种刺激商品销售的陈列方式。刺激的商品陈列方式可以最大限度地吸引游客的眼球，不使旅游者的视线游离中心商品。例如，在设计中以色彩吸引游客，以体验来调动游客的购物积极性等。

第三节 旅游商品设计的导向

旅游商品设计是艺术的创新。我们要发展旅游商品设计，除了继续探索和尝试外，还要思考未来的发展方向，系统地研究未来影响旅游商品设计的主题、功能、包装因素。

一、主题设计特色化导向

（一）旅游商品设计要体现地域特色

“声一无听，物一无文”，2000 多年前中国传统美学便指出了美的多元性。地域文化是扎根于一定地域内生活环境之中，有着长久的时间积累和深邃的精神基础，旅游商品设计要突出特色，就要紧紧地抓牢地域文化，通过一定的概念形式来表现地域文化。旅游商品设计需要凝练我国各地的地域文化，在旅游传播和商品设计中保持地域文化特色，是旅游商品设计发展的必然。

地域文化是需要继承保持的，但更需要融合各种新文化，促进旅游商品设计的发展。在经济飞速发展、信息便利互通的时代，新文化层出不穷，各种新的社会焦点话题经宣传转变为时尚潮流文化。这种文化对地域文化形成冲击，并融合在地域文化的发展过程中。设计者必须关注并体现地域文化的这一变化。

旅游商品的创新，归根结底就是地域文化的创新。地域文化蕴含着丰富的旅游商品资源，特殊的材料、工艺、人物、风俗等都能反映出旅游地的文化。但是这种地域文化以简单的形式呈现出来，附加值不高，需要设计者对地域文化进行重新构思并加以创造。

（二）旅游商品设计要体现民族特色

（1）旅游商品设计要体现民族个性。商品设计是民族性的一面镜子，不同旅游目的地的旅游商品都体现出了各自不同的民族个性。例如，德国的设计，遵循实用、简练的原则，以高贵的艺术气质、严谨的加工而著称于世；美国的设计以实用、富于幻想为特色；日本以“短、小、轻、薄”为设计风格，体现节能、价廉、新奇等个性；我国旅游商品的民族个性还没有被完全突现出来，值得设计者关注。

（2）旅游商品设计要折射民族精神。旅游商品设计注入了设计者的个人情感。这种情感通过造型、形象、肌理、风格反映一个民族的精神面貌。例如，我国剪纸艺术折射出了中国民间审美观和思想感情；又如，河南的竹雕《道德经》纪念品反映了我国民族对道德追求的精神风貌。

（3）旅游商品设计要反映民族生活。每一个旅游胜地，除了与众不同的风景地貌外，人文风情也是其吸引中外游客的重要方面。中国历史悠久，拥有56个民族的灿烂文化，各民族的衣食住行、风俗习惯等都有自己的独特风格，旅游商品设计要反映这一特点。例如云南“十八怪”的旅游商品，包装设计里面是云南的18种食品，包装上印有云南十八怪的民谣插画，云南多民族特点和奇风异俗表现得栩栩如生。

二、功能设计纪念性、实用性导向

（1）纪念性导向。即应具有旅游风景地的标志、纪念、提示功能，让人一看就能立即回想起昔日“到此一游”。只有具有独特纪念性的旅游商品才能真正具有馈赠性、传播性。

（2）实用性导向。即旅游商品应使旅游者在结束旅游之后，能在生活上派上用场，或做艺术装饰如书画品、艺术挂毯等；或做日常生活之用如竹制保健品、厨房盛器等。在此方面，旅游工艺品开发还应充分考虑工艺品的耐用性、小巧化和特殊处理包装等，以便旅途携带。

三、包装设计品牌化、系列化导向

旅游商品的整体形象直接影响着旅游购物，是吸引游客消费、推广旅游商品品牌的关键。旅游商品设计应立足于大品牌战略，统一规范整体形象，更加明确集中地推广旅游商品品牌。目前我国旅游商品市场上众多的旅游商品包装形象混乱，识别性普遍较差，没有规范的品牌识别体系，处在旅游商品设计的初创时期。旅游商品设计要统一使用当地旅游商品的整体形象，规范设计的品牌识别体系，以统一的包装形象展示旅游目的地商品特点。商品形象是品牌宣传的重中之重，游客对旅游商品的喜欢与否，绝大部分源于旅游商品形象。国内众多旅游景点的商品普遍形象陈旧、缺乏特色，导致游客的购买欲望不强。树立面向全世界的旅游品牌，旅游商品设计必须不断地创新去旧，将新意与亮点展现给游客，更好地吸引游客。

复习与思考

一、名词解释

旅游商品设计　文化需求原则　市场需求原则　品牌化原则　色彩要素　视觉设计　肌理要素

二、简答题

1. 旅游商品设计的总体原则包括哪几个方面？请举例说明旅游商品设计的市场化原则。
2. 旅游商品设计的要素包括哪几个方面？请分析各个要素之间的关联性。
3. 旅游商品造型设计的方法有哪些？请举例说明。
4. 旅游商品包装设计有何重要性？结合当地旅游商品包装谈一谈你的看法。
5. 旅游商品包装设计应突显何种要素？

三、单项选择题

1. 旅游商品设计以（　　）为前提条件。

A. 旅游者需求　B. 企业盈利　C. 实用性　D. 美观大方

2. 系列化包装是针对企业的全部产品，以（　　）为中心，在形象、色彩、图案和文字等方面采取共同性的设计，使之与竞争企业的商品容易识别。

A. 标示　B. 价格　C. 品牌　D. 质量

四、 多项选择题

1. 下列属于包装设计视觉要素的有（　　）。

A. 色彩　　B. 肌理　　C. 材质　　D. 文字

2. 旅游商品的造型设计一般要突出（　　）特征。

A. 形状　　B. 趣味　　C. 构思　　D. 寓意

3. 商品设计是民族性的一面镜子，不同旅游目的地的旅游商品都体现出了各自不同的民族个性。符合德国旅游商品的特点有（　　）。

A. 实用　　B. 简练　　C. 幻想　　D. 短、小、轻、薄

五、 案例分析

福娃成功的秘诀

北京奥运会吉祥物由5个“福娃”组成：“福娃贝贝”是鱼娃，来自江河湖海，代表繁荣；“福娃晶晶”的原型是熊猫，来自森林，代表欢乐；“福娃欢欢”以奥运圣火为原型，代表激情；“福娃迎迎”的原型是藏羚羊，来自草原大地，代表健康；“福娃妮妮”的原型是京燕，来自天空，代表幸运。他们分别代表金、木、水、火、土，也与五环旗一致，代表五大洲。

北京奥运会吉祥物具有浓郁的中国特色，表现了我国多民族大家庭的文化特点，蕴含了中华民族对人与自然和谐相处的认识，天地万物相互依存、和谐运行的基本思想。

（1）贝贝传递的祝福是繁荣。在中国传统文化艺术中，“鱼”和“水”的图案是繁荣与收获的象征，人们用“鲤鱼跳龙门”寓意事业有成和梦想的实现，“鱼”还有吉庆有余、年年有余的含义。贝贝的头部纹饰使用了中国新石器时代的鱼纹图案。贝贝温柔纯洁，是水上运动的高手，和奥林匹克五环中的蓝环相互辉映。

（2）晶晶是一只憨态可掬的大熊猫，无论走到哪里都会带给人们欢乐。作为中国国宝，大熊猫深得世界人民的喜爱。晶晶来自广袤的森林，象征着人与自然的和谐共存。他的头部纹饰源自宋瓷上的莲花瓣造型。晶晶憨厚乐观，充满力量，代表奥林匹克五环中黑色的一环。

（3）欢欢是福娃中的大哥哥。他是一个火娃娃，象征奥林匹克圣火。欢欢是运动激情的化身，他将激情散播世界，传递“更快、更高、更强”的奥林匹克精神。欢欢所到之处，洋溢着北京2008年奥运会对世界的热情。欢欢头部纹饰源自敦煌壁画中火焰的纹样。他性格外向奔放，熟稔各项球类运动，代表奥林匹克五环中红色的一环。

（4）迎迎是一只机敏灵活、驰骋如飞的藏羚羊。他来自中国辽阔的西部大地，将健康的美好祝福传向世界。迎迎是青藏高原特有的保护动物藏羚羊，是绿色奥运的展现。迎迎的头部纹饰融入了青藏高原和新疆等西部地区的装饰风格。他身手敏捷，是田径好手，代表奥林匹克五环中黄色的一环。

（5）妮妮来自天空，是一只展翅飞翔的燕子，其造型创意来自北京传统的沙燕风筝。“燕”还代表燕京（古代北京的称谓）。妮妮把春天和喜悦带给人们，飞过之处播撒“祝您好运”的美好祝福。天真无邪、欢快矫捷的妮妮将在体操比赛中闪亮登场，她代表奥林匹克五环中绿色的一环。

——资料来源：北京奥运吉祥物——福娃［EB/OL］. 搜狐网，2005－11－11.

根据以上案例，回答如下问题：

1. 你认为北京奥运会吉祥物福娃成功的因素有哪些？
2. 福娃的设计体现了我国的什么文化精神？
3. 请分析旅游商品设计中品牌化、系列化的重要意义。

推荐阅读

1. 艾艳丰. 旅游商品学［M］. 北京：科学出版社，2010.
2. 辛建荣，路科，魏丽英. 旅游商品概论［M］. 哈尔滨：哈尔滨工程大学出版社，2012.

第七章

旅游商品市场营销

旅游商品市场营销是提高旅游业综合效益的重要途径。它以旅游目的地资源、文化为载体，以游客多样需求为导向，在旅游线路的运动转换中实现商品价值的转移。因此，旅游商品市场营销实质是对旅游者消费需求的控制与营销方式的设定。

本章将从旅游商品的基本概念出发，分析旅游者的消费需求、消费动机与购物的心理过程，构建旅游者消费行为模式，以此为基础设定满足不同游客需求的营销方式和促销方法，创新多渠道的旅游商品市场营销战略。本章的重点是了解不同游客的消费需求，掌握旅游商品市场营销的方式与促销方法，熟悉旅游商品市场营销战略。

学习目标

知识目标

1. 了解旅游商品市场营销的概念。
2. 了解旅游消费者的心理需求。
3. 了解旅游商品的营销方式。

能力目标

1. 学会分析旅游商品者的消费心理。
2. 掌握旅游商品市场行为模式。
3. 能够运用旅游商品营销方式进行旅游商品实际营销。

案例

了解需求，才能实现营销目标

现代营销理论认为，产品开发的最终和最直接的途径，就是依靠深入细致的市场调查研究。根据国家旅游局的调查，70.7%的旅游者认为中国旅游商品有文化特色；81%的旅游者认为中国旅游商品可以留下美好的印象；67.8%的旅游者认为中国旅游商品可以增长见识。我们可以分析出，外国旅游者在中国购物的动机有以下几种：

（1）纪念。旅游者买到商品，回到常住地区，仍能触物生情，唤起美好的回忆。

（2）馈赠。很多旅游者购物是为回家后馈赠他人，以表达自己对亲朋好友的感情。

（3）收藏。旅游者希望买到质地讲究，做工精良，有丰富文化与艺术内涵，甚至有垄断性的旅游商品，以增长自己的财富和知识。

（4）实用。一方面，能解决旅游者某方面的用途。另一方面，与纪念、馈赠、收藏等功能相结合。

现代市场营销观念的一个重要指导思想是：产品的开发、设计必须按照消费需求来进行。所以，旅游商品的纪念性、礼品性、艺术性、实用性是中国旅游商品开发、设计共同具有的普遍性的客观要求。但是旅游商品的“四性”是对所有旅游商品而言的，是带有普遍性的要求，对中国旅游商品来说还应有更深层次的要求：即中国特色、个性、差异、垄断。问题的关键及难点在于怎样把旅游商品带有的普遍性、共同性的要求转变到单个的中国旅游商品中去，使中国旅游商品呈现出特色化、个性化、差异化、垄断性。

——资料来源：黄继元．中国旅游商品的开发、设计、营销策略的思考［J］．
北京第二外国语学院学报，1995（3）．

案例分析

1. 结合案例，谈一谈旅游者到底需要什么样的旅游商品。
2. 旅游商品企业或经营者对旅游商品如何营销，才能增加旅游商品收入？

第一节　旅游商品市场营销理念

一、旅游商品市场营销的定义

市场营销是从产品生产出来开始到产品转移到消费者手中为止的一个过程，买卖双方围绕这一市场过程进行沟通、信息交流、产品宣导、促销、向适当的消费者提供服务的总和。

旅游商品市场营销的对象是旅游者，旅游者是市场营销的关键因素，而旅游者构成的多样性导致需求的多样性，不同收入的人有不同的要求，不同国家、不同民族、不同的职业、不同文化背景的要求都有其特殊性。而旅游商品市场营销的实现过程是在卖方通过一系列营销、促销方法来满足消费者的需求，并实现商品和劳务在两者之间的转换，则市场营销得以实现。而在实现之前消费者将根据自我需求进行决策，决策中受心理、时间、地点、环境、情绪、价格、服务等多种因素影响，而市场营销是生产企业排除消费者不利于决策实现因素的过程，采取有效措施帮助消费者实现决策、平衡供求矛盾的过程。

二、旅游商品市场营销的特殊性

旅游商品营销与旅游相联系，区别于普通的商品市场营销，其特殊性表现在：

（1）旅游商品市场营销对象的多样性。旅游商品营销的对象十分明确，即旅游者。旅游者是旅游商品市场的需求方，也是实现旅游商品营销的关键因素。其多样性主要表现在他们来自不同地区，不同的民族、不同的收入、不同的性别、不同的职业、不同的年龄，不同的文化背景等。

（2）旅游商品市场营销过程的固定性。旅游者是按照一定的旅游线路来设计行程，旅游线路相对固定，旅游商品市场多集中于旅游城市的商业繁华地带、旅游景点、名胜古迹附近和宾馆饭店及购物中心等地，与旅游线路的安排相一致。

（3）旅游商品市场营销结果波动性。旅游商品消费主体是旅游者，是一个外来的流动群体。与当地居民消费的长期性与稳定性不同，旅游者多为一次性消费，重复消费概率偏低。旅游活动的季节性特点也影响旅游商品消费，因此，旅游者在不同时间，不同地点的表现，会使旅游商品市场产生较大波动。

（4）旅游商品市场营销实现的文化价值突显。对于普通消费者来说，多以日常生活消费为目的，注重产品的实用与价格，而旅游者购物过程中则更注重商品的地域、文化属性，这一文化价值的突显，将使旅游商品市场营销的关注点转向旅游者的心理、动机等。

课堂思考

依据旅游商品市场营销的特殊性，结合实际，谈一谈旅游商品市场营销实现还需要注意哪些因素。

三、旅游商品营销观念的演变

旅游商品市场营销观念，是指旅游商品企业在组织和谋划旅游商品营销实践活动中的指导思想、思维方式等管理理念。营销观念决定营销策略的构建、营销方法的实施，并受社会演进、消费心理的变化的影响，呈现不同的发展阶段。简单来说，主要有生产导向阶段、商品导向阶段、推销导向阶段、消费者导向阶段、生态学市场导向阶段、社会市场导向阶段和大市场营销阶段。

生产导向，是“以产定销”的观念，在商品供不应求的背景下产生的最古老的营销思想；商品导向强调商品质量、性能与特征，忽视消费需求的理念；推销导向是诱导消费的营销思想，是“以产定销”的延续。这三种营销观念都只是关注商品本身，已被市场浪潮所淘汰。

消费者导向、生态学市场导向、社会市场导向，是目前旅游商品经营过程中普遍运用的营销观念。这三种营销观念都重视消费者的需求，即消费者需要什么，企业就生产什么的营销理念，但对企业产品量的控制有所降低，同质化较严重。

大市场营销导向是指企业不仅能够适应外部环境的需求，而且能够改变或部分改变市场外部环境，使其有利于企业自身发展的经营指导思想。即企业以自身优势资源、市场、竞争为依托，整合外部资源进行互补性营销，在营销过程中改变外部环境，实现企业与外部环境的双向影响，通过相互影响、优势互补打破不可控的外部环境因素的制约，实现双赢或多赢的营销理念。例如，通过政府、学校、媒体、会展、网络等现代手段，建立多渠道的外部联系，树立企业形象，突破“外部环境不可控制和改变”的困境。

在目前旅游企业竞争十分激烈的时代背景下，企业要想如何获取一定的市场份额，就必须创新市场营销观念，实现校企合作，政企合作、媒企合作。校企合作是为了引入智力支持，政企合作是为了引入政策帮扶，媒企合作是为了树立企业形象。

课堂思考

试举例说明旅游商品市场营销观念在具体营销过程中的运用。

第二节　旅游者的消费行为

法国著名心理学勒温认为，行为是个体对外部环境做出的反应，是人及环境的函数。这个函数说明，人的行为取决于人的需要、动机及所处的综合环境。消费是人们利用物品的使用价值来满足自我需要的活动。消费需求是消费行为的基础，是消费行为内在动力与根本原因。满足旅游者消费需求是企业制胜的法宝。

知识链接 搜索

旅游者消费心理的特点

（1）需求的综合性。旅游者因为受时间限制，期望在较短的时间和以较小经济支出获得尽量多的收益。同时由于旅游业的不断发展，人们的出游频次越来越高，旅游选择也更趋于理性，对旅游项目的期待也越来越高，希望能享受集知识性、娱乐性、参与性于一体的旅游商品。

（2）消费的集中性。具体表现为时间和地域的集中。法定节假日和双休日是旅游最为集中的时间。此外，寒暑假也显示出日益明显的消费效应。较快的城市化进程，单调的工作、紧张的生活和拥挤的城市环境使人们对节假日格外珍惜，希望能到风景名胜区寻求身心的放松和调整。

（3）消费主体的大众性。随着经济收入的不断提高和闲暇时间的增多，普通大众的旅游意识日益增强，节假日全家一起外出旅游、休闲的现象较为普遍，旅游支出明显高出平时，整个消费容量在不断提升。

（4）消费的非节气性。旅游在时间的选择上大多是双休日和其他法定节日，而这些时间全年分布较为均匀。同时，各种活动可根据节气的不同而进行交替，因此旅游市场在消费上节气性不强。

（5）客流的双向性。为了消除平时的紧张状态或缓解压力，旅游者需要到与平时环境完全不同的目的地去感受休闲的轻松和惬意。这就使得消费者在不同城镇间相互流动。大城市居民可到小城镇欣赏保存较好的传统文化和优美环境，而小城镇居民也可以到大城市体验现代都市气息。

——资料来源：辛建荣，路科，魏丽英．旅游商品概论［M］．哈尔滨：哈尔滨工程大学出版社，2012.

一、旅游者对旅游商品的消费需求

从理论上来讲，旅游者消费行为是由旅游者的心理过程和心理特征所决定的。因此了解和把握旅游者购物的心理需求和特征可以掌握旅游者消费行为。

（1）旅游者对旅游商品价值的需求。对旅游商品稀有性的期待是游客的普遍心理需求。只有在旅游地才能购买的商品才能引起游客的关注与兴趣，这是旅游商品的价值所在。旅游商品的地域特色明显，能够代表当地文化，给人以独特的美感享受，这时旅游购物才能发生。

（2）旅游者对旅游商品效用价值的需求。随着商品流通渠道的畅通，大部分世界各国或国内产品在各地方都可以买到。但是相对而言，在原产地，商品种类更多、价格更便宜、货品更地道，旅游者有更多的选择空间。一方面，可以满足实用的需要；另一方面，将实用与陈设相结合，增加旅游的附加价值，如到香港购买首饰、化妆品等。

（3）旅游者对旅游商品纪念性的需求。由于旅游活动多不可重复性，旅游者为了纪念和保留这一活动，往往会选择物化的旅游商品作为纪念。因此，设计、销售具有纪念意义的旅游商品是促使旅游购物的主要推动力，也是增加旅游收入的主要渠道。

（4）旅游者对旅游商品收藏性的需求。文化是旅游的灵魂，旅游者在旅游过程中往往倾向于精神消费。收藏高雅艺术产品是多数游客的内心期待。它要求旅游商品的艺术精巧、内涵丰富。购买它可以显示旅游者的身份、地位和财富，有独特的收藏价值。同时要有一定的垄断性、限量性和地域性。

（5）旅游者对旅游商品赠友的需求。选购适合于馈赠亲朋好友、家人同事的旅游商品是旅游者购物的普遍心理需求。这种需求要求旅游商品物美价廉，质优物奇，尤其要求包装精美别致，否则作为礼品是拿不出手的。这一需求有较大弹性，随意性强，买多买少与商品的工艺精美度、适合时令、价格等因素相关联。

（6）旅游者对优质服务的需求。旅游六大要素中，购物区别于其他要素，有较大的被动性。对于大多旅游者来说，旅游商品的购买目的往往不十分明确，一切都是随机而变的，是否购买往往取决于旅游者情绪的变化。他们都希望得到较好的服务，如产品的介绍、使用的示范、包装的便携、沟通顺畅等。服务是商品经营最重要的组成部分，是衡量当地经济发展程度和消费水平的一个指标，优质的服务可以调动旅游者的购买欲望，并产生购买力。

旅游者的消费需求多样性还表现在审美价值取向、旅游商品特色、时代变化、文化传统，谋取利益等方面，众多消费需求综合在一起使旅游行为多样取向达到惊人的程度，这必将增加满足他们需要的难度。

二、旅游者购物决策过程

旅游者购物的决策过程，是指旅游者对旅游商品品质、属性，以及综合信息的认识，排除各种主观因素的影响，产生购买欲望和热情的动态反应。旅游者购物决策与其他购物决策相比有明显的区别。其主要可以分为以下五个阶段：

（1）旅游者的商品识别过程。识别过程是旅游购物决策的第一阶段。它主要通过旅游者自身的感知、记忆、思维和想象，产生对商品品质、属性的初步判断。旅游者，尤其是以休闲娱乐、享受为目的旅游者，在异域他乡充满了好奇与兴奋，其需求或多或少地带有盲目性，与当地居民明确的需求有较大不同。旅游者购买商品往往是建立在情感购买动机的基础之上，增加商品的识别过程，将在一定程度上加强情感购买动机因子。游客购买旅游商品的可能性增大。也就是说，调动旅游者情感，从而提高购买欲望，成为促进旅游商品销售的一条重要途径。

（2）旅游者购物信息搜集过程。商品信息可以帮助消费者加深对旅游商品的认知，从而影响其购买行为，做出正确的购买决策。当地消费者长期生活在旅游所在地，对产品有较深的认识，并且渠道多而顺，较容易获取有关商品信息。旅游者较多地依靠导游介绍来搜集商品信息，信息渠道单一。导游对游客的影响是不可忽视的，要引导和发挥他们的导购积极性。此外，应通过网络、媒体、展会会馆体验等多种方式，向旅游者推介当地的旅游商品，形成完整的信息流，引导旅游者购物决策的完成。

（3）旅游者商品评估过程。旅游者在对旅游商品认知、信息搜集之后，对价格、品牌、性能、特色等做出评价，完成购物的情感过程。与当地居民的货比三家来说，旅游者评估的时间短暂，没有足够的时间一一比较，评估的范围较小，局限于眼前看到的，或从朋友那里听到的。导购协助旅游者完成评估的过程成为可能。

（4）旅游者购买决策过程。旅游者商品认知、信息收集、评估都是为购买决策做的前期准备，处于情感阶段，而购买决策是购物行为的开始。当地居民在前三个阶段的准备都很充分，深思熟虑之后做出的购物决策不会轻易改变；而旅游者前三个阶级受外部环境影响较大，情绪化购物较为明显，购买决策不坚定，随时改变的可能性较大。因此，企业在旅游商品营销过程中要注意群体对旅游者购物决策的影响，以减少购物决策失败的概率。加强导购的服务水平，提高旅游商品的美感，突出地方特色，有助于增强旅游者异地购物决策的果断性。

（5）旅游者购物反馈过程。旅游者购物反馈过程是指旅游者在购物后对所购商品的评价及信息反馈给企业的过程。消费者在购买了商品之后会形成对该商品的评价，是满意或不满意，甚至非常不满意等信息。对于当地消费者来说，有机会退换；而旅游者大多为外地游客，受时间和空间的限制，不可能回到旅游地退换。这是目前较多旅游商品企业不重视这一反馈过程的原因。旅游者购物反馈机制在旅游商市场营销中有三方面重要的作用：第一，可以直接影响旅游者购物的决策。完善的反馈机制，会减少购物过程中的欺诈，在一定程度影响旅游者的购物决策。第二，可以带来新的客源。当购物者成为旅游参照群体时，他会将产品的评价信息告知亲朋好友，为他们提供宝贵的购物经验，直接影响同一目的地旅游者购物的决策。第三，为企业提供产品创新的参考。

课堂思考

旅游商品消费的行为往往呈现出一定的规律性。请思考这一规律包含哪几个步骤。

三、旅游者购物消费行为的特点及表现

旅游是现代社会中居民的一种短暂而特殊的生活方式，这种方式以一种全新的内容呈现出来。因此，旅游者购物成为一种时尚，一种精神文化的满足与享受。

（1）被动性。大部分旅游者购物是附带性的，旅游商品的购买目的并不十分明确，一切随机应变。旅游的目的是观光游览，大部分时间花费在游览上，是否购物往往取决于旅行社线路设计、导游引导、时间是否充裕、旅游者的心情、购物的气氛等因素。购物本应是自愿的行为，但旅游购物往往表现为被诱导的行为，这也是导致强迫购物的内在动因。

（2）即时性。旅游购物行为大多发生在游览观光的行程之中，穿插在吃住的间隙内，因此十分仓促。旅游者从见到商品、产生购买决策、讨价还价、付款的整个过程，往往只有十几分钟，甚至更短暂。因此，要突出旅游商品的特点；旅游商品的摆放要规整，价格标签、商品性能、特点、用途、质量简介粘贴要醒目。对宣传导购的服务态度、宣传技巧、结算速度都要进行专业引导。

（3）风险性。旅游者消费的被动性与即时性特点决定了购物行为的风险。由于购物时间短暂，无法对旅游商品进行充分的了解，甚至于对产品一无所知。这无疑加大了旅游者购物风险。风险性主要表现在四个方面：一是旅游者对产品了解不够，无法做出最佳选择；二是退货艰难，如果商品出现质量问题，较难到旅游目的地退换；三是无法得到全面的售后服务；四是容易购买到假冒伪劣商品。这是目前旅游商品市场营销亟待解决的问题。

（4）从众性。在旅游团队中，大部分旅游者的购物行为，会对群体中的个体购物行为产生购物情绪的影响。在此影响下，个体购物行为自动或被迫表现出与群体一致的行为特点。旅游商品的独特文化价值，往往能够引起旅游者的购买冲动，但受购买经验的影响，旅游消费者做出购物决策时表现出犹豫不决。此时，如果有一人购买商品，容易使他人产生从众的购物行为。具体表现在购买的攀比上，尤其是首次参加旅游购物的消费者，其从众行为更为明显。

（5）引导性。旅游者购买什么样的商品，既取决于自己的购买能力，又受购买环

境、服务水平、团体购物的影响和诱导。很多旅游者购物决策与销售人员的真诚、服务、讲解有很大关系。引导消费是旅游商品营销与管理的策略，每一位销售人员必须学习能够运用销售手段。体验式营销是引导性旅游购物的新形式，是引导消费行为的重要手段。

(6) 回头客少。与其他商品相比，旅游商品消费多为一次性的。旅游企业很难培育忠诚顾客。第一，旅游购物受制于旅游，旅游者较少多次到同一目的地观光，重游的很少，除了那些度假旅游、会议旅游、专项旅游之外。在一般旅游中旅游者的重游率很低，因此旅游商品的回头客也必然很少。第二，这是由旅游商品的纪念性特点决定的。旅游者不断地寻找新的可以留念的旅游商品，到同一个旅游目的地购买商品的可能性很小。

四、旅游者消费行为模式

旅游者消费行为的实质是旅游消费者对旅游产品和服务的购买决策和购买过程，并根据消费心理学设计了一个旅游消费者购买行为的综合模式。在实际运用过程中，由于人们的心理过程是一个“黑箱”，无法对其进行客观分析，因而必须建立合理的行为模式来推断旅游者购物行为。

（一）经济学模式

经济学模式认为，消费者做出购买决策，是建立在理性而且清醒的经济计算基础之上的，即从经济学的角度研究消费者行为，并对模式进行定量分析，如边际效用分析法和无差异曲线分析法，消费者追求的是“最大边际效用”。消费者根据自己获取的市场信息，个人的愿望和有限的经济收入，购买那些能使自己得到最大效用的商品。但是，许多专门研究消费者行为的学者却反对这种做法。他们认为传统经济学中关于消费者行为的模式只涉及消费者购买“什么”的问题，而没有回答“为什么”他们采取那种方式购买的问题。

（二）刺激—反应模式

刺激—反应模式认为，消费者的购买决策过程是一种内在的心理过程，是在消费者内部自我完成的无法看见和触摸的“黑箱”。市场营销、购物环境、参照群体、价格、质量、品牌的刺激，都可能引起消费者心理过程产生反应，引发消费行为变化。它包括三个变量：外部刺激因素、反应因素、旅游者心理与决策过程。

后来霍华德和希思改进了这种模式。他们认为，消费者行为模式是通过市场营销、外部环境、参照群体等外部刺激和由此产生输出过程。它可以记录由什么刺激而产生什么结果。消费者行为的心理过程是消费者的信息处理过程。

（三）社会心理学模式

社会心理学模式是指消费者的购物行为往往在一定程度上体现出团体的特征。学者认为，人是社会的人，人们的需求和行为都要受到社会群体的影响，以至于处在同一文化背景下的人在商品需求、兴趣、爱好、购物方式、购物习惯方面都有许多相似性。在旅游情景中，具体表现为属于某一特定团体的人们寻求他们所属群体惯常的利益。旅游经营者应了解旅游者所属的特定团体，了解这些团体之间的各种差异，了解他们的习惯和需求，使销售和服务工作适合于不同类型团体的需要。在什么样的消费行为模式能够更好地分析消费者行为的问题上，国内外并没有取得一致的意见。由于消费主体不同、商品差异，不同模式只能在特定的场合下才显得更有意义。

课堂思考

请思考旅游者在消费过程中主要关注哪些要素。

第三节　旅游商品营销

旅游商品销售是实现旅游商品价值的重要环节，是旅游商品市场营销的重要组成部分。主要涉及旅游商品销售网点、营销策略和旅游宣传等方面。

一、旅游商品销售网点

旅游者的购物活动在很大程度上依赖于商品销售网点。即使有好的商品，没有适当的销售渠道和方法，旅游购物行为也无法实现。因此，旅游商品的营销，要在一定的空间背景下进行。这一空间背景就是我们常说的销售点。它是旅游者与商品经营者交易的场所，是旅游商品销售的桥梁，也是旅游目的地接待窗口和景观的标志。

旅游商品销售属于零售领域，进入门槛较低，各种零售业态或个人均可以进入这一领域。目前，销售网点出现泛化的趋势，呈现出竞争激烈的市场格局。有些旅游商店将地区性文化符号与销售点相结合，营造出较有魅力的购物环境，将旅游景观与购物融合在一起，旅游者随时随处都可以购买到喜爱的旅游商品，留下难忘的购物经历与体验。他们开发出了新的旅游资源，出现购物“旅游化”的趋势。

（一）旅游商品销售网点的类别

旅游商品销售网点从不同角度，有不同的分类。依据空间位置，旅游销售网点可以分为饭店购物空间、旅游景区商店、专营商店、购物中心和商业街区四类；依据服务对象，可以分为专营商店、附属商店和兼营商店三类；依据城市功能，可以分为失去重心的旅游商业区、区域性旅游商业区、专业旅游商业街和旅游商业点。下面简单介绍一下几种较常见的销售网点。

（1）*饭店购物空间*。饭店是广大旅游者尤其是国外游客食宿的主要场所，也就自然而然地成为旅游商品陈列的网点，一般这类商店的规模不大，经营品种较少。依据位置，分为店内商场与店外商场，店内商场是指设在饭店楼舍内或庭院内专门经营旅游商品的空间场所，有“精品店”、“工艺品中心”、“商品部”、“购物中心”等。店外商场是指由饭店经营、开设在饭店外部或附近的旅游销售网店，多处在城市中心地带和繁华的商业区域，同时面向当地居民和游客销售。

（2）*旅游景区商店*。旅游景区商店是指位于旅游景区内或景区周围，面向广大旅游者的商店为了适应游客逗留时间短的特点，其主要经营一些快餐、景区纪念品、土特产、工艺品等。各景区商店经营档次有较大区别，一些商店相当于小摊位，另外一些商店则是高档商铺，主要经营玉石、雕刻、书画等艺术产品。

（3）*专营商店*。专营商店是专门销售或主要销售旅游商品的商店，几乎全部的企业收入来自于旅游商品的销售，如我国的友谊商店、工艺美术品公司、旅游商品专卖店、免税品商店等。专营商店一般都规模较大、品种较全、档次品位较高，大多设有餐饮和停车场。

（4）*购物中心和商业街区*。购物中心和商业街区是一种新型的复合型商业业态，是主要面向当地居民的社会商业形态，如百货中心、步行街区、超市和购物中心等。它有四大特点，一是大，占地面积大、绿地面积大、停车规模大、建筑规模大；二是多，店铺多、行业多、功能多，往往集购物、餐饮、休闲、娱乐、文化、服务于一体；三是经营主体明确，目标市场清晰；四是购物环境好、档次高、聚合力强，可以满足游客一站式的消费需求。

（二）旅游商品销售网点的空间布局

（1）*以旅游景观为中心的空间布局*。根据旅游目的地核心旅游景观的位置来确定旅游销售网点的空间布局，是一个行之有效的做法。首先，旅游景点是游客必游之处，客流量大。其次，旅游线路是以景点为中心而设计的，在线路的中心点设置旅游商品销售商店是旅游商品空间布局的最佳位置。最后，游客在游览时往往被目的地异样的景观所吸引，处于兴奋之中，在这一节点上布局游客导向型商店特别有益于购物决策的完成。目前，大多旅游景区都布局了此类商店，特别是卖旅游纪念品的商店多集中于这一地区，商店的区位设置，反映出旅游者的主要足迹。可以预见，这些地区的游客导向型零售业将会被强化。

（2）*以饭店为中心的空间布局*。饭店是旅游者的集散地，也是重要的休闲娱乐场所，有些饭店还承担大型会议的组织和举办工作。这里有大量的潜在旅游商品购物客户。围绕这一客户群体，布局旅游商品销售网点是旅游商品销售的重要途径之一。在饭店醒目位置设置旅游商品柜台，销售符合旅游者收入水平、消费档次、兴趣爱好的商品。饭店还可以根据客人的容量设置购物中心、商品部等部门，为住店客人提供有针对性的营销服务。例如，在节日时进行节日礼品的销售，针对会议可以提供会议礼品等。有条件的饭店，可以以当地文化为背景，以饭店产品为核心，设计别具一格的旅游商品。这是饭店增值服务的重要组成部分。

（3）*沿交通路线的空间布局*。在游客进入景区的道路沿线设置旅游商品销售点已经成为一种趋势。目前，我国交通路线中布局的销售点还处于萌芽阶段，多以农家小摊贩的形式布局在城市道路的两侧，以销售当地农产品为主，交通路线的空间市场未被旅游企业重视，也没有能够得到较好的规划和开发。大多数游客往返于家与旅游目的地之间时，都不可能一次性到达，中间都会有短暂的停留、休息或换乘。在这一节点上布局旅游商品销售点，是一个向恰当的目标群体营销的极佳机会。尤其是随着自驾游客户的不断增多，在旅游交通线路上，尽可能地布局销售网点，这对区间旅游是很好的战略规划。例如，在高速服务区设置集餐饮、休闲、购物为一体的服务项目，将对交通路线的空间布局提供一定的借鉴意义。

（4）*以城市商业为中心的空间布局*。每一个旅游城市都有自己的商业中心或购物一条街。它是旅游城市经济、文化的缩影。因其交通便利，商品种类齐全、价格合理，繁华兴旺，商业中心或购物一条街成为旅游者喜欢光顾的主要场所。旅游者大多不喜欢强迫购物，喜欢在商业中心怡然自得地边逛边购，寻求购物的乐趣。因此，以城市商业为中心布局的商店要多变换花样，以当地文化产品吸引游客，以日用品或特产来满足游客的多样性需求。

（5）*以旅游商品生产企业为中心的空间布局*。旅游者对具有独特文化内涵的旅游商品往往充满好奇心。产品的工艺、流程也是旅游者希望了解的重要内容。通过参观旅游企业商品生产过程，可以使他们产生强烈的购买欲望。例如，河南开封汴绣商店，前面是商店，后面是绣厂，游客可以参观绣工一针一线地制作绣品的工作场所，为汴绣工艺而叫绝，加深对产品的了解，之后选购商品就顺理成章了。

（6）*以游客为中心的空间布局*。不同的旅游者需求不同，其旅游线路、活动方式、商品选择等方面的差异较大。如何更好地满足不同游客的需求是提高旅游企业竞争力的重要因素。目前，很多企业开始针对旅游团队进行空间布局，出现了专为团队旅游者服务的大型旅游购物商场。这里集购物、饮食、娱乐等功能于一体，可以满足旅游者全方位的需要。这种布局的旅游商店要针对不同旅游团队活动模式提前进行团体销售。

二、旅游商品营销策略

有效的营销策略将有利于旅游产品缩短营销渠道、顺利进入市场，为旅游商品生产者和经营者赢得利润创造条件。

（一）确定目标市场

著名的市场营销学者麦肯锡提出：应当把消费者看作一个特定的群体，称为目标市场。进行市场细分，有利于明确目标市场；通过应用市场营销策略，有利于满足目标市场的需要。目标市场是营销活动的出发点和归宿点。但旅游者的消费能力、文化背景、年龄差异较大，为了更准确地进行市场营销，必须细分市场。

市场细分是确定目标市场的基础。在市场细分的基础上，企业要根据自身的优势，选择能为自己带来最大利润的一个或若干个细分市场。因此，在确定目标市场时，应该遵循以下三个原则：一是目标市场必须足够大，或正在扩大，以保证企业可以获得足够的经济效益。例如，开发实用性、地方性、文化性强的旅游商品，其目标市场较大，是核心旅游商品。二是竞争对手尚未满足旅游者需求的，因而有可能属于自己的市场。例如，开发具有保健功能的旅游商品，其目标市场是中老年，是目前旅游商品开发前景可期的商品之一。三是目标消费者最可能对本品牌提供的好处做出肯定反应。例如，开发时尚、新潮的旅游商品，其目标市场是青年旅游者，他们对品牌认同度较高，容易对商品做出肯定反应。

（二）制定合理的价格

价格策略是指企业通过对顾客需求的估量和成本分析，选择一种能吸引顾客、实现市场营销组合的策略。目前，我国旅游商品价格两极分化较重。由于旅游商品的消费一般被赋予某种象征意义，旅游者愿意支付的价格不仅要依据物化在其中的人类无差别劳动，而且依据旅游商品给消费者带来的精神享受。因此旅游企业和经营者应根据旅游消费者对商品的认知程度，采用较为灵活的价格策略。

要根据旅游者对商品价值的认识，将旅游商品分为高、中、低三档。低档旅游商品以老人为目标市场，他们退休后收入减少，购买欲望较低，采用低廉的原材料、工艺水平制作简单的旅游商品可以满足他们的需求。高档旅游商品采用上等原材料，工艺复杂、制作精美、以高价出售，主要目标客户是白领阶层，他们收入高，对旅游商品的艺术性要求高于其实用性，对符合他们需求的旅游商品，他们较少考虑价格因素。高价位也是社会地位、财富的体现，这种市场目标客户需要导购讲出商品的内在价值来。中档旅游商品的目标市场是青年旅游者，他们收入不高，但追求个性、时尚，舍得消费。只要是能满足他们对时尚的需求的旅游商品，就能使其产生购买欲望。价格因素不是影响其购买的决定因素，因此可以走中高价格策略。

（三）树立品牌意识

品牌效应对旅游商品的销售越来越重要。一个知名品牌可以带来不可估量的经济效益。随着社会经济的发展和人们生活水平的提高，社会正进入品牌消费的时代。没有品牌做支撑的旅游商品将会被市场淘汰。因此，树立品牌意识具有重要的意义。

（1）依靠质量求生存，树立特色求品牌。商品质量是企业的生命。旅游商品在材料的选择、制作的工艺流程方面都应体现较强的质量意识。这是打造品牌的基础。在质量的基础上突出特色，体现地域、民族特色是旅游商品长久生命力的核心要素。代表地区或国家的文化符号的旅游商品具有较强的生命力。

（2）创零售商品品牌。在旅游商品创新开发、质量、设计、包装和推广等方面下功夫，吸收高尖端人才，在市场研发、商品开发上做文章，依据市场需求开发出人见人爱的旅游商品。同时，要加强对商品生产者的要求，为自有品牌确定更高的质量标准，从根本上杜绝假冒伪劣商品的出现，真正取信于旅游者。

（3）创建旅游购物市场品牌。旅游商品需要借助于市场进行销售，而市场品牌的形成有助于旅游商品品牌的建立。例如，香港是“购物天堂”，景德镇是“瓷器之都”等。旅游购物市场品牌比单一的旅游商品品牌或旅游商品的销售内涵更丰富，涉及的企业多、部门多，需要政府介入并进行正确的引导。

（4）实施注册商标策略。品牌资本的法定形式是注册商标。商标不是一个简单的名称或标志。它融入了旅游企业文化甚至于民族文化，代表了一定的个性和档次。旅游商品的商标设计要特别注意各国各地区文化、习俗、宗教等方面的禁忌。

中国作为一个发展中国家，树立品牌，创建品牌要比发达国家困难得多。它不仅需要企业的努力，而且需要政府方面财力及政策的支持。

（四）创新营销方法

旅游商品经营企业选择什么样的营销方式，需要综合考虑目标市场的需求和自身拥有的资源，在两者的基础上选择不同的营销方法。如果旅游商品企业制造的是日用消费品，其单位价值小，利润空间不大，一般以代销的形式来完成销售。如果是旅游纪念品、工艺品、土特产，其附加值较大，地域特色浓郁，易采用专卖店和特色店的形式，企业优势明显，工艺过程能体现产品价值的亦可采用前店后厂的形式。而体积过小的纪念品，特色又不十分明显，企业资金不十分雄厚的，也可以采用流动直销的形式。下面简单介绍几种常见的营销方法。

（1）专卖店和特产专柜。这是目前多数旅游企业采用的营销方法。在游客集中的地方设立专卖店或特产专柜。一方面，通过专卖店和特产专柜全面展示自己生产的商品；另一方面，可以保证同城同质同价。在旅游商品营销初期，各商店经营的旅游商品大同小异，商品特色不明显，相互之间常常发生强迫旅游者消费的现象，还有以劣充好降低价格来欺骗游客的事，破坏了旅游市场秩序，使旅游者对购物产生厌烦心理，在一定程度上导致了旅游市场的萎缩。专卖店与特产专柜的设立，既确保了经营者的利益，又保证了商品的质量和价格，有利于旅游商品企业健康发展。

（2）特色店与前店后厂。特色店是指通过销售特色旅游商品，吸引游客，利用空间设计个性化等方式，突出特色，宣传所售旅游商品，达到销售目的的店面，如“唐老鸭”、“米老鼠”。好奇是人的本性，游客对有特色的旅游商品工艺充满好奇。如果让他们参观其生产场地和过程，就会产生购买欲望。将商品与工厂有机结合在一起，会使游客产生身临其境之感。

（3）体验式营销。体验式营销是指在销售当中，让客户参与其中，亲身体验产品的功能性，通过对比不同产品，凸现产品的优点，从而进行一系列产品的销售的行为。体验式营销，在全面客户体验时代，不仅需要对用户深入和全方位的了解，而且应该把使用者的全方位体验凝结在产品层面，让用户感受到被尊重、被理解和被关怀。例如，景德镇旅游部门就请旅游者自己动手设计和制造瓷器，成为旅游购物的一大热点。我国的诸多旅游商也可以采用这一营销方式，如茶叶、绣品等。

（4）组合式营销。组合式营销是市场营销的基础概念，指一系列营销工作者所能影响和操作的市场营销变量和就此所制定和实施的营销战略。这种营销方式有两层含义：一是将当地各种旅游商品组合在一起销售，如将风味小吃、特产、工艺品组合在一起，以当地特产的石、木、竹等材料包装。桂林的桂花王茶，就是以桂林产的竹子做外包装，并设计成象鼻山造型，特色突出，内涵丰富，销路极好。二是将当地的特色小吃、旅游纪念品、旅游特产集中在一个店面内进行销售，方便游客集中购物。

（5）公关活动营销。公关活动营销是以影响或游说目标群体为目的的，引起团体游客关注的营销活动。其典型的形式包括新闻发布会、招待会、名人论坛、旅交会等。通过这种营销活动，参加的旅游商品企业、旅行社、社会团体互相交流，达到拓展营销渠道、增加游客量，传播商品文化的目的。

（6）口碑营销。通过口碑营销可以有效地克服广告回避现象和实现“以一当十”的广告效果。当我们听到一位好友或者亲人推荐某个产品时，我们对此十分上心，且多半会试一试。这就是商业上经常被人忽视、又是最好的广告形式“口碑营销”。口碑营销实施容易、成本低廉、效果显著，能够实现把顾客变成推销员的效果。

三、旅游商品宣传促销方法

宣传是旅游者与旅游商品企业沟通的桥梁，是旅游商品营销过程中一个重要的环节和手段。旅游企业运用多种传播手段，向旅游者传播同一诉求，以获得旅游者对旅游商品的关注。旅游企业传播的手段包括：广告、公共关系、大型活动、销售促进、包装设计、企业形象识别系统和直效营销等。

（一）旅游商品宣传的原则

（1）真实性原则。旅游商品宣传内容要真实、准确。广告宣传的旅游商品性能、质量、材料工艺要与实际产品相符，不能搞虚假宣传。只有这样才能赢得旅游者的信任。目前我国旅游商品市场低迷的一个重要原因，就是旅游商品以次充好，以假乱真，欺骗旅游者，甚至存在个别景区导游与商店勾结在一起，合伙骗旅游者的现象。所以在今后的旅游宣传中必须遵守真实性原则。

（2）针对性原则。针对旅游商品特定的消费群体进行宣传，才能取得预期的宣传效果。面对多样化的旅游商品消费需求要选用不同的宣传语言、宣传内容和宣传策略。例如，国外游客与国内游客在语言上要有区分，老年购物者与青年购物者在价格上要有区分，男性与女性购物者在产品的种类上要细分。

（3）通俗性原则。宣传的目的是让消费者记住这一商品。难记的词汇、冗长的语句只会让旅游者产生厌烦心理。通俗的语言容易记忆，容易记忆的词才会产生好的印象，如黑老包花生米、傻子瓜子等。

（4）主体性原则。当前，我国旅游商品市场宣传过程中，旅游商品主体不突出，生产企业主体地位被忽视。在进行旅游商品宣传时，过度依赖政府、景区。政府宣传主要突出的是旅游目的地旅游业的整体促进作用，而旅游景区突出的是旅游景区的人文与自然环境，往往只是附带性地提一下旅游商品。旅游商品经营企业要想树立自己的商品品牌，必须积极主动地进行宣传。

（二）旅游商品宣传方式

1. 媒体广告宣传

媒体广告主要指报纸、杂志、电视、广播等。目前国内旅游商品在媒体广告方面的宣传还处于起步阶段，与国外一些较发达国家无论在数量上还是质量上都存在一定的差距。例如英国，旅游商品广告在报纸、杂志上的投入占旅游广告总支出的60%，而我国充分利用报纸和杂志进行宣传的是旅行社，旅游商品经营者很少利用报纸和杂志进行宣传。电视、广播等广告媒体已被众多业态视为最有影响力、最成功的广告宣传媒介，它能以图文并茂的形式，用直观的方式，最快的传播速度，将信息传递给众多的潜在客户。目前在电视广播做宣传的旅游商品经营者极少，大多是政府的形象宣传、旅游景区的景观介绍。发挥媒体的作用是提高旅游商品收入的重要宣传方式。

旅游商品企业可以与旅游景区开展联合宣传，共同拍摄旅游宣传片，将旅游商品的信息植入到旅游产品的广告中，突出商品的特色，激起旅游者的购买欲望；旅游商品企业可以通过与旅行社的合作，使旅行社推出的线路中对企业的旅游商品进行专门介绍，让潜在旅游者认识商品，从而减少广告费的投放。旅游商品企业也可以与政府合作，将商品身上的“故事”，编写在政府的宣传材料中。这样既可以突出政府的文化内涵，也可以让游客认识旅游商品的独特价值。

2. POP 广告宣传

POP 广告宣传是指在旅游景点及旅游线路上设置商品宣传牌、灯箱、广告招贴画等，有的放矢地针对旅游者进行宣传。旅游者购物多是临时决定的，购买动机产生在观景的道路上，因此旅游商品企业还需要根据旅游活动的时空特点来选择 POP 广告。这种广告形式直观，基本信息突出，让旅游者有耳目一新之感。安装地点多在卖场，可以采用悬挂式、柜台式、海报、吊旗、标签或贴纸、陈列专柜等。最好的形式是用实物进行广告宣传，可以达到“人叫人千声不语，货叫人点头自来”的宣传效果。

3. 大型活动

旅游商品企业参与赛事、节庆、会议、展览等大型活动，对旅游商品进行宣传，是目前较多旅游商品企业青睐的一项宣传方式。大型活动一般具有参加人数多、持续时间长、影响范围广等特点。对于旅游商品经营者而言，这是一个难得的宣传机会。例如旅游商品交易会，由政府主办，全国旅游相关企业参加，专业性强，企业很难单独组织。

旅游商品经营者参与这样的大型活动，不仅能促进旅游商品的销售，而且有利于树立旅游商品经营者的良好企业形象。通过参加专业展会，旅游商品生产企业、销售企业、科研设计单位以及民间艺人等产业链上的各股力量可以更好地相互沟通，建立优势互补或强强联合的合作关系，以加强旅游商品的开发和营销，从而推进旅游商品的产业化、规模化，提速产业的发展；通过参加消费者展会，旅游商品生产企业可以直接与消费者进行沟通，获得旅游者甚至当地居民对商品需求的第一手资料，从而促进商品的后续研发与生产，实现适销对路。因此，旅游商品企业应该积极关注地方政府、旅游行业管理部门和旅游行业协会举办的相关大型活动，择优参加。

4. 公共关系宣传

公共关系是指企业为了协调各方面的关系，在社会上树立良好的形象而开展的一系列专题性或日常性活动的总和。其中，专题性活动有新闻发布会、大型庆典、公司社会服务活动等，日常性活动有日常服务、礼仪活动等。目前，我国旅游商品企业还很少运用公共关系这一传播手段。因此，在未来的生产经营中，企业可以根据预期的沟通效果和自身的经营实力，设计可行的公共关系策略。具体而言，旅游商品企业可以根据商品的市场价值，邀请与商品形象匹配的名人作为形象大使，面向公众宣传产品；也可以利用各种传播媒介，如电视、广播、报纸、杂志等，扩大旅游商品信息发布的区域范围，使其被广大的潜在旅游者熟知；还可以参加公益活动，赞助有积极社会效应的大型活动、赛事等，以提高企业的知名度和美誉度。

5. 销售促进

销售促进又称营业推广，是企业运用各种短期诱导因素鼓励消费者和中间商购买、经销企业产品或服务的一种促销方式。针对旅游商品的需求特点，企业可以采用折扣、赠送优惠券、减价、抽奖等方式来促进销售。例如，开展“猜灯谜、送年礼”的年货大展销活动，旅游工艺品、旅游纪念品和旅游食品企业积极参与，以折扣、赠送礼品等方式进行销售促进，取得了良好的效果。

6. 人员促销

人员促销是企业运用销售人员直接向顾客销售商品和劳务的一种促销方式。旅游商品需求弹性较大，旅游者可买可不买，现场销售对旅游者的购买起到较大的作用。因此，企业需要重视销售网点的人员促销。由于这是目前多数旅游商品企业与旅游者沟通的最主要方式，因此企业需要有服务态度好、专业知识过硬的员工。一般而言，对于工艺较简单、旅游者较熟悉的商品，如旅游食品，销售人员只要服务态度好，就算对商品不太了解，对于销售的影响也不大；对于工艺较复杂、需要一定专业知识的商品，尤其是旅游工艺品和一些具有深厚文化内涵的旅游纪念品，销售人员的专业知识就显得十分重要。

课堂思考

假如你是旅游商品企业营销负责人，你将如何制定营销策略、方法，并实现销售利益的最大化？

第四节　旅游商品现代营销方式

目前，我国旅游商品消费收入偏低与我国丰富的旅游资源、游客激增的情况极不相称。增加旅游商品消费收入，需要从提高旅游商品吸引力入手，将旅游商品的开发与旅游业、国民经济发展、政府决策有机结合起来，发展旅游商品市场战略，融合营销战略。

一、旅游商品整合营销

旅游商品吸引力是旅游消费的先决条件。能给游客带来新的感受和价值的商品，才能够吸引消费者，使旅游者获得难忘并独特的旅游购物经历。因此，提高旅游商品吸引力需要从以下几个方面着手。

（一）旅游商品营销整合概述

旅游商品营销整合战略就是一体化，是指在旅游商品营销过程中将旅游的六大要素联系起来，依据之间的内在联系，进行旅游商品营销。过去，旅游企业将食、住、行、游、购、娱旅游的六大要素独立起来，把它们简单地累加在一起，没有意识到这些要素之间的内在联系，未能发挥旅游要素之间的整体效用，导致单一、重复的旅游商品层出不穷。这大大降低了旅游商品的吸引力与销售收入。

其实，旅游要素之间是相互融合、互为前提的。在旅游者消费任何一项旅游产品时，可以把其他活动巧妙地融合在一起。这样既可以保证旅游者顺利进行旅游活动，又可以提高单位时间内的顾客价值。通过整合可以开发出能够满足多样需求的旅游商品，更重要的是实现旅游企业之间的业务整合，扩大企业产品的销售渠道。

旅游商品整合营销的作用主要表现在：首先，通过旅游各要素之间的融合、整合，最大限度地创造旅游消费的机会，提高旅游购物消费；其次，可以满足旅游消费者多样化、个性化需求；再次，这种整合可以使旅游者在有限时间内完成多种消费，给予旅游者不同的经历和体验；最后，这种整合可以较好地解决散客购物比重较低的问题。

（二）旅游商品营销整合的方式

（1）购物与餐饮的整合。餐饮是旅游者消费的基本项目。餐饮场所是游客的主要集散地，客人相对集中，客流量较大，而且旅游者就餐之后会有短暂停留。在这里设置旅游商品专柜或销售网点，可以很好地引导旅游者购物活动。

（2）购物与住宿的整合。酒店是旅游者的家，也是旅游者集中的地方，在此停留时间相对较长。因此，利用这一资源优势，开发并销售旅游商品是酒店增加收入的重要来源。在前厅和客房都可以设置商品专柜、商品宣传栏等。有条件的酒店还可以设立旅游商品部，酒店与旅游生产企业合作设立厂家直营店。这在一定程度上可以增加酒店收入，扩大旅游商品的宣传。

（3）购物与交通的整合。交通是旅游的必备工具，游客在旅游车上的时间较长，这段时间内一般较少安排其他活动。在相对单调的空间与悠闲的时间内安排旅游购物，既能丰富旅游生活，又能满足旅游者购物需求。去时，安排对旅游目的地旅游商品的介绍，宣传当地的旅游商品，让旅游者了解更多旅游商品信息，帮助旅游者进行购物决策。回来时，适当安排旅游购物，以满足旅游者购买纪念品的需要。

（4）购物与游览的整合。游是游客进行旅游活动的目的。在游的过程中穿插购物是目前诸多景区旅游商品销售的主要形式。游客到景区多喜欢选购一些与景点相关的特产、纪念品，体积小，便于携带，一边游，一边购，购中有游，游中有购。这种整合市场潜力大，国外的景点非常重视这一市场开发，并不断推陈出新，以增加旅游景点的收入。针对这一整合方式，旅游企业在开发产品时要突出纪念性、文化性、特产性、便携性等，避免特色不鲜明、同质化倾向。

（5）购物与娱乐的整合。娱乐并不是旅游者必须消费的项目，但是现代人对娱乐的需求逐渐增加，未来的市场潜力很大。因此，应积极整合娱乐与购物两个要素。

二、网络营销

旅游商品网络营销是借助联机服务网络、通信和数字交互式多媒体等来实现旅游营销目标，实质是以计算机互联网技术为基础，通过与潜在旅游者在网上直接接触的方式来向旅游者提供更好的旅游产品和服务的营销活动。旅游网络营销是伴随着个人计算机的普及和互联网的出现而产生的概念。与传统的营销方式相比，它具有不受时间和空间限制、实现个性化销售、营销费用低、与旅游者接触机会增多等优势，具有很大的发展潜力，可以为旅游商品企业设计营销策略提供理论支持。

随着网络通信技术的飞速发展，全球网络化的趋势不可避免，并且人们认为旅游业是对互联网敏感度最强的产业，旅游业与互联网最具契合点。调查显示，几乎70%的网上读者曾浏览过与旅游相关的网页。目前，旅游商品企业很少运用电子商务平台进行营销，只有少数具备一定规模和实力的旅游工艺品企业拥有自己的网址，直接面向旅游者开展网络营销。旅游商品企业都应该逐步树立网络营销的观念，以适应时代的发展。

我国旅游商品企业的网络营销还处在初级阶段，存在着诸多需要改进的问题。多数企业没有自己的网址，谈不上网络营销；少数已经建立网站的企业，却又存在商品品种少，缺乏介绍，商品价格不透明，缺乏与旅游者的互动等问题。根据4C营销组合来分析，企业可以着重考虑以下策略，以改进存在的问题。

（1）*加强网页的建设*。已经拥有网页的旅游商品企业，需要结合商品的文化性、纪念性等特征，发布更多更详细的商品信息，传递商品背后的文化内涵，以引起旅游者的购买兴趣；还没有建立网上平台的旅游商品企业，可以根据自身的实力和旅游者的需求，选择自建网站、与专业网站合作搭建等方式，搭建开展网络营销的平台。

（2）*加强与旅游者的互动*。具体而言，企业需要完善沟通方式，运用在线交流、留言、论坛等方式加强与旅游者的互动，以便获取最直接的需求资料，从而更好地调整线下的实体商品设计、生产和销售策略。在沟通的基础上，旅游商品企业可以实行商品定制化经营策略。这是以个性化需求为基础的经营理念和方式，并将现代信息技术注入旅游商品企业经营过程中。具体而言，企业可以在网页中设立咨询服务功能，旅游者只需输入给定的初始条件，就能自动生成商品购买的建议和解决方案；也可以由旅游者亲自参与旅游商品的设计，提出个性化的设计要求。

三、绿色营销

（一）树立绿色营销观念

环保意识的增强和绿色浪潮的到来，使营销必须重新定位。从国际旅游市场的需求来看，随着环境问题的日益明显，人们对环境的关注程度越来越高。一方面，表现为人们的环保意识增强，在工业化国家85%的居民认为环境是第一公共要素；另一方面，绿色消费需求已成为新的消费时尚元素。世界已经进入“低碳”经济发展的时期，作为旅游业一个重要分支的旅游商品业也必须做出相应的调整，运用“绿色营销”理论构建营销组合，构建绿色原材料、绿色设计、绿色制作、绿色物流、绿色销售等“绿色旅游商品产业链”，才能更好地满足旅游者日益增长的绿色需求。

（二）营销组合绿色化

从4C营销组合来分析，首先旅游商品企业要考虑满足旅游者的绿色需求。旅游者的绿色需求将通过商品的有形部分和附加部分体现。因此，旅游商品企业可以从商品的原材料是否绿色、生产过程是否低污染低能耗、包装是否环保等方面多做考虑，推出绿色的旅游商品。其次，旅游商品企业在考虑旅游商品的成本时，需要将生态环境的成本纳入对产品生产成本、旅游者购物成本的考虑中，确立生态有价的观点，着力开发并应用生态化、低污低耗的绿色生产技术。再次，旅游商品企业在设计便利策略时，在销售网点、网点的商业业态、中间商、卖场环境等方面都要以绿色意识为指导，使这些环节尽量达到环境污染小、资源损耗低等条件，向旅游者提供绿色的便利服务。最后，旅游商品企业在设计沟通策略时，要整合多种沟通方式，使它们一致地传递企业的绿色经营理念，塑造出绿色的企业形象。具体而言，可以在广告宣传手段中，突出绿色商品的特点，突出环保依靠全社会的力量，依靠每个人的贡献。企业也可以运用传媒为其绿色表现做宣传，运用赞助、捐赠等方式支持绿色组织的活动等。

复习与思考

一、名词解释

市场营销　市场营销观念　消费行为模式　刺激反应模式　体验式营销　组合式营销　绿色营销

二、简答题

1. 旅游商品市场营销特殊性表现在哪几个方面？
2. 旅游者对旅游商品的消费需求有哪几点？
3. 旅游者购物的决策过程包括哪些环节？
4. 旅游者购物消费行为的特点是什么？
5. 旅游商品宣传应遵循哪些原则？

三、单项选择题

1. 旅游商品市场营销的对象是（　），它也是市场营销的关键因素。

A. 旅游者　　B. 当地居民　　C. 导游　　D. 所有消费者

2. 旅游商品借助联机服务网络、通信和数字交互式多媒体等来实现旅游营销目标的营销方式是（　）。

A. 绿色营销　　B. 系列化营销　　C. 网络营销　　D. 广告营销

四、多项选择题

1. 消费者的购买决策过程是一种内在的心理过程，是在消费者内部自我完成的无法看见和触摸的“黑箱”。这是哪一种消费模式的观点？（　）

A. 社会心理学模式　B. 经济学模式　C. 刺激—反应模式　D. 个人消费模式

2. 在旅游六大要素中，属于被动消费行为的有（　）。

A. 游　　B. 购　　C. 娱　　D. 住

3. 在确定目标市场时，应该遵循的原则有（　）。

A. 目标市场必须足够大

B. 竞争对手尚未满足的

C. 已经饱和的市场

D. 目标消费者最可能对本品牌提供的好处做出肯定反应

五、案例分析

河南旅游商品如何突围

河南旅游商品种类齐全。开封汴绣、洛阳唐三彩、南阳玉石、许昌钧瓷等在河南遍地开花。除了这些传统的工艺品以外，近年来，河南旅游商品中不断涌现“创新大军”，例如麦秸画、红色旅游商品、高档工艺品、青铜仿真器、泥塑等。据河南省旅游局规划处处长李宗军介绍，目前全省已有省级旅游商品企业近200家，几乎涵盖了所有国家颁布的商品分类。这表明河南并不缺少旅游商品。但是，许多导游说：“有时还真不知道该向游客推荐什么好。”旅游商品多却不出精品。

以开封汴绣为例。作为河南省著名旅游商品的汴绣起源于宋代，当时叫作宫廷绣。因开封古时称汴梁，所以就有了汴绣之称。汴绣与苏绣、湘绣、粤绣、蜀绣合称中国五大名绣。近年来，由于没有统一的标识，没有统一的技术标准、行业规程，大量其他制品以次充好、“冒名顶替”，使得汴绣价格水平持续下降，生产规模逐步萎缩……汴绣“突围”困难重重。如今，走在开封市宋都御街，路两旁古色古香的店铺以及熙熙攘攘的人群，令人仿佛置身古代。在这里，以经营汴绣、字画的为多，各个商店都无一例外地打着“中国汴绣”、“开封汴绣”字样的招牌。

可据有关部门调查，目前开封市经营刺绣工艺品的厂家、店铺有35家，其中具有生产加工能力的刺绣厂10家，刺绣工人200余人，而从苏州农村购买绣品搞营销的店铺25家，苏州人来开封开店铺2家；据测算，开封市全年绣品销售3000万元，其中苏州农村绣品2000多万元，占80%，真正开封人自己生产的刺绣品销售不足1000万元。几十年致力于汴绣产品开发、推广的开封汴绣厂厂长魏吉安说，开封汴绣厂是开封汴绣行业中的“元老”和“老大”。该厂于1954年成立，1958年定名为“地方国营开封汴绣厂”。但由于计划经济时代独家生产，加上商标意识淡薄，一直未申报注册汴绣品牌。20世纪末至今，仍未成功注册。“汴绣的根本问题在于，它始终是一种无法大工业化生产的手工刺绣。汴绣的出路根本上还要由市场本身来解决。”一些业内专家这样认为。

——资料来源：张明灿，李兆举．目标瞄准产业化，河南旅游商品寻突围［N］．中国旅游报，2008-03-05.

根据以上案例，回答如下问题：

1. 你认为河南旅游商品营销问题的根本症结在哪里？

2. 请以开封汴绣为例，设计关于汴绣的营销方案。

3. 开封市全年绣品销售3000万元，其中苏州农村绣品2000多万元，占80%，真正开封人自己生产的刺绣品销售不足1000万元。你如何看待这一问题，应该如何解决？

推荐阅读

1. 艾艳丰．旅游商品学［M］．北京：科学出版社，2010.

2. 辛建荣，路科，魏丽英．旅游商品概论［M］．哈尔滨：哈尔滨工程大学出版社，2012.

第八章 旅游商品管理

旅游商品管理，可以科学地配置资源，协调关系，处理好矛盾，合理分配各方利益，减少损失，促进旅游商品市场健康有序地发展。旅游管理机构和旅游企业具有旅游商品管理的任务，需要按照市场运营的规律，运用法律、经济、行政等手段，对旅游商品市场进行计划、组织、领导、监督、协调和管理，从而促进旅游商品市场的协调发展，保证有效供给，实现最佳的经济效益、社会效益与环境效益的统一。

本章介绍了旅游商品管理的概念、意义与原则；旅游商品管理的组织与相关法律；旅游商品管理的具体内容、具体方法和国内外旅游商品管理的先进经验。本章节的重点内容是掌握旅游商品管理的具体方法；熟悉旅游商品管理的相关法规和内容；了解旅游商品管理的概念、意义与国外先进管理经验。

学习目标

知识目标

1. 掌握旅游商品管理的具体方法。
2. 熟悉旅游商品管理的相关法规和内容。
3. 了解旅游商品管理的概念、意义与国外先进管理经验。

能力目标

1. 能够认识到旅游商品管理的重要性。
2. 掌握旅游商品管理的具体管理内容和操作方法。
3. 不断借鉴国外旅游商品管理的先进经验。

案　例

安徽旅游商品销售网络将实现全覆盖

记者在安徽省商务厅了解到，通过一大批知名品牌、旅游商品、土特产品销售网络的建设和全覆盖，以及相关现场打包、现场寄送服务的配套，该省将为来皖游客提供更加便捷轻松的购物服务，实现“随时买、随地寄”。

安徽省商务厅表示，凡是获得工商部门评定的驰名和著名商标、质监部门评定的安徽省名牌、农业部门评定的安徽省名特优等产品，以及旅游部门评定的旅游商品，都将在省内商场超市、宾馆酒店、高速公路服务区、机场车站、旅游景区设立销售专区、专柜。预计到今年年底，基本覆盖全省各地大型超市和主要宾馆酒店、高速服务区、机场车站以及重点旅游景区，到2015年实现全覆盖。

在企业自愿的基础上，安徽将引导流通企业在城市连锁门店、百货商场、超市，选取面积50平方米左右的显著区域，设立安徽知名品牌产品销售专区、专柜；同时结合区域经济特色和本地消费特点，经营安徽知名品牌产品100种以上。

此外，为方便来皖游客，安徽还将引导企业在高速公路服务区、机场车站设立经营面积不低于30平方米的安徽知名品牌、旅游商品销售专区、专柜；在宾馆酒店、重点景区设立经营面积30平方米左右的安徽知名品牌、旅游商品销售专区和专柜，向来皖旅游的境内外消费者集中展销。

为方便游客，安徽将强化配送服务支撑，并要求承办企业与经过当地邮政管理部门备案的快递企业建立合作关系，提供现场打包寄送等快递服务业务，方便消费者“随时买、随地寄”，解除随身携带之忧。

——资料来源：新华网 .

案例分析

1. 安徽行政部门对安徽的旅游商品管理起到了怎样的作用？
2. 安徽行管部门是如何对旅游商品进行管理的？

第一节　旅游商品管理的概念、意义与原则

一、旅游商品管理的概念

（一）管理的含义

管理就是管理者针对管理对象，按照事物发展规律的需要，通过计划、组织、指

挥、监督、协调等管理职能实施的行为和过程。例如，商品管理是指企业为使商品市场顺利运转，获取最佳的经济效益，按照商品市场的营运规律，实施管理职能的行为和过程。又如，物资管理是指相关企业，以物质为管理对象，按照物质运行的客观规律，通过管理职能的实施，使各种物资资源进行最佳的有效配置，以获得物质的整体效益大于各种物质效益之和的行为和过程。

可见，管理就是管辖治理的意思。事物存在两个以上的影响因素时，就需要管理，使管理的效果大于两个因素效果之和。譬如，两个人在一起工作时就要管理，使两个人的思想和行为统一起来，其效果就会大于两个人的能量之和；又如，一个旅游饭店是由各个部门组合形成的，通过管理，饭店的整体效益就会大于各个部门效益之和；各个部门又分别由各自的员工组合形成，通过管理，各个部门员工的思想和行为统一起来，部门的整体效益就会大于该部门员工创造的效益之和；又如，通过管理，统一了生产的程序、规范、标准和技术，把不同的零部件加工组合成为一个产品，于是产品的整体功能就大于各个零部件功能之和。

课堂思考

谈谈你对“管理”的看法。

（二）管理的类型

因管理领域和内容的不同，管理可分为经济管理、军事管理、政法管理、科技管理、教育管理、企业管理、旅游管理、市场管理、商品管理、物资管理等。每个领域中因管理对象的不同，又可细分为若干类型的管理。例如，在旅游管理中，还可分为旅游市场管理、旅游资源管理、旅游人力资源管理、旅游设备管理、旅游商品管理、旅游饭店管理、旅行社管理等。

管理又可分为宏观领域管理和微观领域管理：宏观领域管理一般是以全局、整体、战略高度作为管理的研究内容，如总体规划、设计、发展战略等；微观领域管理则是以局部、策略、具体问题作为管理的研究内容，如商品的价格、质量、标准、规模等。宏观领域管理和微观领域管理也是相对而言的。在旅游商品管理领域中，有其全局、整体、战略的宏观领域的管理，也有局部、策略、价格、质量、标准、规模等微观领域的管理。在旅游企业（如在旅行社、旅游饭店、旅游度假区等企业）的经营管理活动中，既有涉及全局、整体、战略的宏观领域管理，也有涉及局部、策略、价格、质量、标准、规模等的微观领域的管理。

旅游业具有综合性、国际性、关联性、开放性等多种特点。旅游业必须与国民经济各部门协调发展，解决好与其他行业的矛盾，妥善处理影响旅游发展的各种因素，同时对旅游领域内部各个部门之间，特别是旅游业与旅游者之间的矛盾、利益关系等都应妥善处理。可见，旅游管理就是旅游业与其他行业之间、旅游行业之间或旅游企业与其内部各个部门之间处理矛盾协调关系的行为和过程。

旅游管理，概括来说就是旅游商品市场营运的管理。具体地讲，就是旅游行业依据国家的相关政策法规和质量标准，以旅游商品为管理对象，通过计划、组织、指挥、监督、协调等管理职能，在市场营运中，对其进行最有效的资源配置，协调好各方面的内外关系，处理好各种矛盾，实现旅游商品市场营运的可持续发展，实现旅游商品最佳经营效益的行为和过程。

（三）旅游商品管理的概念

旅游商品管理，是指旅游商品经营企业，根据旅游商品市场营运的客观规律和政府相关的旅游政策以及企业自身经营目标，针对自己所经营的旅游商品实际，以及市场竞争的实际，实施管理的职能，使得商品市场顺利运行，从而取得最佳经济效益的行为和过程。旅游商品管理，可以使旅游市场营运有序，科学配置资源，协调关系，处理好矛盾，管理分配各方利益，减少损失，促进旅游商品市场健康有序地发展。

二、旅游商品管理的意义

（1）*旅游商品管理是实现区域发展的有效途径。*我国的旅游商业，正在从小型化向大型化、从手工化向机械化、从专门化向大众化方向发展，因而许多地方将发展旅游商品作为发展经济的一种手段。通过对区域资源的协调管理，对区域土特产和民间手工艺的开发和管理，对区域劳动力的合理安排，可以从整体上推动地方经济的发展。

（2）*旅游商品管理是现阶段我国旅游业发展的需要。*我国旅游业起步晚，管理体制不顺，管理的现代化水平还不高。改革开放为我国旅游业注入了新的活力，但旅游业发展中存在的诸多矛盾也日益突出，特别是旅游商品生产与购物市场需求之间还不能很好地衔接，为消除旅游业发展的障碍，必须加强对旅游商品的管理。同时，考虑到外来资本和企业的进入，外商凭借其雄厚的资本实力、先进的开发生产能力和优质的服务进入中国旅游商品市场，更需要加强旅游商品管理，创立品牌，整合力量，才能够实现旅游商品在新形势下的生存和发展。

案 例

广西旅游购物店实行分级管理

广西壮族自治区旅游局监督管理处处长黄耀林指出，旅游购物是旅游活动的构成要素，是旅游者在旅游目的地的一项重要活动内容。目前我国的旅游购物环节规范管理有待完善，旅游购物成为游客投诉的焦点之一。游客在购物过程中反映出的旅游购物店宰客、产品质量不合格、服务态度差等问题，已引起社会各界的广泛关注。为促使旅游购物店的管理与服务更加规范化和专业化，提升广西旅游购物店管理质量，广西特意参照星级酒店的管理模式，制定了购物店标准。

购物店标准规定，用星的数量表示旅游购物店的等级，共分为五个等级，最低为一星级，最高为五星级。星级越高，表示旅游购物店的管理服务和信誉度越高。评出的星级门店上将分别挂上相应数量的“★”。这意味着“★”标志越多，游客进行旅游购物时就能得到越高的保障。要戴上“★”，可不是一件容易的事。旅游购物店必须具备以下三点基本要求，才能拿到进入星级行列的“敲门砖”，包括：具备基本的经营场所、经营设施设备；具备本单位经营范围所必需的，由工商、质监、物价、税务、卫生、消防、食品药品、旅游等管理部门颁发的各类有效证照；申报等级评定的旅游购物店应具备至少两年的营业时间，同时对经营场所的使用权达到两年以上。

此外，购物店标准还在基础设施、购物环境、服务质量、商品质量等方面，对旅游购物店设置了“门槛”。例如，在基础设施方面，星级旅游购物店必须交通便捷，有停车场，有供游客和司机休息的场所，具备相关的配套设施并建有无障碍通道。

旅游商品质量是游客最为关心的。购物店标准规定，各星级旅游购物店所销售的商品在质量方面应当达到10点要求，包括无经营假冒伪劣、超保质期、走私和国家禁售商品；商品价格合理，无价格欺诈行为；贵重商品应有法定检验部门出具的检验报告；商品宣传材料无误导、夸大商品使用功能的行为；旅游商品具有收藏、纪念、欣赏、馈赠意义和实用价值等。

目前，该标准已经正式发布实施，将由自治区和各设区市旅游主管部门指导，分别成立广西旅游购物协会和各设区市旅游购物协会，负责旅游购物店等级评定工作。旅游购物店等级的标牌、证书，则由广西旅游购物协会统一制作、颁发。2012 年上半年，广西将开始评选第一批星级旅游购物店，并参照相关标准进行管理。有了门店上的“★”，游客购物时将更放心，旅游商品的质量和服务也将更有保障。

——资料来源：法制网 .

案例分析

1. 广西旅游局针对广西旅游产品的管理做出了哪些努力？
2. 购物店分级管理将会给当地带来怎样的影响？

（3）旅游商品管理是实现旅游经济稳步发展的重要手段。对旅游商品的有效管理，提供必要的政策支持和资金扶持，发掘旅游商品在产业中的潜力，进行及时的市场管理，提高旅游购物消费的比例，完善旅游产业结构，促进旅游产业的可持续发展。

（4）旅游商品管理是国民经济发展和社会分工的客观要求。旅游业具有综合性、关联性、开放性等特点。而作为旅游业的一个分支，旅游商品涉及商品生产和流通的许多产业和部门。因此，要求旅游商品发展必须与国民经济中相关部门的发展相协调。既要解决旅游商品开发、规划与市场需求的矛盾，又要建立旅游商品市场的规范，做到有计划、有组织、有监督。

三、旅游商品管理的原则

（1）市场管理为主，生产管理为辅。旅游商品应以市场管理为主，生产管理为辅。在目前的行业分类中，旅游商品的生产分属于许多不同的行业和部门，旅游部门管理起来具有很大的难度。针对旅游市场，旅游部门可以通过提供优质的服务环境，通过推荐优质的商品和商店来进行宏观管理。同样，旅游部门可以通过对旅游市场的调查和统计，获得相应的资讯，同样可以指导和管理生产领域。

（2）行业管理为主，行政管理为辅。旅游商品的管理主要依托行业管理，行业来完成产、供、销的制度建设和管理，行业制定自律管理政策，形成相关的质量标准，提供适宜的购物环境。行政管理部门在旅游商品的管理中，主要扮演宏观管理的角色，可以制定一些优惠政策扶持旅游商品的发展，其中包括税收扣除、豁免或优惠退税，以及提供贴息财政资金或进行宏观引导和市场推介。

（3）供给管理为主，需求管理为辅。就供求管理而言，应该以供给管理为主，需求管理为辅。目前的旅游商品市场是买方市场，旅游购物作为非基本性消费，存在许多可替代性市场。只有提供有特色和有吸引力的商品、舒适的购物环境、完美的销售服务等，才能使旅游者完成购物行为。需求管理主要体现在国内旅游者和出境旅游者的购物上，可以通过目的地选择、线路安排、出境的货币量限制、价格管理等形式来实现。

（4）入境和国内购物管理为主，出境购物管理为辅。在新时期，中国三大旅游市场的开发战略为“大力发展入境旅游，规范发展出境旅游，全面提升国内旅游”。入境旅游购物市场和国内旅游购物市场应该成为管理的主要对象。因为这两大旅游购物市场不仅形成中国旅游商品的主要消费者，而且带来创汇和回笼货币。对这两大市场的管理代表着中国旅游商品管理的水平和成就。对出境购物者，主要可以通过平衡旅游收支、增加我国国际影响力和双边交往的手段来进行管理。

相关链接　搜索

《旅游法》购物限制重击零负团费

旅行社是组织旅游活动、为旅游者提供旅游服务的企业，是旅游业的重要组成部分。北京市法学会旅游法研究会副会长、对外经济贸易大学法学院民商法学系主任苏号朋在接受记者采访时指出，国务院曾经先后于1996年制定了《旅行社管理条例》（已经废止），于2009年制定了《旅行社条例》，国家旅游局也颁布了《旅行社条例实施细则》。可见，我国一直非常重视对旅行社的管理。旅游法不仅提高了规制旅行社的法律层级，而且进一步提高了对旅行社的法律要求，主要从旅行社的设立、旅行社的经营、旅行社的合同履行义务及法律责任承担等角度全面、系统地强化了对旅行社的法律规制。

“零负团费”经营模式自诞生以来，虽饱受争议，且历经几次严厉的整顿，却依然大行其道，甚至有愈演愈烈之势。其中一个重要原因就是我国旅行社整体上没有摆脱“小、弱、散、差”的局面。在竞争压力和利益的驱使下，一些旅行社将经济利益作为唯一的追求目标，完全抛弃了企业的社会责任。

《旅游法》第三十五条限制不合理低价，要求旅行社以合理的计价方式定价。如果该规定得以切实遵守，价格回归到合理范围，就意味着旅行社将在同一合理的价格区间内竞争。经营者搏的是服务、规模和经营策略，而不用去搏良心的底线，不用在更低利润和不可思议的低价之间作取舍。如果说诚信应当是经营者的良心底线，那么严厉打击欺诈行为，就可以视为使所有经营者在相对理性的同一起点上竞争，这样的市场环境将更为公平，这样的市场竞争将是良性、健康的竞争。最终受益的显然不仅仅是经营者，而是广大消费者，更是一个行业的健康发展。

“细读法律条文，会发现一些规定有利于旅行社降低经营风险。”《旅游法》第四十七条和第五十六条对高风险项目实行经营许可和责任保险制度，填补了目前在此方面的法律空白。高风险项目通常不在保险公司的旅游意外险承保范围内，属于除外条款。实践中，一旦出现此类意外往往超出当事方的承受能力，容易形成纠纷。甚至出现旅游者在自由活动期间发生意外，因无法获得赔偿，而提出各种理由要求旅行社给予补偿的情况。因此，这项规定虽然不直接规范旅行社的权利义务，但是能有效地分担旅行社的潜在风险。

——资料来源：法制日报．

第二节　旅游商品管理的组织与相关法规

一、旅游商品的管理组织机构

旅游商品管理需要相应的组织机构来保障和实现。从广义上说，组织是指由诸多要素按照一定方式相互联系起来的系统。从狭义上说，组织就是指人们为实现一定的目标，互相协作结合而成的集体或团体，如党团组织、工会组织、企业、军事组织等。在现代社会生活中，组织是人们按照一定的目的、任务和形式编制起来的社会集团。组织不仅是社会的细胞、社会的基本单元，而且可以说是社会的基础。这种组织集团构成了包括各个组成部分之间相对稳定的关系。管理的组织包括人、物、信息、机构和目的五个要素。

（一）设立组织机构

目前，管理旅游商品的组织机构主要包括官方机构、半官方机构、民间机构三种形式。

（1）官方机构。旅游商品管理的官方机构是由国家旅游局直接设置的，设立之后成为国家旅游局的一个部门或者机构；或者与旅游局的某个部门合并为一个司。例如，我国国家旅游局目前的机构内设包括办公室（综合协调司）、政策法规司、旅游促进与国际合作司、规划财务司（全国红色旅游工作协调小组办公室）、监督管理司、港澳台旅游事务司、人事司、机关党委、离退休干部办公室等。

（2）半官方机构。不少国家或地区，除了有旅游部等政府旅游机构外，还设有半官方的旅游发展局。两者的职能是分开的，旅游部制定政策、执行决策，属于官方性质；而旅游发展局更多的是对外推广本国或本地区旅游，属于半官方性质，这些机构接受政府的全额拨款，以宣传本国或本地区旅游为己任，以提高入境游客量为己任，从市场需求的角度从事旅游推广工作。

（3）民间机构。民间机构是代表行使旅游行政管理职能的民间组织，是由国家旅游局承认的民间机构。它的管理队伍由组织机构成员共同选举产生，可以享受国家的部分财政拨款；同时，它还接受民间捐款，通过提供专业性服务以及会费来获得运营资金。

相关链接 搜索

中国旅游协会

中国旅游协会是由中国旅游行业的有关社团组织和企事业单位在平等自愿基础上组成的全国综合性旅游行业协会，具有独立的社团法人资格。它是 1986 年 1 月 30 日经国务院批准正式宣布成立的第一个旅游全行业组织，1999 年 3 月 24 日经民政部核准重新登记。协会接受国家旅游局的领导、民政部的业务指导和监督管理。

中国旅游协会遵照国家的宪法、法律、法规和有关政策，代表和维护全行业的共同利益和会员的合法权益，开展活动，为会员服务，为行业服务，为政府服务，在政府和会员之间发挥桥梁纽带作用，促进我国旅游业的持续、快速、健康发展。

中国旅游协会现有理事200余名，各省、自治区、直辖市和计划单列市、重点旅游城市的旅游管理部门、全国性旅游专业协会、大型旅游企业集团、旅游景区（点）、旅游院校、旅游科研与新闻出版单位以及与旅游业紧密相关的行业社团都推选了理事。协会的组成具有广泛代表性。

中国旅游协会根据工作需要设立了8个分会和专业委员会，分别进行有关的专业活动。即旅游城市分会、旅游教育分会、妇女旅游委员会、温泉分会、休闲农业与乡村旅游分会、民航旅游专业委员会、休闲度假分会和旅游商品与装备分会。

在中国旅游协会指导下，有4个相对独立开展工作的专业协会：中国旅行社协会、中国旅游饭店业协会、中国旅游车船协会和中国旅游景区协会。

中国旅游协会成立以来，根据章程规定的任务，积极开展了有关旅游体制改革、加强旅游行业管理、提高旅游经济效益和服务质量等方面的调研工作；支持地方建立了旅游行业组织，提供咨询服务；与一些国家和地区的旅游行业机构建立了友好关系，同时还先后加入了世界旅行社协会联合会及其所属亚太地区联盟、美国旅行商协会发展与国际民间旅游组织的联系与合作，扩大了对外影响；编辑出版了不少旅游书刊，适应国内外旅游者之需。

——资料来源：中国国家旅游局官方网站.

案　例

安徽建立旅游商品服务保障体系

记者从安徽省质量技术监督部门了解到，该省目前正式发布了《旅游购物点服务规范》地方标准，对旅游购物点的经营管理、服务质量、商品质量等进行了规范化、标准化要求，着力建立旅游商品购物服务保障体系。

安徽省质监部门表示，制定这一地方标准是为了加强对旅游购物点的服务质量管理，促使其对照标准完善场地和设施条件，提高旅游购物服务的质量和水平，同时倡导企业遵守行业诚信自律规定，诚信经营、诚信服务。

这一标准中明确要求，旅游购物点应当建立科学、严格的质量管理体系，设立健全的管理机构；市场销售、统计等有完整的书面记录、存档和总结，并有完善的收银结算系统；在售后服务体系方面，所有旅游购物点必须遵循国家有关规定实行三包，进行质量跟踪，建立商品质量保障共同体系。

安徽通过这一新标准对旅游购物点的设置、交通、卫生、设施等做出了明确的量化要求，保证游客放心、舒心购物。

——资料来源：新华网.

案例分析

1. 安徽省质监部门属于哪种性质的机构组织？
2. 安徽省质监部门是如何行使监督旅游商品质量的权力的？

（二）旅游商品管理组织的形式

旅游商品管理组织的形式主要包括两种：旅游商品行政组织和旅游商品行业组织。

1. 行政组织

（1）专门机构。旅游部门可设立专门的旅游商品管理机构，对地方的旅游商品生产、经营和销售进行统一管理和宏观调控，监督旅游商品质量，协调物价部门制定旅游商品价格，规范市场行为。

（2）协调组织。协调组织是指在现有的行政体系之上由多部门参加的一种组织机构，具有临时性和协调性的特征。例如，杭州市推进优秀旅游商品发展协调小组办公室，是在市政府领导下，由旅游局、经委、商委、文化局、科委、交委、民间文学艺术家协会等部门共同组成的。

2. 行业组织

行业组织是指由有关社团组织和企事业单位在平等自愿的基础上组成的各种行业协会。例如社会团体性质的旅游商品协会，属于非营利性的社会组织，具有独立的社团法人资格。它可以在政府部门不便出面的情况下，充分发挥社会团体和市场机制的作用。

相关链接 搜索

洛阳市旅游商品业协会成立

洛阳市旅游商品业协会成立大会于2006年10月18日隆重召开。来自全市从事旅游商品行业100余家生产商、经销商约200余人参加了会议，洛阳市美陶三彩有限公司总经理王公社当选首任协会会长。

在协会筹备过程中，洛阳市委、市政府各级领导给予了高度重视，市委书记、市长连维良在2006年8月30日全市旅游商品发展座谈会上作了关于“加快旅游商品开发，丰富旅游产业内容”的重要指示，提出了包括成立协会等推动旅游商品产业发展的10项重要举措。2006年“十一”黄金周期间，在市政府的大力支持帮助下，由市旅游局主办了为期8天的“2006年洛阳市旅游商品展销暨设计大赛”，全市128家商户积极参展，其间共达成各类合作意向100余项，现场销售达百万余元，取得了良好的经济效益和社会效益。正是在此基础上，洛阳市旅游商品业协会的成立才如此迅速和顺利。

旅游商品业协会的成立，为进一步完善城市旅游功能、提升产业素质、规范洛阳市旅游商品市场秩序、创立名牌产品、发挥桥梁纽带、行业自律、联络协调、服务保障起到了极大的推动作用。这将是洛阳市旅游商品行业的一个里程碑，也是市旅游商品行业腾飞的一个良好开端。

——资料来源：洛阳市旅游局.

课堂思考

你所熟悉的旅游行业协会有哪些？它们都起到了怎样的作用？

二、旅游商品管理相关法规

国家行政管理部门以及旅游相关部门制定有关旅游商品的管理法规，让旅游商品经营部门在政策许可的范围内经营和发展。旅游商品的管理法规是相关管理部门执法的依据，也是为旅游者的权益提供了一份保障。

（一）国家管理法规

《中华人民共和国旅游法》（简称《旅游法》）经2013年4月25日十二届全国人大常委会第2次会议通过，2013年4月25日中华人民共和国主席令第3号公布。《旅游法》分总则、旅游者、旅游规划和促进、旅游经营、旅游服务合同、旅游安全、旅游监督管理、旅游纠纷处理、法律责任、附则，共10章112条，自2013年10月1日起施行。《旅游法》对于旅游行为、商品等环节加以规定，为旅游者提供了有力的法律保证。

相关链接 搜索

《旅游法》中关于旅游购物方面的规定

第一章　总则 第六条规定：国家建立健全旅游服务标准和市场规则，禁止行业垄断和地区垄断。旅游经营者应当诚信经营，公平竞争，承担社会责任，为旅游者提供安全、健康、卫生、方便的旅游服务。

第二章　旅游者 第九条规定：旅游者有权自主选择旅游产品和服务，有权拒绝旅游经营者的强制交易行为。旅游者有权知悉其购买的旅游产品和服务的真实情况。旅游者有权要求旅游经营者按照约定提供产品和服务。

第三章　旅游规划和促进 第十八条规定：旅游发展规划应当包括旅游业发展的总体要求和发展目标，旅游资源保护和利用的要求和措施，以及旅游产品开发、旅游服务质量提升、旅游文化建设、旅游形象推广、旅游基础设施和公共服务设施建设的要求和促进措施等内容。

第四章　旅游经营 第五十一条规定：旅游经营者销售、购买商品或者服务，不得给予或者收受贿赂。第五十四条规定：景区、住宿经营者将其部分经营项目或者场地交由他人从事住宿、餐饮、购物、游览、娱乐、旅游交通等经营的，应当对实际经营者的经营行为给旅游者造成的损害承担连带责任。

第五章　旅游服务合同 第七十条规定：旅行社不履行包价旅游合同义务或者履行合同义务不符合约定的，应当依法承担继续履行、采取补救措施或者赔偿损失等违约责任；造成旅游者人身损害、财产损失的，应当依法承担赔偿责任。旅行社具备履行条件，经旅游者要求仍拒绝履行合同，造成旅游者人身损害、滞留等严重后果的，旅游者还可以要求旅行社支付旅游费用一倍以上三倍以下的赔偿金。

第七章　旅游监督管理 第八十三条规定：县级以上人民政府旅游主管部门和有关部门依照本法和有关法律、法规的规定，在各自职责范围内对旅游市场实施监督管理。县级以上人民政府应当组织旅游主管部门、有关主管部门和工商行政管理、产品质量监督、交通等执法部门对相关旅游经营行为实施监督检查。

第八章　旅游纠纷处理 第九十二条规定：旅游者与旅游经营者发生纠纷，可以通过下列途径解决：

1. 双方协商。
2. 向消费者协会、旅游投诉受理机构或者有关调解组织申请调解。
3. 根据与旅游经营者达成的仲裁协议提请仲裁机构仲裁。
4. 向人民法院提起诉讼。

除了《旅游法》之外，还有国家相关法规在不同程度上都涉及旅游商品的部分内容。主要包括：《中华人民共和国宪法》及其修正案，《中华人民共和国民法通则》《中华人民共和国合同法》《中华人民共和国产品质量法》《中华人民共和国外国人入境管理法》《中华人民共和国公民出境入境管理法》及其实施细则、《中华人民共和国民事诉讼法》《中华人民共和国仲裁法》《中华人民共和国家赔偿法》《中华人民共和国行政处罚法》《中华人民共和国铁路法》等。

课堂思考

《旅游法》的出台与实施对旅游消费者的旅游购物产生了什么影响?

（二）行业管理法规

有关的行业管理法规主要集中在旅游资源管理及其标准和行业业务的管理上，同时体现在地方旅游条例上。相应的旅游商品方面的行政法规，多分散在这些行业管理法规中，也有部分内容出现在相关部门的管理法规中。

有关旅游资源管理及其标准的管理法规，涉及景区和景点的等级划分、旅游资源分类和评价、优秀旅游城市、最佳旅游城市、文明风景名胜区、工农业旅游示范基地等一系列的法规，其中就有对旅游商品和旅游购物的相关规定。

有关行业业务的管理法规包括旅行社业务法规、导游业务法规和饭店业务法规等，如《旅行社管理条例》《导游服务质量》《旅游饭店星级的划分与评定》《中国公民出国旅游管理办法》等。

地方制定的旅游条例，都不同程度地涉及旅游商品的管理。例如 2003 年通过的《上海市旅游条例》，其中第 20 条为旅游纪念品经营管理法规：旅游行政管理部门和相关行政管理部门应当通过提供信息、帮助协调等方式，促进研制和开发具有本市地方特色的旅游纪念品。本市鼓励企业为旅游者购买的商品提供相应的配套服务。

我国商品流通领域与旅游购物者相关的法规有：《中华人民共和国海关法》《中华人民共和国海关对进出境旅客行李物品监管办法》《进出境携带自用品的规定》《关于进出境旅客通关的规定》等。

（三）保护消费者权益的法规

保护消费者权益的法规对于旅游企业和目的地的旅游业发展，都是至关重要的。因为保护消费者的合法权益，是旅游企业的重要法律义务，同时也可以为旅游业带来不断的财源。针对国内旅游者，相关的保护法规有《中华人民共和国消费者权益保护法》（简称《保护法》）等。《保护法》是为了保护消费者的合法权益，维护社会经济秩序稳定，促进社会主义市场经济健康发展而制定的一部法律。《保护法》主要是为维护消费者日常生活中（包括旅游过程中）购买、使用商品或者接受服务时提供法律保障。经营者应当遵守《保护法》，保证所销售的商品或提供的服务符合《保护法》的规定。消费者应当了解《保护法》，在确定被骗或者遇到其他不满情况时，可以运用其来保护自己的合法利益。

相关链接 搜索

《中华人民共和国消费者权益保护法》中消费者的权利相关条款

第七条 消费者在购买、使用商品和接受服务时享有人身、财产安全不受损害的权利。

消费者有权要求经营者提供的商品和服务，符合保障人身、财产安全的要求。

第八条 消费者享有知悉其购买、使用的商品或者接受的服务的真实情况的权利。消费者有权根据商品或者服务的不同情况，要求经营者提供商品的价格、产地、生产者、用途、性能、规格、等级、主要成分、生产日期、有效期限、检验合格证明、使用方法说明书、售后服务，或者服务的内容、规格、费用等有关情况。

第九条 消费者享有自主选择商品或者服务的权利。消费者有权自主选择提供商品或者服务的经营者，自主选择商品品种或者服务方式，自主决定购买或者不购买任何一种商品、接受或者不接受任何一项服务。消费者在自主选择商品或者服务时，有权进行比较、鉴别和挑选。

第十条 消费者享有公平交易的权利。消费者在购买商品或者接受服务时，有权获得质量保障、价格合理、计量正确等公平交易条件，有权拒绝经营者的强制交易行为。

第十一条 消费者因购买、使用商品或者接受服务受到人身、财产损害的，享有依法获得赔偿的权利。

第十二条 消费者享有依法成立维护自身合法权益的社会团体的权利。

第十三条 消费者享有获得有关消费和消费者权益保护方面的知识的权利。消费者应当努力掌握所需商品或者服务的知识和使用技能，正确使用商品，提高自我保护意识。

第十四条 消费者在购买、使用商品和接受服务时，享有其人格尊严、民族风俗习惯得到尊重的权利。

第十五条 消费者享有对商品和服务以及保护消费者权益工作进行监督的权利。消费者有权检举、控告侵害消费者权益的行为和国家机关及其工作人员在保护消费者权益工作中的违法失职行为，有权对保护消费者权益工作提出批评、建议。

案　例

珠宝店里遇到老乡

旅游者甲到海南旅游。被旅行社安排该旅游团到珠宝公司“参观”。一位小妹问：“你们是哪里来的?”“我们是北京人。”小妹惊喜道：“真的吗？我们老板也是北京的!”不一会儿，老板来了，50岁出头，自称姓“刀”名“仞”，祖籍北京西城区黄寺大街某胡同。刀老板宣布：“家乡人来到三亚，该我做东道主了。今天不做老乡的生意!”这时有人提出要买珠宝。于是刀老板来到一个标价为1200元玉圈旁，叫来经理问，这块玉的关税是多少？经理答：“55元。”刀老板说：“收50元，我来签单!”后来，标价4500元的红宝石项链只收200元，标价8800元的男戒只收400元。旅游者甲忍不住也买了一套女式耳环、戒指、手镯、项链，标价38000元，只花了1000元。

回到北京，甲将所购珠宝拿去鉴定，才发现这些全是假货和卖不出玻璃价的次品。

注意：导游和老板都是通气的，在旅行团到达之前，老板就已经知道团员的行程和客源地了，查找资料，说个小地名，还学几句各种方言，以骗取游客的信任。

案例分析

当你遇到此类事件时，可以依据哪些法律规定来进行维权？

第三节　旅游商品管理的内容

一、旅游商品生产管理

了解旅游商品生产的主要问题，可以掌握旅游商品生产的新趋向来有效地实施生产管理。

（一）旅游商品生产存在的主要问题

据有关资料显示，在世界旅游消费结构中，旅游购物的比重在不断增加。在我国旅游业是发展势头强劲的新兴产业和朝阳产业。然而在我国旅游业迅猛发展的这几年中，旅游商品却没有得到同步发展，其占旅游总收入的比例较低。我国不少旅游地，旅游商品市场事实上已陷入困境。一方面，品种单一、质量粗糙的旅游商品遍地都是；另一方面，旅游者无法买到称心如意的旅游商品。旅游商品开发的弱势已与我国丰富的旅游资源、我国旅游业强劲的发展势头极不相称。

在世界各地，许多精美的旅游纪念品都是由我国生产的，我国也因此赢得了“世界制造工厂”的别称。但在国内，大量粗制滥造的商品却充斥各地，许多景区出售相同或相近的旅游商品，没有景区的特色和纪念意义。造成这种内外巨大反差现象的主要原因是一些企业对旅游商品的狭隘理解。它们只是将旅游商品理解为工艺品和纪念品，因而主要生产这两类旅游商品。由于工艺品和旅游纪念品生产的特殊要求，许多企业更注重出口而不是内销，便导致高品质商品外流，而国内主流市场则被二三流企业的产品占据。另外，民间的工艺品生产的发展受到许多客观条件的制约。

中国社会科学研究院旅游研究中心副主任李明德认为，当前我国旅游购物市场可以用散、小、乱、差来概括。

（1）散。我国的旅游产业是在20世纪80年代迅速发展起来的新兴产业，相应的旅游商品生产部门都分散在其他行业里，如纺织、轻工、农业、文化和商业部门，并没有形成统一而专门生产旅游商品的行业。多数企业仅仅将旅游商品的生产作为附属工作，因而“散”是旅游商品生产的一个主要问题。由于从事旅游商品生产的企业和个人太过分散，导致资本集中度太低，资本集中过程也过于艰难，因此不利于形成品牌和竞争力。

（2）小。我国旅游商品的生产总体上仍处在初步发展阶段。旅游商品生产企业以中小厂家为主，大企业很少；生产旅游日常用品、工艺纪念品的多，生产大中型旅游装备的少；旅游商品的技术含量较低、文化内涵不高、地方和民族独有特色不多；旅游商品的设计、生产和销售各个环节结合不够紧密。无论是产量和品种、企业人数、销售收入还是市场份额，旅游商品生产企业都需要进一步地整合和发展。

（3）乱。由于市场从业主体分散，行业自律机制很难建立，因此给行业管理带来极大的难度，市场处于一种无序的竞争状态。

（4）差。由于旅游商品生产企业的分散，旅游商品档次低、市场缺乏自律和监管等方面的原因，必然导致行业的整体服务质量差。同时没有统一的组织部门来协调生产和宏观管理，因而对于生产什么、生产多少、市场行情、发展趋向等问题，生产企业难以获取权威、全面和可靠的信息。由于组织协调性差，导致一些企业生产的盲目性，跟风和仿制成为了主要的经营理念。这必然导致旅游商品没有特色，没有吸引力，同时也加重了一些优势企业的防范心理，将生产的商品外销而不内销，目的就是避免同行的仿制。

令人欣慰的是，目前国内不少地方纷纷成立旅游商品的行业组织和旅游商品的研发中心，在市场、信息、资金和生产特色上给予旅游商品生产企业专门的指导和宏观管理。例如安徽芜湖和湖南张家界，为企业搭起旅游商品生产加工发展的平台，建立起科技工业园和工业加工基地，这必将促进旅游商品生产的发展。

课堂思考

你认为在旅游商品生产过程中还存在哪些制约因素？

（二）旅游商品生产的解决途径

1. 树立大旅游商品的概念

近年来，我国旅游商品虽然有所发展，但因长期以来生产企业对其认识存在误区，使得旅游商品的产品结构不尽合理，工艺美术品所占比例过高，直接影响了旅游商品的开发，最终形成了品种单一、特色淡化、粗制滥造、创汇水平不高的局面。因此，要振兴旅游购物，必须彻底转变对旅游商品的狭义认识，树立大旅游商品的概念。开发旅游商品，不仅要开发纪念品、工艺品，而且要开发土特产品、文物及仿制品、日常生活用品等多种类型旅游商品。我国可供开发的旅游商品资源非常丰富，仅工艺美术品就已形成雕塑、漆器、抽纱、刺绣、地毯、竹藤、编织、玩具、花画、美术陶瓷、金属工艺、戏装、民间工艺等十几个行业，有上万个花色品种；仅土特产品就有纺织、畜产、林产、食品、饮料、果品、中药、日用杂品等约10000多种，为旅游商品的开发提供了很好的条件。

大旅游商品的观念一旦确立，就能拓宽旅游商品的种类，变资源劣势为资源优势。例如，湖北英山县是湖北省老区县、国家重点扶贫开发县。由于环境恶劣，过去山区农民常年以野菜、树叶和杂粮充饥；近两年来，当地政府大办旅游业，重点开发旅游土特商品，以天堂野菜有限公司为龙头的土特商品加工企业开发出了香椿、竹笋、蕨菜、薇菜、桔梗、灯笼大椒等“山野菜王”系列旅游商品，不仅成为当地旅游市场的畅销货，而且打入了武汉、上海、南京、黄石等大中城市市场。如今，荆楚大地还有许多依托旅游景区景点的旅游商品基地。例如，长阳高家堰的根雕盆景长廊，罗田大别山生态旅游区的板栗园，通山的九宫竹笋、九宫云雾茶等土特产品基地，洪湖蓝田集团万亩野生莲藕园等。一批茶乡、竹乡、银杏之乡、鱼米乡、猕猴桃之乡、绿松石之乡、野菜之乡、花菇之乡已成为旅游者购物、观光的好地方。

2. 重视旅游购物环境

购物环境的好坏是决定旅游商品对旅游者吸引力大小的重要因素。为了激活旅游购物市场，增强我国旅游商品的创汇能力，应该积极采取措施，优化旅游购物大环境。

（1）在行、住、游等基础设施已趋于完善的地区，应重点发展旅游购物。世界旅游发达国家的成功经验表明，旅游业要想获得最佳产业效益并保持持续、稳定发展，必须以六大要素的协调发展为基础。旅游业要想取得更大的经济效益，一定要突出发展属于弹性消费的旅游购物。毋庸置疑，口岸城市应作为发展国际旅游购物的重点地区。我国的中心城市，既是各地的商业中心，又是国内外游客的集散地，更应是国内外游客最理想的购物地。很多专家提出，重视商品集散功能，树立商品集散观念，是发展我国中心城市旅游商品购物的突破口。以上海为例，上海的南市区拥有老景观、老字号、老产品，还有深厚的传统文化底蕴，就可以建成一个旅游商品的集散地，通过产供销、科工贸的结合，形成一个产业，带动地区经济的兴旺。

（2）开展旅游购物步行街的创建工作。旅游购物步行街在世界旅游发达国家的城市中十分普遍。它是现代旅游城市丰富旅游活动形式，完善旅游产品结构，创造良好旅游购物环境，扩大旅游购物消费的重要措施。因此，那些拥有良好商品经济基础和大量流动旅游者的城市，应尽快创建旅游购物步行街。目前，上海、北京、哈尔滨、武汉等城市已成功地创建了旅游购物步行街，并已成为当地一景，集中体现了当地的城市文化，成为旅游者的购物天堂。为了旅游业的发展，为了方便旅游者购物，我国更多的旅游中心城市应当结合各自城市的特点，积极创造条件，创建旅游购物步行街。

相关链接　搜索

制约河南旅游商品发展的瓶颈

目前河南省已有省级旅游商品企业近200家，几乎涵盖了所有国家颁布的商品分类。可以说，河南旅游商品种类齐全，资源丰富。而除了品质不容易鉴别以外，制约游客消费的其他原因是什么？

目前，河南省共有100多家省级旅游商品定点企业，产品主要集中在工艺美术品、传统食品以及当地土特产再加工等范围内。早些的省级旅游商品定点生产企业，如漯河双汇集团、南阳镇平丝毯集团因其基础和适应形势，生产的产品对外有竞争力。而像唐三彩、开封汴绣、南阳玉器等已因假冒伪劣的产品冲击而面目全非。这些曾是生产旅游商品定点的企业，由于体制、资金、市场所限，它们只是象征性的，远远不能代表河南省旅游商品的全部。

虽然旅游商品种类很多，数量也很多，但是河南很多旅游景区几乎没有上规模、上档次的旅游商品购物专卖店，而省会郑州市也没有专门的购物商店。据介绍，河南省目前的旅游商品生产单位，多数属于小型企业，缺乏足够的营销管理经验和经费，产品创新和品牌包装力度不够，使旅游商品的开发、生产、销售依然处于“初级阶段”，真正有特色具有唯一性的旅游商品很少。

> 目前河南省旅游商品的开发缺乏统筹规划和宏观指导、旅游商品生产分散，加工工艺水平不高，特别是旅游商品包装和售后服务等与游客的需求存在相当大的差距、旅游商品市场无序竞争和经营不善及管理混乱仍然较突出、不少地市的景区只重视自己门票的收入，对旅游商品工作不屑一顾，景区根本没有意识到旅游商品也是它们自身的名片，而旅游商品只有在文化内涵上、经营方式上和景区紧密结合才能产生一个主辅相互补充的作用。再有，旅游商品的宣传、当地相关部门不够重视产品包装和设计，专业的销售网络不够健全。所以，河南省现在尚未形成具有特色的在国内外叫得响的名牌旅游商品，距离产业化的目标还很远。
>
> ——资料来源：河南省旅游信息中心．

3. 强调特色，提高旅游商品的文化品位

造成我国各地旅游商品雷同，特色淡化，到处都能买到的另一个重要原因，就在于开发者、经营者目光短浅，只重视旅游商品的短期经济效益，而缺乏长远的旅游文化观念，最后也丧失了唯一的经济效益。相反，某些只能在当时当地才能买到，并蕴含丰富文化内涵的旅游商品，尽管其短期内效益并不高，但其经济效益却同它的文化意义一样长远。因此，开发者一定要突出旅游商品的特色，提高其文化品位。

旅游商品的特色，主要来自旅游商品的地方特色、景区特色、景点特色和民族特色，强调独具个性，最好是唯我独有。或是其他民族和地区尚未掌握的工艺，或无法获取的材料，或是具有独特的内容，至少是其他地区或民族不会采用的内容。例如，刺绣、挑花、编织是我国少数民族中很普遍的美术工艺，但各民族对于装饰的对象、花色图案的题材与风格却各不相同。用于装饰的对象多为服饰，其次是挎包、门帘、窗帘、褡裢、鞍垫、坐靠垫等；所描绘的图案则多取自本地区、本民族的生活环境和社会生活。由此而形成了具有鲜明民族、地方特色的壮锦、傣锦、黎锦、侗锦、土家锦、苗锦和瑶锦等，远销海内外十多个国家或地区。总之，旅游商品的地方特色、民族特色越鲜明，文化品位越高，其纪念价值就越高，也就越容易受到游客青睐。

4. 对海外入境旅游者实施购物退税制度

价格是直接影响旅游商品销售的最重要原因之一。对同一质量的商品，旅游者总是希望以最少的货币购买最多的商品。为了吸引海外入境旅游者购物，世界旅游业发达国家通行的一项价格优惠措施，就是对境外旅游者实行购物退税。因此，借鉴海外先进经验，尽快推出适合我国国情的购物退税制，与国际惯例接轨，是刺激海外游客增加购物消费的必要措施。

在这一点上，瑞典的做法很值得我们学习。瑞典是个高税收的国家，商品的增值税一般为15%～25%。为了刺激海外旅游者在瑞典的购物消费，赚取外汇，瑞典专门制定了免税购物制度。它规定，凡持斯堪的纳维亚国家以外的外国护照的人，购物时在购物商店领取免税购物单，单上除了注明已付税金外，将本人的姓名、地址、护照号码填写清楚，所购物品由售货员装袋加封，到出境时，所付增值税予以退还（扣除一定的手续费）。为了真正让旅游者在购物中得到实惠，瑞典采取了以下两项具体措施：

第一，办理此项业务的商店特别多。这项业务和平时所讲的“免税店”不一样，免税店主要设在出境口岸或国际交通运输工具上，商品价格不包含进口税，但这种商店数量少，商品品种也很有限，而且多为高档商品。而在瑞典，免税购物制度几乎在所有的商店——特别是旅游者经常光顾的商店实行。目前全国开办这种业务的零售点有15000多个，遍及城乡各地。而且商品品种相当广泛，从一般商品到纪念品，从普通的日用品、食品到高档的耐用消费品，选择余地大。为了便于旅游者识别，开办这项业务的商店门口悬挂有鲜艳的蓝黄色旅游者免税店标识，并出版全国免税购物商店名录和指南，免费广泛散发。

第二，提供方便的退税服务。持有免税购物单的人，在离境时，在机场、码头或其他出境点，当场就可领到应退税款，可以要求退还任何一种国际流通货币。凭瑞典的免税购物单，还可以在挪威、丹麦和芬兰的指定退税点退税。这要比欧洲一些国家先把单据在海关盖章，然后退还给原销售店，再由原销售店把税款寄还给购物者的做法要方便得多，购物者也放心得多。由于旅游者有一种得到实惠的感觉，因此愿意多花钱，多买东西。

5. 加强对旅游者的宣传导购工作

旅游购物的一大特点是时间仓促。旅游者对许多旅游商品的性能、特点、用途、质量等又往往了解不多，甚至一无所知。因此，为了增加旅游者购物消费的投入，必须加强对旅游者的宣传导购工作，引导旅游者购买商品。除了要将适于旅游者选购的名特优商品和购物场所汇编成具有实际导购意义的宣传手册，在游览区、交通要道、公共场所、宾馆、酒店等地进行各种行之有效的宣传之外，还要采用电视、电影、多媒体等手段，以生动直观的声像来吸引并引导旅游者购物。同时，导游的导购作用不可小视，要引导和发挥他们的导购积极性，但对那种以收取高额回扣为目的，引诱甚至胁迫旅游者购物的恶劣行径要进行坚决打击。在这个问题上，泰国一位导游的导购艺术，很值得我国的导游们借鉴。一位游客曾深有体会地说：“尽管他带你购物，指导你消费，但是他却不直接向你推销商品，而是首先向你推销当地人的文化、生活准则、价值观念，用这些打动你，说服你，让你认同并且接受他的这套观点，然后一步步地吸引你、诱惑你。让你自觉自愿地听任他的安排，让你高高兴兴地把口袋里的钱掏出来。”

6. 销售方式的创新

摆摊设点销售旅游商品，是最基本、也是旅游者最为常见的一种销售形式。为了刺激旅游者的购物热情，还可以不断创新，推出多种多样的销售方式。

(1) 实行专卖。在旅游区内，最好是由专营商店销售专项的旅游纪念品。景区景点只卖自己独有的东西。那些最能体现本景区、本景点特征的旅游纪念品，既不允许流出旅游区外销售，也不允许仿制品、复制品在旅游区内销售。只有这样，各景区景点旅游纪念品才能形成强烈的对比和鲜明的特色，也才能最大限度地满足和吸引旅游者购买。以旅游业最为发达的法国为例，巴黎各处的名胜古迹处都只卖自己独有的东西，如凡尔赛宫纪念品店里，多是介绍凡尔赛宫的书、有凡尔赛宫标记的物件。再如在卢浮宫下面，有一大排商店卖旅游纪念品，这些纪念品都是和艺术有关的。连巴黎的餐馆都提供印有自己独特餐馆标记的纪念品，有各种餐具，也有T恤衫、棒球帽，甚至还出售印着自家招牌的红酒。

(2) 实行出售标记制度。由出售人应游客需求，在出售现场加注该旅游区特有的出售标记或由出售者签名。例如在我国傣族旅游区，对出售的石刻拓片加盖文物管理部门的公章，就具有这一性质。

(3) 出售由旅游者自己参与制作的旅游纪念品。可以在旅游风景区或风景点设立一些集设计、制造、生产和销售于一体的旅游纪念品中心，将旅游纪念品制成半成品，留下容易完成的工序由旅游者参与制作，有意识地让游客留下自己的制作印迹后再出售。这种销售方式，既可以使旅游者享受亲自动手参与创造的乐趣，又能使其所购旅游纪念品的纪念意义更为突出。而且这种购物与一般游览途中的购物相比还有两个明显的优势：一是游客直接向生产厂家购买自己喜爱的产品，省却市场流通这个中间环节，商品价格就自然便宜；二是能消除游客因怕不识货而挨宰或购买假冒伪劣商品的担心。目前，上海玉石雕刻厂、上海市工艺美术研究所、北京景泰蓝厂、天津杨柳青年画社、天津地毯厂、杭州丝绸厂、苏州刺绣研究所、苏州檀香扇厂等都已进行了成功的尝试。

(4) 规定旅游者只有具备某种旅游经历之后，方可允许购买某项旅游纪念品。例如，规定旅游者必须在旅游区逗留三天以上，凭借旅馆逐日加盖的印记，才有资格购买某项相应等级的旅游纪念品。这一点日本的经验很值得我们借鉴。据一位到日本旅游过的先生介绍，日本各地都有许多钥匙圈纪念品。钥匙圈本身不雷同，上面的吊牌是这个名胜古迹中最富有代表性的建筑物，比如金阁寺、唐招提寺等，另一面是简易的旅游图，独一无二，很有特色。最有意思的是富士山的钥匙圈：攀登到海拔1000米，有1000米的钥匙圈做纪念；攀登到海拔2000米，则有2000米的钥匙圈做纪念；上3000米则又不同。要是你没有爬到3000米，绝不可能在富士山的别处买到只有爬到海拔3000米才能买到的钥匙圈纪念品。一般的钥匙圈只要花300~500日元就可以买上一个，而这一个则要花800日元左右，但几乎没有一个游客不慷慨解囊买上一个做纪念的。

（三）旅游商品生产新趋向

1. 绿色生产

人们认为，绿色生产和清洁生产是实现旅游商品持续发展的必由之路，并已成为当今环保领域中的世界性潮流。应坚持4R原则，即减量化（Reduce）、回收（Re－claim）、复用（Reuse）和再循环（Recycle）。在旅游商品的生产过程中，要尽量节约原料和能源，多选择易于回收、复用和再生的原料，并应易于处理和分解。旅游商品的命名能体现绿色环保的主题，并符合绿色环保标志的要求，旅游商品的包装材料应该无毒性、易分解。可以通过研制和采用新型包装材料来实现绿色生产的要求。

2. 手工制作与机器生产并存

生产传统工艺品时，必须面对机器生产的更新换代问题。毫无疑问，纯手工制作的民间工艺品对游客的吸引力更大，但由于工艺耗时长，限制了供应市场的数量，形成了市场缺口，这就为机器生产提供了机会。就目前中国的旅游商品市场而言，机制品的存在有其客观合理性，同时在一段时间内，这个市场还会相当大。但这并不意味着机制品可以完全取代手工制品。因为手工制作始终是一个重要的卖点。只有手工制作才能代表原汁原味的民间工艺品，才能够保持特色、艺术性、独特性和真实性。例如，巴巴多斯草编提包就是手工编织和机器绣花的典范。

由于先进机器批量生产所带来的价格优势，使得很多传统工艺失去了市场竞争力。因此，面对机制品汹涌而至的局面，必须在营销上体现出手工制品与机制品的不同，同时应当走优质优价的精品路线。例如，北京王府井大街上售卖工艺品的10元商店里的那些玉质的手镯，都是用先进机器批量生产出来的。而传统工艺手镯，需要经过选料、雕刻、手工打磨等一系列的程序，价格一般在100元以上。

3. 传统品牌的复兴

我国旅游商品生产的一个极为有利的条件是有一大批在世界上享有盛名的传统、名牌产品，发展旅游商品生产，需要充分利用这一优势，如各种美术工艺品、文物仿制品、民间手工艺品、中药材和保健品等。尽管目前传统的品牌商品呈现生产萎缩的态势，但是，随着新技术的介入、新设计的参与，更重要的是随着旅游者的理性化、个性化和成熟性消费时代的到来，传统的品牌商品将会迎来一个复兴的时代。韩国旅游商品在传统主题和工艺上的复兴就是一个例证。

4. 特色生产

本地生产体现特色和纪念价值。随着企业的国际化，许多商品尤其是一些名牌商品有众多的生产基地，本地生产就成为游客选择商品的一个衡量指标。在国际上，流行的做法是对本地生产的产品实行地标制和原产地认证制度，以保证商品的纯正性和地方特色。

中国目前也已经实行了原产地证明制度，以保护地方特色商品的生产和销售。它是将地理标志和原产地名称纳入证明商标的制度中，是在《商标法》之下加以保护的一种类型。可以将本地生产的水果、茶叶、酒、矿物、药材、陶瓷制品、传统工艺品进行原产地的证明商标管理，利用本地生产和本地出售的优势，吸引消费者购物。

案　例

昌化鸡血石

昌化鸡血石是产于浙江临安的天然宝石，在国内极为罕见。鸡血石的开采，最早始于明初。当时有人从露头矿苗中，采得血色玉石，报官进贡，而受重视。后来，鸡血石逐步成为官府、皇宫馈赠收藏之珍品，甚至有献玉石而得官者，人称“玉石官”。邓散木著《篆刻学》一书中，把青田、寿山、昌化三地所产之石列为治印之“石选”。寿山田黄石以两计，价值三倍于黄金，而鸡血石“羊脂地”、“全面红”者，价过田黄。

新中国成立后，有识之士看中鸡血石的价值，建厂批量生产，采其制为印石。而现在，一方面，由于生产工艺不够完善，没有好好利用原材料，使得许多矿石流失，消耗浪费严重。另一方面，一些不法分子把它当成摇钱树，在原产地争相盗挖，甚至发生过流血事件。如果再不增强保护意识，不采取有力的措施，鸡血石将从珍贵的杭州工艺品中彻底消亡。

——资料来源：吕洪年．杭城“老字号”传说的历史价值［J］．
杭州大学学报，1992（4）．

案例分析

1. 作为地方名牌商品，昌化鸡血石应怎样更好地突出和保证其特色？
2. 昌化鸡血石商品在目前的开发中存在什么问题？应如何解决？

5. 自助式生产

旅游产业的发展过程显示，旅游者在旅游活动中逐渐由被动静态式欣赏转变为主动设计、安排行程和活动内容，其选择性和参与性的程度越来越高。反映在旅游商品上，就是自助式生产方式的出现。

在云南丽江，一些蜡染工艺品商店开始尝试让游客自己设计花色图案，然后由蜡染房按照游客的设计生产。这种生产模式吸引了众多的旅游者。不少手工艺商品都可以留出最后的一道工序，让旅游者参与性地完成点睛之笔。张裕酒文化博物馆，就有游客自酿酒作坊，让游客自己动手现场制作白兰地小包装酒。游客要自己选择不同的瓶形或酒壶，自己灌瓶，自己压盖，自己贴标签。另有自助酿酒俱乐部来满足高端消费者的需求。自助式生产因其开放性和亲和力，同时融入了旅游者的思路、设计和劳动，日渐受到消费者的喜爱，成为增加旅游者购买力的一种重要的生产方式。

二、旅游商品市场管理

（一）物流管理

物流管理是指对商品进货、运输、储存、销售等的一系列管理，是将商品从一系列的物流过程转变成商流的过程，是为旅游者实现购物过程的先决条件。进真货，卖好货，价格公道是基本要求。具体而言，旅游工艺品由于工艺、材料的特殊性，使得其在保存和流通过程中也有特别的要求。相应的内容如下：

（1）瓷器的保存要求。瓷器属于易碎品，在保存时应注意防震、防挤压、防碰撞。鉴赏藏品时要注意不要碰撞、摔落，尽量不用手摸。看藏品时最好戴上手套，桌上用绒布垫好。赏看时不要互相传递，一人赏看结束应重置于桌上，其他人再捧持观赏。因为在手把手的交接物品的过程中，无论是有意还是无意，万一有一方失手，瓷器就会落地而碎。如果瓷器带木座，千万不可用一只手去拿，要用一只手拿住瓷器，同时用另一只手扶拿着木座。如果是瓷板画，则一定要选择实墙装挂，因为瓷板画较重，固定处一旦松动便容易脱落摔碎。

（2）景泰蓝制品的保存要求。在保管景泰蓝时，注意防潮湿和轻拿轻放。由于景泰蓝的铜胎、铜丝本身怕潮湿、酸碱液体和空气的侵蚀，因此在收藏、保管和流通中应注意室内的湿度和空气的流通情况。耳子、盖顶、把手等花活儿部位出现发绿或有绿色液体时，应用干燥的棉纸抹拭干净。在拿起景泰蓝产品时，手一定要干净、无汗，或者戴上软质手套，用软蜡布将景泰蓝产品通身擦抹一遍，这样可以使金色保持很久。景泰蓝上的珐琅釉料依靠铜丝牢牢地附着在铜胎上。若发生碰撞，珐琅釉会崩裂和掉釉。因此，在整个流通过程中要轻拿轻放，不要磕碰。对于细小的磕碰掉釉，可用同颜色蜡笔修补。

（3）翡翠玉器保存注意事项。①不要长时间将其放在高温高热的地方。②不要用洗衣粉漂洗。翡翠饰品的表面有一层保护蜡，用洗衣粉洗后会出现翡翠发干的现象，原有的微小裂隙（有的肉眼看不到）会渐渐明显、加重，失去光泽。③避免接触强酸和强碱。④单独包好，不可与其他珠宝裸装混杂，避免摩擦产生剐痕和断裂。

（4）泥土材料制成的彩塑的保存和流通要求。①干净，最好放入玻璃橱或包装盒内，以减少灰尘。②通风，以空气干燥为宜。③避光，不受阳光直射，在光线柔和的环境下，可使颜色持久，保持明快色调。④轻拿轻放，尽量捏拿次要部位而不是面部等主要部位，防止彩塑留有污痕。⑤作品之间要有松软物品作隔离，避免互相摩擦，防止形损色污。

（5）牙雕制品的流通要求。牙雕制品制作时会使用黏合剂进行拼粘。因此，流通过程中要防止风吹日晒，防潮防水。牙雕做工精湛，玲珑剔透，悬活儿很多。流通中应轻拿轻放，搬动时不要倒置，防止破损。

（6）绢布的流通要求。绢布流通时，包装盒内应放置樟脑丸，以防虫蛀，并应避免潮湿和阳光照射，轻拿轻放，注意防尘防火。

（7）书画的流通要求。中国书画的材质大都是宣纸或绢。这些植物纤维容易生虫，因此防虫蛀是流通中的首要任务，需要定期施放除虫粉。要注意避免日光直接暴晒，以防褪色、变质。书画受潮后纸会变皱，留下水渍，影响画面整洁，因此要注意防潮。书画受烟熏后纸面会变黄变脆，容易破损，因此要注意防烟。

（8）金漆镶嵌商品的流通要求。金漆镶嵌的商品在流通时要求轻拿轻放，避免磕碰，防止拉拽，以免出现裂缝。还要避免摩擦，防止硌痕和划伤。

（9）雕漆产品的保存要求。雕漆产品本身防潮且耐酸碱，具有遇热不变形、不变质、不褪色等特点。金属胎和脱胎的制品不会变形和变质，但木胎家具，不宜阳光暴晒，以防破裂，避免磕碰。

（10）地毯的流通要求。地毯在流通过程中，不可烟熏、脚踏和粘油污。存放时应将地毯卷起来置于阴凉干燥处。卷起时要沿戗毛的方向打卷，将毯穗置于卷心的空隙处；打卷时要做到毯边整齐，不可出现螺丝状边缘。卷起的地毯要放防虫药物，用防潮物品加以包裹或用苫垫以防受潮和污染。大批量存放时，不可码垛过高，以防重压使毯面形成压痕。

（二）质量管理

质量管理是指为了实现质量目标而进行的所有管理性质的活动。它以质量为中心，以全员参与为基础，核心是建立文件化的质量体系，是由职责、权限历构成的契约型结构。质量管理可以通过计划（plan）、实施（do）、检查（check）、处置（action）等PD-CA循环来进行，运用标准化的生产和服务手段来实现。

旅游商品质量包括商品质量和服务质量。商品质量方面可以通过规范供货渠道，加强与旅游商品生产企业、旅游商品研发基地的合作来保证；服务质量方面通过对员工定期系列培训、制度考核等方式来实现。

（三）价格管理

如今旅游购物的价格投诉最为集中。消费者普遍反映定点商店的商品价格高昂。通过商店的明码标价，杜绝价格虚高的现象，这是对旅游商品价格管理的最有效的办法，同时需要完善旅游商品的出口退税管理。

（四）环境管理

购物环境分硬环境和软环境，前者包括购物空间、场所和提供的设施设备等，后者指购物服务。研究发现，购物是购买商品和空间，或者说是购买商品和经历，良好的购物环境会促发旅游者的购买冲动。

案例

西安购物环境尚待改善

在西安城墙景区外，一位来自河南南阳的游客焦洋告诉记者，设在南门瓮城一角的景区纪念品专卖店让他十分惊喜。“出来玩就想给同事朋友带一些纪念品回去，但小摊点上的东西不好看、制作也很粗糙。没想到在景区里还能买到这么好的东西。”焦洋在专卖店一口气买了10个印有西安城墙图案的小冰箱贴。

和焦洋的感受一样，许多游客希望在旅行途中购买一些纪念品，但旅游场所欠佳的购物环境常常让游客失望。记者了解到，在西安，像城墙景区这样设有纪念品专卖店的旅游景点还非常少。

陈斌介绍，他多次调研发现，50%以上的游客不会选择在个体商贩处购买旅游商品。陈清亮也坦承，旅游购物环境较差是陕西省旅游商品业发展中存在的一大问题。当前陕西省中心旅游城市的旅游购物场所明显滞后于旅游业其他要素的发展，旅游购物场所环境欠佳，舒适的休闲购物场所更是缺乏，已不适应现代旅游市场的需要。

——资料来源：西安日报

案例分析

1. 如何改善西安城墙景区的购物环境？

2. 购物环境对旅游消费者的影响是什么？

第四节　旅游商品管理的具体方法

为了使我国旅游商品在旅游活动中发挥更大的作用，带来更丰厚的效益，必须要有一套行之有效的科学的管理方法。管理方法是执行管理职能的手段，是劳动分工、协调关系的重要途径，是管理者具体的管理措施。管理方法按照作用的原理可分为标准化管理方法、经济管理方法、行政管理方法、法律管理方法和社会学心理学管理方法等。

一、标准化管理方法

管理工作的标准化，就是按照管理活动的规律，把管理工作中经常重复出现的内容，规定出标准数据、标准工作程序和标准工作方法，作为从事管理工作的原则。

案　例

贵州旅游公司旅游商品管理办法

总则

第一条　为促进百里杜鹃旅游商品发展，加强百里杜鹃旅游商品销售市场管理，保障旅游者和商品经营者的合法权益，建设诚信旅游购物品牌，依据《贵州省旅游条例》，制定本办法。

第二条　百里杜鹃旅游商品开发服务中心（以下简称商品中心）及毕节市旅游协会旅游商品分会负责本办法的实施和监督。

第三条　“六真”指：货真、价真、品质真，情真、意真、服务真。

第四条　具有齐全、合法的经营证照；注册资金（或投资额）不低于10万元人民币。

第五条　自有经营场所的需提供产权证明；非自有店面的，应出具租用营业场所（自申请日起）不少于两年的租赁合同。具有消防部门出具的安全合格证明。

第六条　营业面积在30平方米以上，店堂宽敞明亮，布局协调，装修典雅，设有接待区域，提供休憩服务。

第七条　申请单位可以是专营商店、专卖店，也可以是拥有旅游商品柜台的综合商店。

第八条 店内有直拨电话；经营服饰的设有试衣间和试衣镜；经营金银珠宝首饰的，商品需配有正规检测机构的检验标签。

第九条 店内或附近有男女分设、安全、卫生的厕所。

第十条 店内应设置两种以上文字的投诉电话标志及服务提示，中文为必备语种，英、日、韩语等为选择语种。

第十一条 附近有与接待能力、营业规模相适应的停车场地。

第十二条 公共区域的设施和服务岗位的标志，须使用国际统一标准符号。

第十三条 能为游客提供免费保管物品、代办邮寄商品的服务。

第十四条 服务人员衣饰整洁，佩戴工号卡，实行普通话敬语服务，主动、热情，能提供外语导购服务。

第十五条 所售商品一律明码标价。

第十六条 商店必须遵纪守法，严禁以非法方式招徕客源。

第十七条 服务人员须经岗前培训后才可上岗。

第十八条 严格执行《消费者权益保护法》等法律法规。

第十九条 严格执行《贵州省旅游条例》中有关商品经营的规定，并接受本地旅游管理部门的监督检查。

附则

第二十条 本办法自2011年4月1日起执行。

——资料来源：百度文库

案例分析

1. 《贵州旅游公司旅游商品管理办法》的出台属于标准化管理吗？
2. 贵州相关部门主要采取了哪些措施管理旅游商品？

二、经济管理方法

经济管理法是指依靠利益驱动，利用经济手段，通过调节和影响被管理者物质需要而促进管理目标实现的方法。它具有利益驱动性、普遍性、持久性等特点。主要通过价格、税收、信贷、经济核算、利润、工资、奖金、罚款、定额管理、经营责任制等手段对经济关系进行调整。

各种关系的调整可以分为宏观经济的调整和微观经济的调整。宏观经济调整，主要是运用价格、税收、信贷三大经济杠杆。微观经济的调整主要是运用工资、奖金、津贴、罚款等管理手段。

(一) 宏观管理的三大经济杠杆

(1) 价格。价格是商品价值的货币表现，也是国家用以调节各种经济利益关系的主要杠杆。例如，可以运用价格杠杆的作用调节生产、调节流通、调节供求关系等。我国的价格原来由国家进行高度集中管理，长期保持价格不变，忽视了价值规律的作用，致使价格体系存在相当紊乱的现象，不少商品价格既不反映价值，也不反映供求关系变化对价格的调节作用。改革开放后，逐步建立起了社会主义市场经济，对商品定价逐步放开，实行了指导性价格和对旅游商品的最高和最低限价管理。这样，旅游商品的价格主要就靠市场供求关系变化的调节了。例如，1994 年 6 月 17 日国家计委和国家外汇管理局联合制定的《涉外价格和收费标准、计价管理暂行办法》就是运用价格调节，指导旅行社、涉外饭店经营管理。

(2) 税收。税收是参与国民收入的分配与再分配，调节国民经济，对国民经济产生重要影响的经济杠杆。税收杠杆的调节功能，是通过税种、税目、税率、加成以及减免税金来实现的。税收杠杆的具体调节过程，体现了国家对企业相应经济活动的鼓励或限制政策。税收杠杆具有强制性、固定性，用以调节国家同企业、经济单位同个人的利益关系。

(3) 信贷。信贷是银行存款、贷款等信用活动的总称，是银行根据国家信贷政策、国家经济计划和市场经济运行的实际需要调节存款和贷款利率，确定不同的贷款方向、贷款条件和贷款数量，通过对资金运动的控制，调节整个国民经济发展的重要经济杠杆。从宏观调控上看，银行信贷控制着货币投资方向，控制着有货币支付能力的基本建设投资总额和投资方向，对调节产品结构、协调积累与消费比例，以及保持市场商品供求平衡，具有十分重要的作用。从微观上看，银行与每一个企业和单位都建立起信贷关系，企业的一切经济活动都要通过银行进行，从而使银行可以通过信贷关系对企业的经济活动进行监督和施加影响。中国旅游信托投资公司就是为发展旅游业提供信贷的机构。

相关链接　搜索

企业生产旅游特色商品可享贷款贴息

记者从江西省人民政府获悉，为加快旅游产业发展，江西省出台鼓励和促进旅游商品产业发展的相关政策意见。到 2012 年，江西省旅游商品的销售额占旅游总收入的比重将在 2008 年的基础上平均每年增长两个百分点。

据了解，江西省将研究开发具有景区特色的"一景一品"知名产品，以南昌、井冈山、瑞金等为品牌的红色文化产品。全省旅游产品发展重点将定为美术陶瓷、土特产品、红色纪念币和邮票、竹木工艺品、民族手工艺品及其他制品等。将形成3～5个在全国有影响的旅游商品集散中心、旅游工艺品研发中心，每年将打造5～10个知名品牌。

为促进旅游商品的开发，江西省将对具有自主创新开发、主营业务突出、市场竞争力强的重点旅游项目给予一定资金补偿，对符合条件的旅游特色商品生产企业在技术改造、新产品开发、生产销售给予贷款贴息。另外，还将有税收优惠。

——资料来源：江西新闻网.

（二）微观管理的主要手段

（1）工资。工资是指企事业单位按时支付给员工的劳动报酬。

（2）奖金。奖金是指企事业单位奖励优秀员工或做出贡献的员工的资金。

（3）津贴。津贴是指企事业单位发给员工工资以外的补助费。

（4）罚款。罚款在这里是指企事业单位强制违规、违纪员工缴纳一定数量的资金。

三、行政管理方法

行政管理，是指旅游管理机构和管理者，利用职权，下达指示、命令、任务等形式，直接控制管理对象，执行管理职能的一种管理方法。简单地说，就是企业管理机构和管理者利用他的职务和职位来进行管理的一种方法。这里特别强调的是利用职责、职权、职位来进行管理，而不是个人和特权。任何一个组织为了管理，总要建立起若干行政组织，行使其管理职权。它的主要职责，是接受上级领导的授权和命令，又向下级授权和命令。它实行的是严格的等级制度，每一级的职责和权力范围都有严格的规定，做到对上级的命令负责执行，对下级的行动负责后果。

行政管理方法具有强制性、直接性、垂直性、无偿性等特点。该办法的局限性在于由于强制干预，容易引起被管理者的心理抵抗。行政管理具体的方法包括命令、指示、计划、指挥、监督、检查、协调等。

（1）命令。命令是上级对下级发出的带有强制性并有明确要求的决定。命令对下级能做什么、不能做什么、如何做、何时做、何时完成、不做或不按要求做的如何惩罚都有明确规定。命令下达，必须执行，没有松动的余地。命令又分为指令和禁令。指令是规定下级做什么、如何做的命令。禁令是规定下级不准做什么的命令。做到有令必行，有禁必止。

（2）指示。指示是上级对下级工作的指导性意见。它也带有强制性，下级对指示规定的任务也必须执行，但在具体执行的方式方法上有一定的松动，不像命令规定那样十分严格。下级可以根据情况选择其有利于完成任务的适当的方式和方法。

（3）建议。建议是指上级组织和领导对下级组织和人员提出的工作主张、意见。下级组织和人员可视具体情况在管理工作中予以体现和参照执行。与行政命令和指示相比较，建议的强制性更弱一些。建议也指个人向集体、领导提出自己的主张、意见。

案 例

信阳市人民政府关于印发《信阳市旅游定点单位管理办法》的相关条款

第八条 旅游定点商店

1. 企业注册资金在10万元人民币以上；

2. 个体商店应出具租用营业场地或房舍不少于两年的合同证明；

3. 有80平方米以上的营业厅，店堂宽敞明亮，装修典雅，店面整洁协调，环境良好；

4. 有分设的男、女卫生间，并备有洗手盆、卫生纸和换气扇等设施设备；

5. 店内不少于两部市内直拨电话，有男女分设符合国家标准的卫生间，经营服装的应有试衣间和试衣镜；

6. 组织销售的商品，应以游客的需求及市场竞争为导向，并具有信阳特色，不得销售假冒伪劣商品；

7. 商品收费要按物价部门规定执行，所售商品一律明码标价；

8. 服务人员要着装整洁，注意个人仪容仪表，佩戴工号卡，实行敬语服务，主动、热情、礼貌待客，要有可用外语售货的服务人员。

第九条 旅游商品定点生产企业

1. 工厂（或专门车间）可直接生产旅游商品（包括旅游饭店用品、海外旅游者喜购商品及旅游工艺品、旅游纪念品、旅游食品饮品、旅游保健用品）；

2. 所生产的旅游商品必须按产品标准组织生产检验，并具备批量生产能力，有较好销路和发展前途；

3. 所生产的旅游商品在国内外获过奖，并且市场前景看好；

4. 工厂（或专门车间）生产设备比较先进，有一定的新产品开发研制力量；

5. 有分设的男、女卫生间，并备有洗手盆、卫生纸和换气扇等设施设备；

6. 属于省、市重点扶持，创汇多、市场需求量大的拳头产品或稀缺产品，可以照上述条件适当放宽。

案例分析

1. 信阳市人民政府所印发《信阳市旅游定点单位管理办法》这种行为属于哪种旅游商品管理的方法？

2. 相关旅游定点企业收到此类通知之后应该怎样做？

四、法律管理方法

法律管理，是指运用法律和具有“法”的属性的某些规定，执行管理职能的一种管理方法。法律管理方法有两层含义：第一层含义是由国家制定和颁布的法律、法规，并建立相应的司法机构和制度，以保护旅游商品管理的各项经济政策、经济制度、经济方法的实施。它包括依照各级国家制定和颁布的有关法律、法规来管理旅游，也包括依照各级国家机构、各级管理部门依法制定的有关规范性文件来管理企业。第二层含义是由旅游商品行业自身制定的具有“法”的属性的规章制度。规章制度不得与法律相抵触。规章制度，是行业协会对旅游企业经济活动制定的各种规则、章程、程序和办法。规章制度是行业协会对旅游商品进行行业管理的重要依据，是企业生产经营等活动中共同遵守的规范和准则。法律管理方法具有高度强制性、规范性等特点。其局限性是对于特殊情况有适用上的困难，缺乏灵活性。

当前旅游商品管理所依据的相关法律，主要有《中华人民共和国宪法》及其修正案、《中华人民共和国民法通则》《中华人民共和国合同法》《中华人民共和国消费者权益保护法》《中华人民共和国产品质量法》《中华人民共和国外国人入境管理法》《中华人民共和国公民出境入境管理法》及其实施细则、《中华人民共和国民事诉讼法》《中华人民共和国仲裁法》《中华人民共和国赔偿法》《中华人民共和国行政处罚法》《中华人民共和国铁路法》。

行业管理的法律、法规有：《旅游法》《旅行社管理条例》及其实施细则、《导游人员管理条例》《中国公民自费出国旅游管理暂行办法》《旅游汽车、游船管理办法》《旅游安全管理暂行办法》及其实施细则、《旅行社办理旅游意外保险暂行规定》《旅游质量保证金暂行规定》及其实施细则、《旅游投诉暂行规定》等。

课堂思考

当现实中《旅游法》的内容与《旅行社管理条例》中的内容有重叠的部分，应该以哪个为准？

五、社会学心理学管理方法

社会学心理学管理方法是指借助社会学和心理学原理，运用教育、激励、沟通等手段，通过满足管理对象社会心理需要的方式来调动其积极性的方法。其特点是自觉自愿性、持久性等。其局限性主要表现为对紧急情况难以适应。该方法主要包括宣传教育、思想沟通、各种形式的激励等形式。

第五节 旅游商品管理的国内外经验借鉴

一、开发特色旅游商品

在整个旅游消费过程中，“购”这一环节上的消费弹性最大。如何提高旅游者的购买欲望，欧美的旅游经营者确实动了不少脑筋。他们通过走本地化的路子，吸引了众多眼球，树立了品牌形象，增加了外汇收入。例如，奥地利的“黑天鹅”牌水晶系列饰品、以莫扎特名字命名的各种旅游纪念品等；法国的旅游商品店，货架上全是埃菲尔铁塔等相关国内知名品牌商开发的各类旅游商品。这些旅游商品小巧玲珑，便于携带，受到了各国旅游者的青睐。

到了西班牙，你会发现各个旅游景点的商品种类多、有特色、不雷同、品位高。在参观皇家马德里队的球场、博物馆后，游客最后来到旅游商品店。这里有皇家马德里队标志的球衣、钟、表、纪念章、足球、鞋子等。参观者到此大多都会买几样作为纪念。在公园、博物馆销售的旅游商品多为自己设计、自己生产、自己销售，在其他地方买不到。例如在冒险港乐园，在游人必经之路——景点的出口处都设有商品部，方便了游人购买，还刺激了游客的购买力。

泰国的专业化旅游商品产业链和“一村一品”模式，值得我们借鉴。泰国的金矿、铁矿、宝石等矿藏的蕴藏量都很丰富。因此，宝石制品、黄金制品、银制品、铜制品在泰国曼谷等地极为丰富，从制作精良的首饰到餐具、泰式用具，应有尽有，实用性强。泰丝是泰国富有特色的天然纺织品，因其色彩艳丽、光泽绚烂和质地优良而闻名于世。近几十年来，因为独到的手工制作工艺、独特的外表质地，用来制作高贵的服饰、手帕、围巾等各种高级用品在世界各地广受欢迎。在泰国，泰王提出“一村一品”的口号，即根据自身条件，最大限度地利用本地技术、人口和原料，生产独具特色的旅游产品或形成独具吸引力的景点，如“亚洲最大的兰花园”、“东南亚的红宝石廊”、“赤道的热带园林与水果”、“奇伞专店”等。各村标新立异，魅力无穷，使游客在游览中不仅村移景异，其购买欲也是步步增高。

在泰国，旅游商品生产过程的各个环节巧妙地与旅游商品的销售环节结合在一起。例如，鳄鱼养殖场，鳄鱼表演，鳄鱼产品生产、展示及销售一体化；养蛇场、蛇表演、蛇毒提取与制作、泰药介绍与销售相结合；红宝石博物馆、宝石加工工艺现场，宽敞的首饰商场一条龙等。这一切既构成吸引了旅游者的场景，又将生产与销售连成一片。这就是旅游商品的泰式产业链。

美国夏威夷以其阳光、海水、沙滩吸引着世界各地的游客。为了能让游人体会到当地人们阳光般的热情，结合当地盛产的热带植物，开发了绚丽芬芳的花链，成为了夏威夷的一大象征。来夏威夷的游客至少会有一次被献花链的机会，而且是一串芬芳香水花链。不同岛屿的花链式样也不同，颜色各异。大岛的花链是由猩红色的花编成的，毛伊岛采用的是粉红色天堂玫瑰，考爱岛的花链是紫色花朵，而尼豪小岛的花链是由精致的贝壳编成的。

课堂思考

通过以上各国旅游商品的特色开发，请思考河南的旅游商品应发挥怎样的特色。

二、增强旅游商品文化内涵

结合本国特色，将本土文化赋予旅游商品，增强旅游商品的文化内涵，加大旅游商品的深加工，是旅游商品发展的重要因素。例如：日本是一个资源极端缺乏的国家，所以对产品的深加工要求非常高，非常重视旅游精品的打造。结合了和服和日本艺伎文化的日式偶人做工精细、别致，充分体现了日本的民族特色。日本的礼品非常讲究包装，有时用很大的包装包着很小的礼物。同一条商业街上的终端旅游商品很少重复，同时由于具有强烈的品牌意识，每一个旅游景点都有自己的品牌商品，而且相当部分仅限于现场销售，充分运用了营销心理，支撑起了庞大的购买市场。

在韩国，济州岛被称为“蜜月岛”，韩国60%的新婚夫妇会来此度蜜月。该岛上有一座被称为石头爷爷的雕塑。据说，摸了石头爷爷的鼻子会多子多孙。因此，该地利用当地的火山石，雕刻成石头爷爷的模样，制成旅游纪念品，其销量极好。

三、开发多样的旅游商品销售渠道

（一）实行“一区一产品”策略

泰国为将自己塑造成为亚洲的购物天堂，吸引更多外国游客来泰国购物消费，目前政府正在全国各地大力发展各具特色的产品，以扩大其市场份额，称之为“一区一产品（OTOP）”政策。在曼谷的“OTOP展览会”上，你可在同一时间尽览泰国7000个村庄的特色商品。为了让每一个村都能将其独特的产品推向全国，也为了让贫穷山村能与外界交流，政府向每个村庄拨款100万泰铢，令每一个村子能制造出一种既传统又富有特色、更可令现代社会接受的产品，如各类纺织品、手工编织物、木制品、陶瓷及祭神用品、食物、饮品及草药等。事实证明，泰国政府的这一措施非常成功。每一件产品都精致美观，令人爱不释手。清迈的OTOP销售在国内市场上每月能赚取100万泰铢，出口订单价值2000万泰铢的经济效益。

（二）举办购物节活动

中国香港凭借着自身优越的地理位置及优惠的投资环境，云集了来自世界各地的商品，最贵的和最便宜的东西在此都能找到，每年都吸引了来自世界各地的旅游观光客。为刺激旅游购物，带动香港旅游收入的增长，香港定期举办旅游购物节以吸引更多客源。2005年6月25日至8月30日举行的香港购物节，吸引了近7150家商铺参加，为历届之冠；而且该项活动还成功吸引了460万人次访港，实现官方预期目标，为香港带来18.5亿港元的收益。钻饰金器一向是内地游客来港必买物品。香港某著名珠宝品牌发言人指出，由于购物节的带动，平均每日有400个团队参观其展销场，有时更多达500个团队，场面热闹，人均消费高达3000~4000港元，钻饰更占了整体销售生意八成。

阿联酋迪拜在2004年购物节期间，前往阿联酋迪拜的游客人数高达130万人次，其中100万都是来自国外的游客。其间，各国游客在阿联酋酒店住宿、购物消费、餐饮交通等方面的消费总额达到了15亿美元。据悉，受旅游购物促销的影响，2005年到迪拜各购物中心购物人数比上年增长了26%，达756万人次，其总消费额累计约3.14亿美元，比上年增长了14.2%。

相关链接　搜索

2013年亚洲购物节暨亚洲美食街

时间：2013年5月17～19日

地点：九龙湾国际展贸中心，香港九龙展贸径1号

展品类型：亚洲美食街（香港及亚洲熟食及特式饮品食品）；饮食购物展区（饮食产品及设备）；家居潮流及电器科技展区（家庭用品、电器、家具及摆设、生活用品、计算机及科技产品）；时尚及休闲娱乐购物展区（衣服皮革、饰品、娱乐、玩具、运动及旅游）；消闲娱乐（动漫、娱乐、玩具、运动及旅游等）。

近年香港的展销会及消费展览甚多，亦只着重展销，缺乏休闲娱乐等设施配套，让市民渐渐失去购物兴趣，最终使参展商未能达到预期的销售效果。鉴于此，香港优质商号协会主办了“2013年亚洲购物节暨亚洲美食街”，除即场销售香港及亚洲特产及优质产品外，同场将建造多个独一无二的大众娱乐活动，尤其以“亚洲美食街”作为噱头，让市民及旅客不需要远赴亚洲，亦能够恍似置身亚洲各国，轻松体验购物、娱乐、饮食及文化。

民以食为天，“亚洲美食街”集合了多个亚洲国家的风味小食、特色饮食及美酒佳肴，让市民不需搭乘飞机，都能够一次尝遍亚洲美食。因为“亚洲美食街”是香港独有的。

——资料来源：中国旅游网.

（三）建立新式旅游商品营销模式

泰国的皮革制品极受旅游者的喜爱，销售量也极为可观。他们采用了所谓的“前店后场”的营销模式，即旅游商品销售店面与商品的生产相连。例如，游客想购买鳄鱼皮制品，可先到鳄鱼池旁参观，选中所看中的鳄鱼后，厂家可以直接当面进行剥皮，生产制造，让游客在购买商品的同时，直接了解旅游商品的全部制作过程。游客增长了见识，购买兴趣也大大提高。

到法国购物，除了选择巴黎的高档时装店或诸如“老佛爷”、“春天”等享有盛名的大型百货公司外，近几年兴起在一种名为“工厂商店”的购物中心购物的消费时尚。在巴黎东南的特鲁瓦，一家酿酒厂于几年前利用闲置库房建起了“工厂商店”，取名“名牌大街”。整个“名牌大街”分布在5个大型建筑内，占地2.7万平方米。商店中儿童玩具、百货、各类服饰等应有尽有。每天来这里购物的不仅有来自各地的法国人，而且有来自比利时、瑞士等邻国的消费者。据介绍，这里出售的大多是诸如耐克、鳄鱼、皮尔·卡丹等国际驰名品牌，但价格却比其他商场便宜30%～50%，有的甚至达70%，均为正品。工厂商店的价格如此之低，主要在于工厂商店是由厂家直接办店销售，省去了

中间诸多的商业环节；加之经营的商品都是生产厂家上一个销售季节没有售完的剩货、商业用户的成批退货及一些积压的产品，其价格当然会下降很多。当然，一家一户的工厂商店难成气候，需走联合经营之路。特鲁瓦城的"名牌大街"就囊括了国际上100多个知名厂家。这样可以为消费者提供更加广泛的选择，使消费者高兴而来，满意而归。工厂商店的优势显而易见，因而这种特殊的经营方式也走出了法国的国门，在整个欧洲风行起来。

四、加强宣传导购

加强对旅游者的宣传导购，注重对民族文化的理解。对游客的宣传导购，除利用宣传手册、媒体、网络等多种手段引导旅游者购物外，还应高度重视导游的作用。据马来西亚国家旅游局的统计，2001年中国旅游者在马来西亚一地的旅游购物消费达4000元/人，其中70%来自导游导购。通过导游的文化讲解，旅游者可以一边感受文化的熏陶，一边欣赏精湛的民间工艺，购买欲望油然而生。旅游地通过导游，销售了高附加值的商品，宣传了自己的文化；旅游者在购物的同时，开阔了眼界，增长了知识，得到了物质与精神的双重满足。

课堂思考

你认为我国应如何做好旅游商品宣传工作？

五、营造良好的旅游购物消费环境

在国外商品的质量和可信度高，特别是旅游购物环境温馨而舒适，服务热情，这些都会带来潜在的经济效益。

在大型、小型、特色商场购物，已成为旅游者在美国的一项首要的休闲活动。据国际购物中心协会称，美国12个以上的州已把购物当作旅游者首要的5项活动之一，5个州将其列为首要的3项活动之一。许多商场认准这一趋势，与饭店和航空公司合作，提供全包价服务。

在欧洲的奥地利、西班牙、德国三国，旅游商品种类丰富，特色鲜明，购物大环境相当好。在这几国绝大部分旅游点的商店或是百货公司，购物一般不讲价，顶多也只能打些小折扣，商家不宰客，价格比较公道。几乎每个商店都可以自由兑换外币或直接用美元结算。在欧洲购物，只要开了发票及税单，都可凭护照在离开该国的机场等口岸海关退税，或是在参加申根协定的任何一个国家海关退税。

在英国伦敦购物时，商家的优质服务是让人无法忘怀的。在那里，“顾客是上帝”不单单是写在纸上的口号，真心为顾客服务的承诺体现在店员的一言一行中。顾客看了、挑了、试了，不买不要紧，绝不会遭遇白眼或听到不中听的话。只是店员不厌其烦地讲解使空手走开的顾客有一种歉疚感。俗话说，同行是冤家，但竞争是公正的，彼此之间不会使用卑劣的手段。你不满意他的商品，他会推荐你去有相关商品的店。

在一些私人小店，店老板一句一个“darling”会叫得顾客脸红心跳。虽然商家的目的只有一个，无非是想让你掏钱包，但在这样的购物环境中，你会掏得心情舒畅。同时，方便的持卡消费也是给人印象很深的一点。在超市、商场、药店甚至很小的私人衣物店、食品店，都能刷卡结账，伦敦金融系统的发达由此可见一斑。

泰国的大环境也为旅游购物提供了有力保障。为吸引国外旅游投资者，增加泰国旅游人次，泰国政府在税收上实行了众多的优惠政策。免征外国名牌服装及服饰品的进口关税，以吸引更多的购物收入流向泰国。免收珠宝原料的进出口税，以至于大量高贵的珠宝原料从世界各地送入泰国来加工，也使泰国的珠宝质优价廉。

此外，泰国政府每年还将旅游发展专项基金的60%～70%用于旅游商品开发。同时，为给游客提供一个安全、舒适的旅游环境，泰国在全国各旅游点共建立约1000人的旅游警察部队。他们身穿警服，佩带武器，且在左上臂佩戴专门的旅游警察臂章。这些专职的旅游警察不仅训练有素，而且受过良好的职业教育，擅长处理如夜总会纠纷，追缉侵扰游客案犯，以及处理“出租车”司机多收费、不法商贩敲诈游客等行为。由于加强警力和实行综合联防，泰国的旅游业游客受侵害事件较少。泰国成为东南亚地区旅游安全系数较高的国家。

六、旅游商品人才专业化

在日本，整个社会充分肯定了传统工艺品产业的现代意义，同时重视相关人才的培养与管理，主要从三个方面进行。第一，积极发掘人才。邀请有志于投入到传统产业生产线的年轻人参观工作坊，亲身体验制作产品的乐趣。通过在产地创设专科学校，制度化地培养专业技术人员。第二，加强交流与活用IT技术。在人才培养方面，通过与同业种、异业种或其他产业的交流，累积知识经验、活用IT等，将技术顺利圆满地传承下去。第三，培养管理人才。除了重视培养制造领域的人才，还大力培养知识储备深厚、能力素质全面的管理人才。

七、外国旅游者购物退税普及化

为了促进本国的旅游业，鼓励游客购买商品，许多国家对入境旅游者购物消费采取了退税的优惠政策。很多旅游商店在显著的位置挂出“DUTY FREE SHOP”的醒目标志，借以刺激境外旅游者在本国的消费。同时，购物退税还可以促进本国商品出口，产生连带的经济效益。由于各个国家的消费水平和税制结构不尽相同，所以它们的税费也不一样，在欧洲一些国家商品消费税达到15%～20%。

购物退税要增加一系列的工作和管理过程，主要涉及购物商店的前期工作和出境海关的确认管理和后期工作。例如，瑞典为了消除自身在外国旅游者头脑中的高税收国家的负面印象，促进外国旅游者购物消费，对持非斯堪的纳维亚国家护照的外国公民实施免税购物制度。旅游者在购物时向店员申明需要在机场退税，售货员将按照退税比例在免税单上填写应退税金，注明商店名称、购买日期和负责人姓名及联系电话，同时填写购买者姓名、来自的国家及具体地址、护照号码。所购物品由售货员装袋加封，在出境前不准打开。在出境处，先由海关人员确认所购商品完好且与免税单一致，旅游者再到退税窗口领取应退税款，美元或欧元任选一种，非常简单方便。

我国还没有实行针对入境旅游者的购物出境退税制度。为了便于与国际接轨，吸引更多的旅游者在中国旅游购物，可以先选择北京、上海等地进行试点，待时机成熟后再全面启动。通过在这些旅游中心城市设立旅游商品专卖店，在大型商店对外国旅游者开办商品退税业务，当旅游者购物达到一定额度后，由拥有退税资格的商店出具退税单。旅游者在出境时，经过海关核查后领取退税款。所退部分主要是增值税，退税比例可参照出口退税政策执行。

至于出境购物退税，中国目前实行出境购物退税代理制度。例如，中国工商银行北京分行与瑞典环球退税公司签署了合作协议，出国旅游的中国公民持有效护照和有效退税单据，即可在工行设在机场和市区的分支机构办理境外消费税的退款，工商银行以美元现金给付退税款。上海也开办了类似的退税代理业务。

? 复习与思考

一、名词解释

管理　旅游商品管理　组织

二、 简答题

1. 旅游商品管理的意义是什么?

2. 旅游商品管理的组织机构有哪些?

3. 旅游商品管理的具体方法有哪些?

4. 旅游商品管理的相关法规有哪些?

三、 单项选择题

1. 旅游商品管理，是指旅游商品经营企业，根据旅游商品市场营运的客观规律和政府相关的旅游政策以及企业自身经营目标，针对自己所经营的旅游商品实际，以及市场竞争的实际，实施管理的职能，使得（　）顺利运行，从而取得最佳经济效益的行为和过程。

A. 商品　　B. 市场　　C. 旅游商品　　D. 商品市场

2. 管理方法是执行（　）的手段，是劳动分工、协调关系的重要途径，是管理者具体的管理措施。

A. 管理　　B. 管理职能　　C. 职能　　D. 管理措施

四、 多项选择题

1. 旅游商品管理的具体方法有（　）。

A. 标准管理方法　B. 经济管理方法　C. 行政管理方法

D. 法律管理方法　　E. 社会学心理学管理方法

2. 行政管理方法的特点有（　）。

A. 强制性　　B. 直接性　　C. 垂直性

D. 无偿性　　E. 特殊性

五、 案例分析

开封旅游业呼唤一站式旅游纪念品商场

2013 年“十一”长假期间，开封市又迎来一个旅游高峰，实现游客接待量 364.52 万人次，比上年同期增长了 12.68%。无数游客在赏美景、品小吃之后，还把特色纪念品带回去。开封之旅给他们留下了美好的印象。

记者在长假期间走访多家景点和饭店，和多位外地游客攀谈。谈及此行，他们都竖起大拇指称赞景点优美、文化厚重、小吃名不虚传，但有一点遗憾是购买纪念品很不方便，没有一站式旅游纪念品商场，为买一件纪念品需要走街串巷很长时间。

游客张先生是第二次来开封，他告诉记者："今年'五一'，我们一行20余人来开封游玩，逛了清明上河园和龙亭公园。大家只顾欣赏美景和节目，也没时间买纪念品。等到下午上车返回时，大家都说连个纪念品都没买，回去空着手多遗憾。大家问导游有没有卖纪念品的商场，导游说没有。大家强烈建议，导游只好劝说司机把旅游车停在路边，在附近一家超市只买到了麻辣花生。要是有一家大型商场，我们选择的品种就更丰富了。"

游客王先生是自驾游来开封的。他说："我这次来开封买了汴绣、官瓷和土特产。为买这些东西，我走街串巷用了差不多一天时间转了三家店才买齐。如果有一家大型纪念品商场，就可节省我大半天时间。"

对于游客的评价，记者采访了业内人士、开封市汴绣经营者郭宁。郭宁说："我前不久去普陀山旅游。在导游的带领下，在当地很方便地就在一家海产品商场买到了虾米等海产品。现在随着人们生活水平的提高，很多人自驾车去旅游。由于日程紧张，没有更多时间去购物，都想在一两个小时内在一家大型纪念品商场买到当地特色纪念品。我现在作为经营者和游客的想法是一致的。我们单靠一个店面，不能实现更大的销售量。如果有这样一个大商场，销售量就会更多，我就可以扩大生产。"

记者不禁想起本人8月的一次旅行。在游玩九寨沟返回途经川主寺时，大巴车在一个购物中心停下。这个购物中心面积足有4000平方米，经营的都是当地的牦牛肉和藏药。游客在此可以品尝牦牛肉，还可以让藏医把脉问诊。结果不到半小时，同车的数十名游客都大包小包地往车上拎。

——资料来源：河南旅游政务网

根据以上案例，回答如下问题：

1. 开封旅游商品市场存在怎样的问题？需要哪些相关部门协调管理？
2. 开封的旅游商品应突出什么特色？

推荐阅读

1. 顾维周．旅游商品开拓［M］．上海：同济大学出版社，1990.
2. 中华人民共和国旅游法．

项目统筹：段向民

责任编辑：段向民

责任印制：冯冬青

封面设计：鲁　筱

图书在版编目（CIP）数据

旅游商品概论／山杉主编．--北京：中国旅游出版社，2014.9（2018.1 重印）

中国旅游院校五星联盟教材编写出版项目　中国骨干旅游高职院校教材编写项目

ISBN 978-7-5032-5053-8

Ⅰ.①旅…　Ⅱ.①山…　Ⅲ.①旅游商品—高等职业教育—教材　Ⅳ.①F590.63

中国版本图书馆 CIP 数据核字（2014）第 201429 号

书　　名：旅游商品概论

作　　者：山杉

出版发行：中国旅游出版社

（北京建国门内大街甲 9 号　邮编：100005）

http：//www.cttp.net.cn　E-mail：cttp@cnta.gov.cn

营销中心电话：010-85166503

经　　销：全国各地新华书店

印　　刷：河北省三河市灵山红旗印刷厂

版　　次：2014 年 9 月第 1 版　2018 年 1 月第 2 次印刷

开　　本：787 毫米×1092 毫米　1/16

印　　张：15

字　　数：287 千

定　　价：32.00 元

I S B N　978-7-5032-5053-8
